# The Feather Thief

# 羽毛賊

Beauty, Obsession,
and the Natural History Heist of the Century

一樁由執念、貪婪、欲望所引發，
博物史上最不尋常的竊案

**Kirk Wallace Johnson**

柯克·華萊士·強森 著　吳建龍 譯

致瑪麗——喬西（Marie-Josée）：

在妳飛到我的樹上降落之前，一切僅有黑白可言。

# 目次

## 第二部　特陵竊案

## 第三部　真相與後果

美麗的事物，若僅止於親眼目睹，人類甚少因此而滿足。人們得擁有它才行。

巴布亞紐幾內亞總理、大首領（Grand Chief），麥可・索馬雷（Michael Somare）爵士

一九七九年

# 序言

當愛德溫・瑞斯特（Edwin Rist）走下火車、踏上特陵（Tring）的月台時，天色已經相當晚了。這座位於倫敦北邊六十五公里遠的寂靜小鎮，鎮上居民早就用過晚餐，小孩們也已上床就寢。就在他開始邁步前往遠處的鎮區時，稍早搭乘的西米德蘭鐵路列車（West Midlands Trains）則遁入了黑暗之中。

幾個小時前，愛德溫還在英國皇家音樂學院（Royal Academy of Music）的「倫敦聲景」（London Soundscapes）音樂會現場演奏，這活動是為了紀念海頓（Haydn）、韓德爾（Handel）和孟德爾頌（Mendelssohn）。音樂會開始之前，他把一雙乳膠手套、一個迷你LED手電筒、一把剪線鉗和一支鑽石玻璃切割刀裝進一個帶輪子的行李箱，接著放在音樂廳的個人置物櫃裡。他的外貌像極了又高又瘦的英國知名創作吉他手彼得・湯森（Pete

Townshend）：雙眼炯炯有神、鼻子高挺、披著蓬亂的頭髮，差別在於愛德溫演奏的是長笛，而非狂暴彈奏著芬達電吉他（Fender）。

當晚的月相是新月，這使得原本就已幽暗的路徑更顯漆黑。將近一個小時的時間裡，他拖著行李箱穿過路邊的泥濘和沙礫，頭頂橫過的老樹不僅粗糙多瘤，而且爬滿了常春藤。特爾漢爾林地（Turlhanger's Wood）寂靜地往北延伸，卻斯那林地（Chestnut Wood）往南，休耕的田地以及零星冒出的矮樹叢則位居兩者之間。

一輛汽車飛馳而過，大燈耀眼炫目。隨著腎上腺素激增，他知道自己離目標越來越近了。

要出入特陵這個市鎮，得經過一家從十六世紀開業至今的酒吧「羅賓漢」（The Robin Hood）。再往前幾條路，便是一三七號公共人行道（Public Footpath 137）的入口，坐落在特陵啤酒廠舊廠和一家匯豐銀行分行之間。當地人稱這條人行道為「銀行小巷」（Bank Alley），其寬度不足兩米半，兩旁圍著超過兩米高的磚牆。

愛德溫溜進那條小巷，沒入全然的黑暗中。他摸黑前行，一直走到他曾花費數月察看的那棟建築物正後方。

此時，他跟那棟建築之間僅有一牆之隔。牆上有三條生鏽的刺鐵絲，如果不是帶了剪線鉗，他的計畫就到此為止了。他剪開一個破口，將行李箱抬到突出牆面的窄平台上，接著奮力爬上去，並且焦慮不安地環顧四周。嗯，看起來沒有警衛。他在牆上的立足點跟最接近的窗戶之間還隔了好幾十公分，中間形成一道小溝壑。要是摔下去，他可能會受傷，或是發出巨大聲響引來保全人員——那就糟了。但他知道這過程本來就不輕鬆。

蹲伏在牆頭的他拿著玻璃切割刀伸向窗戶，開始沿著玻璃切割。然而，切玻璃比他預期的還要困難。當他奮力切開一個缺口時，不小心手一滑，那把刀就這麼掉進溝壑中。他的腦海立時閃過幾個念頭，莫非這是什麼徵兆？就在他打算放棄這一連串瘋狂計畫時，過去幾個月一直催促他前進的聲音卻大喊：**等一下！你現在不能放棄，你一路走來已經走到這個階段了！**[1]

他爬下去撿了塊石頭，站穩在牆後，再次掃視四周有無警衛蹤跡。之後，他猛然砸破了窗戶，再把行李箱塞進滿是碎片的破窗內，接著爬進了英國自然史博物館（British Natural History Museum）裡頭。

愛德溫不曉得剛才的舉動已經觸發了警衛室警鈴。他拿出手電筒，照出一束微弱的光線後，隨即沿著走廊走向收藏庫，就像心中沙盤推演的那樣。

他靜靜地推著行李箱，穿過一道又一道走廊，越來越接近他生平所見最美的事物。要是成功了，這些東西不僅能讓他名利雙收，他遭遇的種種難題也都能迎刃而解。這些東西是他應得的。

收藏庫裡放了上百個白色的大型鋼製收藏櫃，像哨兵一樣站成一排。他進去之後，便開始幹活。拉開第一個抽屜時，一股樟腦丸的氣味飄散出來。在他激動而發顫的指尖下，十幾隻紅領果傘鳥（Red-Ruffed Fruitcrow）被一一取出，牠們是過去數百年間，被博物學家和生物學家從南美洲的森林裡採集得來，並由一代代館員無微不至地保存著，以備將來研究之用。縱使光線微弱，牠們的紅銅色羽毛依然隱隱生輝。每隻鳥從嘴尖到尾端的長度約莫四十五公分，牠們像入殮般安詳躺著，眼窩塞著棉花，雙腳收攏緊靠身體，腳上綁著記載詳細資訊的標籤，包括採集到的日期、海拔、經緯度等已經褪色的手寫紀錄，以及其他重要細節。

愛德溫拉開行李箱的拉鍊，開始把鳥裝進箱中，一個抽屜、一個抽屜地清空。他一把抓起的那個亞種「*occidentalis*」，是一個世紀前在哥倫比亞西部的金迪奧安地斯（Quindío Andes）地區所採集的。他不知道這行李箱究竟能裝幾隻，但博物館裡四十八隻紅領果傘鳥公鳥的標本，有四十七隻被他弄到手。之後，他繼續把行李箱拉到下一個收藏櫃。

在樓下的警衛室裡，保全人員盯著一個小小的電視螢幕，聚精會神地觀看一場足球賽[2]。一旁，控制面板上的警報指示燈正閃爍著，但保全尚未注意到。

愛德溫打開下一個收藏櫃，裡面裝了幾十隻鳳尾綠咬鵑（Resplendent Quetzal）的標本，牠們是一八八〇年代從巴拿馬西部奇里基（Chiriquí）的雲霧森林裡採集來的。目前由於大範圍的森林砍伐，使其處境備受威脅，進而受到國際公約的保護。這種鳥的公鳥連頭帶尾將近一百二十公分，因此很難塞進行李箱，但他輕柔地把牠們的搖曳長尾緊緊盤繞成圈後，還是帶走了三十九隻。

順著走廊走過去，他打開另一個櫃子的門，這櫃裝的是分布於中南美洲的各種傘鳥（cotinga）。他從中偷走了十四隻具百年歷史的秀麗傘鳥（Lovely Cotinga）標本，這種青綠色小鳥有著紅紫色的胸口，只分布於中美洲。之後，他又陸續竊取了三十七隻紫胸傘鳥（Purple-Breasted Cotinga）、二十一隻輝傘鳥（Spangled Cotinga），以及十隻瀕危的帶斑傘鳥（Banded Cotinga）標本。據估計，目前世上僅存二百五十隻帶斑傘鳥的成鳥[3]。

查爾斯・達爾文（Charles Darwin）搭乘小獵犬號（HMS *Beagle*）航行期間，曾於一八三五年在加拉巴哥群島上採集了數種加拉巴哥雀（finch）及嘲鶇（mockingbird），這些由達爾文所採集的標本，就躺在附近的抽屜裡。達爾文日後得以提出「演化是經由自然選擇（natural selection）所產生」的理論，這趟旅程可說厥功甚偉。在這博物館中，最有價值的收藏品莫過於已滅絕鳥種的骨骼和皮毛標本，包括愚鳩（Dodo，又稱渡渡鳥）、大海雀（Great Auk）、旅鴿（Passenger Pigeon），以及約翰・詹姆斯・奧杜邦（John James Audubon）所繪製的特大開本《美國鳥類》（*The Birds of America*）。整體而言，特陵這座博物館收藏了全球數一數二的鳥類標本：七十五萬副剝製標本，一萬六千多份骨骼標本，一萬七千罐浸液標本，四千個鳥巢和二十萬組鳥蛋。這些標本是幾個世紀以來，從世上最偏遠的森林、山麓和沼澤等地採集而來的。

但是，愛德溫並非為了羽色單調的加拉巴哥雀而闖入這間博物館。當他最終推著行李箱停在一個大櫃子前面時，他已經搞不清楚自己在收藏庫裡待多久了。櫃子上的一小塊銘牌標示著裡頭收藏的類別：天堂鳥科（Paradisaeidae）。三十七隻王天堂鳥（King Birds of Paradise），在幾秒之內一掃而空；二十四隻麗色裙天堂鳥（Magnificent Riflebird）；十二隻華美天堂鳥（Superb Birds of Paradise）；四隻藍天堂鳥（Blue Birds of Paradise）；十七隻火紅輝亭鳥（Flame Bowerbird）*。這些完美無瑕的標本，是一百五十年前從馬來群島（Malay Archipelago）的原始森林裡採集而來的，要採集這些標本幾乎是不可能的任務，而如今統統成了愛德溫的囊中物。這批標本身上的標籤，寫著一位自學成材的博物學家之名，他的重大發現曾讓達爾文驚駭不已，此人便是：華萊士（A. R. Wallace）。

保全人員看了一眼閉路電視畫面，畫面中是停車場和博物館園區的一系列鏡頭。他開始外出巡視，在走廊上逡巡並檢查每扇門，尋找任何不對勁的地方。

此刻，愛德溫早就數不清到底經手多少隻鳥了。他本來只打算在每一種鳥裡頭挑選一隻最好的標本，但在竊取的快感中，卻是不斷抓起又塞入、抓起又塞入，直到他的行李箱再也放不下為止。

保全走到外頭開始巡查周邊，他抬頭看看窗戶，再拿手電筒照了照博物館跟銀行小巷磚牆間相毗連的區域。

愛德溫站在破窗前，現在鑲在窗口上的是玻璃碎片。到目前為止，除了那把掉落的玻璃切割刀外，其他都按照計畫進行。剩下的，就只有讓自己爬出窗外時，不要被玻璃開膛剖肚，之後便能隱沒在這街道中。

*

第一次聽到愛德溫‧瑞斯特這個名字時，我正站在水深及腰的紅河（Red River）裡，這條河在新墨西哥州境內是從陶斯（Taos）的北邊穿越桑格雷克里斯托山脈（Sangre de Cristo Mountains）而過。此時，我剛要拋投出去，毛鉤釣線在身後的溪流上方蓄勢待發，準備往前衝著腹部金黃的割喉虹鱒殺將過去。我的釣魚嚮導史賓瑟‧賽姆（Spencer Seim）在那之前跟我保證，魚就躲在溪流中央一塊宛如車輛大小的巨石後面。史賓瑟找魚的功力高超，不管魚是位在斷木後面，或是激流的白色浪花下方，還是深潭的漆黑之中，抑或漩渦的亂流底下，都難逃他的法眼。他很肯定水面下三十公分處有條三十五公分的大傢伙在那裡擺動著，就看我是否能將毛鉤精準拋投而至。

「他闖進博物館去偷……啥？」

他剛講的故事害我一時閃神，竟讓這次拋投的準頭盡失，只見釣線拍擊水面，水下鱒魚瞬間逃散。「死鳥？」原先我倆都是壓低聲量交談，以免把魚嚇跑，手腳盡可能俐落地接近每個魚窟，並留意太陽及我們影子可能投下之處，但此刻我忍不住驚聲質疑。這在我此生所聞的故事裡可說數一數二離奇，而且，史賓瑟講的還只是整件故事的開頭而已。

---

*譯註：火紅輝亭鳥曾隸屬天堂鳥科，但現今分類屬於園丁鳥科（Ptilonorhynchidae）。

正常來說，我在河流上的注意力極為專注，甚少有事物會讓我分心。如果沒有外出釣魚，我就會看著日子倒數，等著過幾天就可以穿上涉水褲再次踏入水中。我會把手機丟在汽車行李廂讓它耗到沒電，然後口袋裡塞一把杏仁果以備充飢，渴了就直接喝溪水。日子對的時候，我可以連續八個小時都待在河裡專心釣魚，完全看不到其他人。這是唯一能夠讓我在壓力風暴中平靜下來的活動，那些壓力風暴早已成了我生活的一部分。

時間回到七年前，當時我的工作是替美國國際開發總署（USAID）協調伊拉克城市費盧傑（Fallujah）的重建工作。有次放假時，由於創傷後壓力症候群（PTSD）所引發的漫遊症，我整個人如同行屍走肉般飄出窗外，結果差點掛掉。我的手腕骨折、下顎粉碎、鼻樑斷掉、顱骨裂開，臉上縫了幾十針，更別提隨之而來的睡眠恐懼，還得提防午夜夢迴時自己的腦子再次惡搞自己。

養傷期間，我得知多位伊拉克同事——翻譯、土木工程師、教師、醫生等——被他們的同胞追捕、殺害，只因他們跟美國「合作」。我在《洛杉磯時報》（*Los Angeles Times*）投書替他們發聲，天真以為有哪個有力人士會發給他們簽證，從而迅速解決眼前的問題。我沒預料到，隨後竟有上千封電子郵件如潮水般從伊拉克湧進我的信箱，懇求我施予援手。當時失業的我，正睡在阿姨家地下室的沙發床上，對於該怎麼出手幫助難民完全沒有頭緒，但我列出一張清單，追蹤每個寫信給我的人名。

幾個月內，我成立了一個叫做「清單計畫」（List Project）的非營利組織。接下來幾年，我不斷跟白宮周旋、好言勸誘參議員、招募志工，並對外勸募以便支付員工薪水。儘管多年來我們設法將數千名伊拉克難民安全送到美國，但顯然，我們不可能幫到所有人。我們每成功一次，就有五十件個案被擱置在美國聯邦政府那兒，這些翻譯員只要逃離伊拉克，就會被聯邦政府視為潛在的恐怖分子。到了二〇一一年秋天，隨著戰爭即將結束，我覺得自己被困在親手打造的牢籠之中，當時還有成千上萬名伊拉克人和阿富汗人正在流亡。要讓他們安然逃離得花上十年、甚至數十年的時間，但我從沒能籌足超過一年的經費。一旦戰爭在美國公眾心中畫下句點，這個計畫只會更加艱困。

每當我想放棄的時候，就會從某個前伊拉克同事那兒，收到一個絕望的請求，繼而對自己的軟弱感到羞愧。但現實是，我已筋疲力竭了。從那次意外發生後，我得分散自己的注意力才能入睡。我在網飛（Netflix）上頭找了一長串看不完但又窮極無聊的節目放著。每天早晨，我醒來就是要面對新一波的難民請願潮。

沒想到，毛鉤釣成了一種解脫。到了河邊，我不用打電話給記者，也不用哀求捐款人，我需要費心觀察的唯有水流跟昆蟲，另外就是設法引誘前來水面攝食的鱒魚，如此而已。時間呈現一種不尋常的性質：五個小時好像只過了三十分鐘一般。穿著涉水褲度過一天後，我閉上眼，隱隱約約看到鱒魚搖動尾巴的輪廓逆流而上，不知不覺進入夢鄉。

在新墨西哥州北部的那條山區溪流裡，就是這種逃離現實的活動，讓我得以安頓自己。當初為了撰寫伊拉克回憶錄，我跳上我那輛破舊的克萊斯勒敞篷車，一路從波士頓開到陶斯，在鎮上一處藝術家聚居的小地方寫作。開工的第一天，我就搜索枯腸，不知如何下筆。我沒有跟誰簽約寫這本書，之前也沒寫過書，而我那患有猝睡症的版權經紀人，則是對我日益焦慮、尋求寫作指導的請求置之不理。與此同時，流亡者的清單仍在繼續增加。我當時剛滿三十一歲，不知道自己到底是為何跑來這裡，更不知道接下來該做什麼。在我壓力快要破表的時候，我決定找個人帶我到附近的溪流透透氣。

某天清晨，我在該州五五二號公路旁的加油站與史賓瑟碰面。他斜靠著他的淺棕色豐田越野休旅車，噴滿泥巴的保險桿貼紙上隱約可見幾個字：「Not on the rug, man.」（別在地毯上，老兄。）*

史賓瑟年近四十，蓄著短髮，鬢角卻留得很長。他的笑聲富有感染力，而且跟其他優秀的嚮導一樣，交談起來令人感到輕鬆自在，我們倆一拍即合。前往溪流釣魚時，他幫我調整拋投動作，並且對我詳述這個地區多種昆蟲的生活史。對這位曾取得美國童子軍最高級別「鷹級童軍」的嚮導來說，這裡的各種灌木叢、礦石、鳥類、蟲子等他都如數家珍，對每條鱒魚也好像瞭若指掌。「上個月才用同一副釣組抓到那傢伙，真不敢相信他又上鉤了！」

有個毛鉤被我拋到河岸一棵刺柏裡，毛鉤就這麼弄壞了。我不禁皺起眉頭，心想已經花了不少錢買鱒魚毛鉤了。這類毛鉤是用一小撮鹿毛、兔毛和公雞簑毛綁在一個小鉤子上，用來模仿各種水生昆蟲，好誘騙魚兒咬餌上鉤。

史賓瑟只是笑了笑。「看吧，這些都是我自己綁的！」他手指輕彈，打開毛鉤盒，裡頭放了上百個小巧的乾毛鉤、蜉蝣成蟲毛鉤、飾帶毛鉤、若蟲毛鉤、羽化式毛鉤、誘發型毛鉤、降落傘毛鉤、陸生昆蟲毛鉤，還有一些深具地方特色的毛鉤，像是「聖胡安蠕蟲」（San Juan worm），以及「絕命毒師」（Breaking Bad）——這是受該部影集啟發而創作的一款閃亮編絲魚卵毛鉤。每款毛鉤的絲線顏色或鉤子尺寸都有他悉心配置的微妙差異，這讓他前往不同河川釣魚時，可以依據各條河流不同的昆蟲狀況來挑選合用的毛鉤。他在五月帶出門的毛鉤，跟八月所使用的毛鉤，也不會是同一批。

史賓瑟注意到我的好奇心，於是打開另一個毛鉤盒，取出一副我生平未見的詭麗之物：喬克史考特鮭魚毛鉤（Jock Scott salmon fly），他跟我說這個毛鉤是沿用一百五十年前的材料「配方」綁製而成。史賓瑟拿著它轉過來又轉過去，上頭所使用的十來種不同鳥類羽毛閃耀出緋紅、鮮黃、綠松色以及夕日橙。它的鉤柄纏繞著一圈炫目的金線，鉤眼環則以天蠶絲編製而成。

「這是啥玩意兒？」

「維多利亞古典鮭魚毛鉤，這要用某些世上最罕見的羽毛才能綁出來。」

「你從哪兒弄到這些羽毛的？」

---

*譯註：出自電影《謀殺綠腳趾》（The Big Lebowski）的台詞。在電影劇情中，這句的意思是說「不要尿在地毯上，老兄」。

「我們在網路上有個毛鉤綁製的小群組。」他說道。

「你會拿這個來釣魚嗎？」我問。

「不會。其實很多綁這種毛鉤的人不懂釣魚。這更像是種藝術形式。」

我們向上游推進，當接近一處看起來可能有魚的河段時，我倆把身子蹲低。尋找稀有的羽毛，然後拿來綁一種自己不知道怎麼拋投的毛鉤，這種嗜好有點奇怪。

「你覺得這叫做奇怪？那你應該去探聽一下愛德溫．瑞斯特這個年輕人！他是世界上數一數二的毛鉤綁製高手。他之所以會闖進英國自然史博物館偷鳥，就是為了這些毛鉤。」

我很快就被這起案件給迷住了，但我不知道吸引我的，究竟是因為「愛德溫」那聽起來帶有維多利亞風格的名字，還是整件故事的離奇程度，抑或是我亟需一個新的人生方向。接下來的整個下午，史賓瑟用我的釣線大顯身手，但我所有心思全都放在想要進一步瞭解那晚在特陵所發生的事。

然而，隨著我發現越多，整個謎團就越加費解，我也就更想要去搞清楚來龍去脈。當時我並不知道，我持續追尋的正義感，將轉變為一段旅程，深入羽毛背後不為人知的世界，那是個狂熱毛鉤綁製者跟羽毛商人、癮君子和大型動物獵人、退役警探與神祕牙醫的世界。謊言及恐嚇、謠傳和真假混雜的陳述、揭露與挫折，這一切讓我漸漸明白人類和自然之間的邪惡關係，以及人類不計代價想要得到自然之美的欲望。

我花了五年時間，才總算搞清楚特陵那批遭竊的鳥兒到底發生了什麼事。

# 第一部　死鳥與富人

# 第一章　華萊士的考驗

距離百慕達（Bermuda）一千一百多公里的海面上，有艘船正在著火[1]。阿爾弗雷德．羅素．華萊士（Alfred Russel Wallace）站在後甲板，腳下船板的溫度越來越高，黃色濃煙不斷從裂縫中滾滾升起；當艙面下的香脂和橡膠因高溫沸騰發出嘶嘶聲時，汗水和浪花也弄濕了他的全身。他感覺火焰很快就會燒過來，這時海倫號（*Helen*）的船員們在他周圍瘋狂奔走，忙著將行李和補給品拋進兩艘正從船舷往下吊放的救生艇裡。

救生艇原先是放在甲板上，由於日曬過久導致木頭收縮，等到它們一放進海中，水就立刻滲了進去。廚子急忙找軟木塞來堵住縫隙，驚慌失措的船員則是四處尋找舵和槳。船長約翰．特納（John Turner）趕著打包他的天文鐘跟航海圖，而他的手下正把裝滿生豬肉、麵包和水的木桶放到救生艇內。他們完全不曉得在獲救之前會漂流多久——如果他們最終能得救的話——此時望向四面八方，只有汪洋千里。

在亞馬遜雨林連續不斷的傾盆大雨中淋了四年，外加差點要他命的瘧疾、痢疾和黃熱病，如今眼前就要把華萊士任務給摧毀的，竟非雨水，而是大火。這肯定是個可怕的夢魘。先前他為了讓一小群猴子和鸚鵡不受濕冷而煞費苦心設法安頓，現在牠們卻全跳出籠外，從火舌中往艏斜桅（bowsprit）急奔狂飛而去。那根艏斜桅像針頭一般，突出於排水量二三五噸的海倫號船艏。

華萊士站在那兒，透過細框眼鏡，眼神迷濛地看著驚恐的鳥群，此時他已被一片混亂給吞沒。他已力困筋乏，之前不但被吸血蝠舐血，在他腳趾甲下，還有打洞產卵的穿皮潛蚤引起的發炎紅腫，現在整個人連要清楚思考都有困難。所有筆記本都放在他的船艙內，上頭記滿了多年來沿著墨黑的內格羅河（Rio Negro）進行野生動物調查的成果。

就在亂舞的火焰撲向鸚鵡之際，甲板下方的紙箱邊緣已被火舌觸及，這些紙箱裡裝著他在亞馬遜地區探險的真正收獲：將近上萬隻鳥類的剝製標本，每隻都被周密地保存著[2]。除此之外，還有從河中捕獲的龜、針插蝴蝶標本、裝在瓶中的螞蟻和甲蟲、食蟻獸及海牛的骨骼、畫著昆蟲奇特變態過程的成捆繪圖、未知的昆蟲，以及一份巴西植物相的臘葉標本收藏，其中包括一片十五公尺長的王棕（Jupaté palm）葉子。研究生涯的建立，正是立基於這些筆記本、標本和樣本之上。他離開英格蘭時是個名不見經傳的土地測量員，只受過幾年正規教育；如今，二十九歲的他即將以貨真價實的博物學家身分凱旋而歸，等著他命名的物種數以百計。但要是火焰沒被撲滅的話，回到故鄉的他仍然只是個無名之輩。

在家裡九個小孩中排行第八的華萊士，一八二三年出生於威爾斯的蘭巴多克（Llanbadoc），該村莊位於阿斯克河（River Usk）西岸，這條河從威爾斯中部的布拉克山地（Black Mountains）蜿蜒向南，最後匯入塞文河（Severn River）河口。十三年前，查爾斯・達爾文出生於蘭巴多克以北一百四十五公里的塞文河畔，幾十年後，由於一次科學史上極為驚人的巧合，他們倆的人生才有了交集。

在父親一連串愚蠢的投資失利後，華萊士十三歲時就因繳不出學費而輟學，之後被送到兄長那兒工作，擔任土地測量學徒。由於蒸汽機的問世，使得鐵路系統迅速發展，不列顛群島上鋪設了數千英哩的鐵軌[3]，這意味著當時需要大量的土地測量員。當其他同齡男孩在校學習代數、翻譯著羅馬詩人維吉爾（Virgil）的作品時，土地測量這差事讓整個野外成了少年華萊士的教室。為了協助規劃未來的鐵道路線，他奔走於溪谷和森林之間，同時學習三角學的原理。當大地被挖鑿開來，已消逝的物種像是箭石（belemnites）[4]——在六千六百萬年前形成的化石——從地球漫長的歷史中被發現時，他便在現場學到了他最早的地質學知識。這名早熟的男孩如饑似渴地閱讀力學和光學的入門讀物，並用紙管、觀劇鏡以及配鏡師所使用的鏡片自製望遠鏡，再用它找出木星的衛星。

由於一個世紀以來的工業化和都市化，導致一股回歸自然的運動大行其道，華萊士的非正式教育就發生在這股風潮之中。那時的英國城市不僅被煤煙燻黑，而且骯髒汙穢，擠在城市生活的人們開始嚮往先祖的田園牧歌。但在不列顛群島上，前往海濱或遠方的旅行得行經布滿車轍的道路，不但不舒服，費用更是昂貴地讓人卻步。直到火車出現，英國城市裡的過勞居民才終於得以逃離市區[5]。維多利亞時代深信「閒蕩之徒易作歹」這句聖經箴言的人們，便將博物學採集視為理想的休閒活動並加以推廣[6]，火車站的書報攤也堆滿了討論如何建立私人收藏的通俗刊物。

苔蘚及海藻要壓平並乾燥；珊瑚、貝殼及海葵則要撈起然後裝瓶。帽子上特殊的隔間設計，則可用來存放散步時採集到的標本[7]。至於功能更強大、價格更便宜的顯微鏡，則加深了這股熱潮：從前用肉眼看來平凡無奇的東西，比如後院的樹葉或甲蟲，在鏡頭下突然展現出一種錯綜複雜的美感。這股狂熱如火如荼地蔓延開來：最早是法國人一股腦地瘋海螺[8]，讓海螺殼被炒到了天價；接下來是瘋蕨類[9]，英國人痴迷地把島上每個角落的蕨類都連根拔起，來製作他們的蕨類標本收集冊。據史學家艾倫（D. E. Allen）所言，擁有某件稀罕玩意兒，在當時是種地位象徵，而客廳裡擺滿大自然奇珍異寶的玻璃櫥窗成了「有閒階級人人必備的室內陳設，他們認為這是教養的展現」。[10]

年輕的華萊士有次無意間聽到哈特福（Hertford）一位富裕的女家庭教師向她朋友們吹噓[11]，說她發現一種稀有的水晶蘭（Monotropa），這激起了華萊士的好奇心。他不知道系統植物學（systematic botany）是一門科學，也不曉得「在無窮無盡的各種動植物之間有什麼樣的秩序安排」。[12]過不了多久，他就發現自己產生了一種難以滿足的需求，那就是把出現在他土地測量圖範圍內的每種生物都加以分類，並得知它們的名稱。他剪了一些花當標本，帶回跟他兄長同住的房間裡加以乾燥，之後開始製作臘葉標本集。接著他轉研究昆蟲，他翻著石頭看看下面是什麼在蠕動，或是設陷阱捕捉甲蟲然後將之關在小玻璃瓶裡。

華萊士在他二十出頭的年紀讀完達爾文的《小獵犬號航海記》（*The Voyage of the Beagle*）之後，心裡開始夢想自己也能來一趟遠征探險。此時他已經把他在英格蘭所能找到的各種蟲子跟花卉全都分門別類了，因此他急於調查新的物種。當鐵路泡沫破裂之後，測量工作也隨之中斷，他開始尋找地球上還沒被探索的地區，這或許有助於他解開當時最大的科學謎團：新的物種是如何形成的？為何其他物種會滅亡呢？比如他在測量土地時所發現的那些化石。他或許能跟隨達爾文的腳步揚帆航向南美洲。這會是個瘋狂的念頭嗎？

一八四六年一整年，他都在跟一位年輕的昆蟲學家亨利・貝茲（Henry Bates）通信，討論著出海航行的可能性。某次參觀完大英博物館的昆蟲室後，華萊士寫信對貝茲說，博物館允許他去檢視裡頭的甲蟲和蝶類，但他對收藏量頗感失望，並說：「我想利用物種起源論的觀點來徹底研究某一科（family），我強烈認為，藉由這種方式，或許能得到一些確切的結論。」[13]

美國昆蟲學者威廉・亨利・愛德華茲（William Henry Edwards）的著作《亞馬遜河航

行記》（*A Voyage Up the River Amazon*）在同一年出版，華萊士跟貝茲兩人便打定主意要前往那裡。愛德華茲的前言寫得極為引人入勝：「對熱愛它的人而言，那片絕妙至極的土地定然不會讓人失望……最雄偉的河流壯麗流過一望無際的原始森林，隱藏著最美麗、最多樣的動植物種。在那裡，為達目的不擇手段的冒險家會被祕魯的黃金所誘惑，也會被亞馬遜的女子所拒絕。在那裡，耶穌會傳教士跟倒楣的商賈碰到了印第安食人族和熱愛美食的森蚺，結果全都淪為了犧牲者。」[14]

他們將從巴西的港市帕拉（Pará）出發，長驅直入亞馬遜地區，並在探險過程中把標本寄回倫敦。他們的標本代理商薩繆爾・史帝文斯（Samuel Stevens）會將皮毛及昆蟲的複份標本賣給博物館及收藏家，再以此所得資助他們。就在動身前往巴西北部的前一週，華萊士前往貝茲位於萊斯特（Leicester）的莊園，學習如何射殺野鳥並剝製成標本。

*

一八四八年四月二十日，華萊士和貝茲搭上淘氣號（HMS *Mischief*），開啟了前往帕拉的二十九天航程。在海上的大半時間裡，華萊士都因為暈船而蜷縮在自己的鋪位上。抵達帕拉後，他們從那兒冒險進入亞馬遜的核心地帶，拿著捕蟲網撈蝴蝶，或是從土製獨木舟上對著激流處的目標開槍射擊。鱷魚、猴子、烏龜跟螞蟻都成了他們的充飢食物，新鮮鳳梨的汁液則是解渴聖品[15]。在一封寫給史帝文斯的信中，華萊士想起一路上不時要面對美洲豹、吸血蝠和致命蛇類的威脅：「每走一步，我就覺得腳下有一條冰涼的軀體在滑動，或是腿上會留一口致命的毒牙。」[16]

經過了兩年長達一千多公里的探險旅程後，華萊士跟貝茲決定分頭而行：除非他們開始各自收集獨樹一格的標本，否則他們其實是在互相競爭。華萊士想沿著內格羅河上溯，而貝茲則要前往安地斯山脈。華萊士每隔一段時間就會把成箱的標本送到下游，打算透過中間人將它們運回倫敦。

一八五一年，華萊士患了好幾個月的黃熱病，為了準備奎寧和酒石水（cream of tartar water）而費盡氣力。他寫道：「在那個什麼事都提不起勁的狀態下，我一直半夢半醒地想著我過去的生活和未來的盼望，這些或許都註定要在這條內格羅河畫下終點。」[17]到了一八五二年，他決定縮短一年的行程。

他在準備搭回帕拉的獨木舟上裝滿了行李輜重，包括存放標本的貨箱和裝著三十四隻動物的臨時籠具[18]：猴子、鸚鵡、鵎鵼（又稱巨嘴鳥，toucans）、鸚哥，以及一隻白頂冠雉（white-crested pheasant）*。回程沿路在幾個地方停留時，他驚訝地發現，之前的許多貨物都被海關職員懷疑是違禁品而查扣了。他花了一點錢才拿回這些東西[19]，並將它們運上海倫號，這艘船於七月十二號啟航，此時離他初次踏上巴西已經過了四年。

一萬份的鳥類剝製標本、鳥蛋、植物、魚類、甲蟲，這些遠遠夠他成為一名傑出的博物學家，並使他研究生涯熠熠生輝的大量標本，現在全都在百慕達東方一千一百多公里的海倫號艙底被烈火焚燒著。大火還是有可能被撲滅的，此時特納船長的手下投棄貨物、奮力劈開並移走木板，拼了命迎著悶熱的濃煙而去，希望能找到傳出陣陣嘶嘶聲的火源處。船艙內濃煙滾滾，每個人都只能砍幾下斧頭，就得逃到外面呼吸新鮮空氣。[20]

當船長最後下令棄船時，船員們紛紛順著粗壯的纜繩往下滑，把漏水的救生艇繫泊在海倫號旁。華萊士終於動了起來，匆忙跑進他的船艙，「裡頭濃煙密布且熱得令人窒息」[21]，想找看看還能搶救些什麼。他抓起一支錶還有幾幅繪圖，那是他之前所畫的幾種魚和棕櫚。他感到自己「有點呆滯漠然」[22]，也許是震驚與力氣用盡所致。他沒能帶出筆記本，上頭全是自己多次冒著生命危險收集而來的觀察結果。所有困在貨艙裡的鳥類剝製標本、植物、昆蟲和其他標本，全都付之一炬。

憔悴的華萊士開始從海倫號爬下救生艇，但抓握纜繩的雙手不慎滑落，當他跌進那半沉大海的救生艇時，只見手掌的皮都掀開了。他開始跟著把滲入的海水舀出船外，此時含有鹽分的海水如灼燒般刺激著綻開的皮肉。

大部分的鸚鵡跟猴子在甲板上就已窒息而死，但仍有少數倖存者在艏斜桅上擠成一團[23]。華萊士試著把牠們引誘到救生艇上，但是當艏斜桅也燒起來時，除了一隻鸚鵡外，

---

*譯註：現今的英文名為White-crested Guan，學名為*Penelope pileata*，僅分布於巴西境內的亞馬遜盆地。

其他的全都飛進了火海。最後一隻鸚鵡也在牠所停棲的纜繩著火後，墜落海中。

從救生艇上，華萊士和船員們望著大火將海倫號吞噬，撤離時的狂亂不再，取而代之的是等待脫困的枯燥乏味。他們三不五時得把還在燃燒的殘骸推開，惟恐這些殘骸漂得太近而造成危險。最終，當能夠穩定船身的船帆也起火時，整艘海倫號翻覆了，隨之四分五裂，「翻覆的過程」呈現出「一種既華麗又可怕的景象，所有的貨物在船底形成一團煙霧。」[24]

夕陽西下，他們全在等人伸出援手。此時他們心想，只要船身還有火光，就盡可能靠近海倫號，別讓火燒過來就好。走運的話，路過的船隻看到火光便能前來營救。每當華萊士閉上雙眼，正要漸漸睡去時，便又立刻在海倫號的紅光下猛然驚醒，徒勞無功地搜尋著獲救的契機。

到了清晨，海倫號只剩燒焦的外殼，不過謝天謝地，救生艇的木板已經膨脹到足以封住孔隙了。特納船長查看航海圖，發現在最有利的條件下，他們或許一週內就能抵達百慕達。舉目四望不見任何船隻，這個破敗的小船隊只得揚起帆，朝著陸地而去。

他們冒著狂風暴雨向西航行，限量配給著日益減少的飲水和生豬肉。十天後，眾人手腳都已被晒到脫皮，總算跟一艘航向英格蘭的木材船相遇。登上喬地森號（*Jordeson*）之後，當天晚上，華萊士的生存本能在舒服安適中被深切的悲痛所取代。一封致友人的信裡他寫道：「此時此刻，脫離了險境，我才開始強烈感受到我的損失有多麼巨大。之前不知有多少次，就在快撐不下去的時候……我就悠悠進入森林裡，得到的回報是一些未知而美麗的物種！」[25]

然而，他很快就被拉回生存模式，因為喬地森號嚴重超載，致使糧食存量極度短缺[26]。這艘船的航速是世上數一數二的慢，條件良好的情況下，均速也才兩節*而已。等到英格蘭的港口迪爾（Deal）出現在海平面時，船員們已經淪落到抓老鼠吃的地步了。八十天前，華萊士帶著一批價值相當於一間小型博物館的標本，得意洋洋地離開了亞馬遜河口；如今，從那艘半沉船隻下來的他，衣衫襤褸，渾身濕透，飢腸轆轆，兩手空空，腳踝腫得幾乎邁不出步伐。

在這場災難之後，臥病的華萊士仔細盤點還有什麼東西能夠展現他多年待在亞馬遜的成果：幾幅熱帶魚類和棕櫚樹的繪圖，以及他的錶。這些便是從那場大火中搶救出來的所有東西！在海倫號上的最後關鍵時刻，華萊士的腦中究竟在想些什麼？作何打算？關於這些，他從未講明白。

薩繆爾．史帝文斯先前曾替採集的標本買了兩百英鎊（約等同今日三萬美金）的標本損毀險[27]，然而這筆錢沒能帶來多大的安慰效果。在科學上提出深刻見解的希望已成泡

*譯註：一節為每小時一海浬（一點八五二公里）。

影，華萊士無法就此索賠，更別說效法達爾文替自己的故事撰寫出書了。

他該怎麼辦呢？為了釐清物種起源的問題，他需要新的標本，這就得進行另一次遠征探險，但此刻他的資源有限，體衰氣弱，也沒有什麼彰顯在外的名聲。地圖上那些曾被模糊標記為未開發森林及島嶼的土地，到了十九世紀中葉都在快速消失。當時稱霸海洋的是英國皇家海軍，他們的武裝船艦航行至各個港口，從荷蘭或葡萄牙等老邁帝國手中四處攫取處女地和殖民地，在這過程中，他們多半會帶上一名博物學家隨行。小獵犬號這艘海軍艦艇的任務，是打開南美洲西海岸以及加拉巴哥群島，達爾文的劍橋大學教授曾推薦他參與航行[28]，而他的父親還幫他出了五年旅途中的所有雜費。植物學家胡克（J. D. Hooker）是達爾文的摯友，他在一八三九年登上冥神號（HMS *Erebus*），於南極地區進行為期四年的考察，之後又跟著西頓號（HMS *Sidon*）前往喜馬拉雅山區和印度待了好幾年。這些人都是皇家學會的成員，出身豪門、家財萬貫，每年命名的物種多達數百種。而華萊士呢，並沒有任何劍橋的教職員推薦他參與接下來的遠征航程。

華萊士如果想要名留青史，那他就沒有時間自怨自艾。他一恢復健康，就根據自己的回憶和搶救出來的幾張素描，開始寫作投稿到倫敦各個科學學會。僅僅返國五週後，他便在昆蟲學會宣讀一篇關於亞馬遜蝶類的論文[29]。他在動物學會針對亞馬遜的猴類進行簡報時，提出了一個理論：當一個曾經覆蓋這片地區的大洋消退後，亞馬遜河、馬代拉河（Rio Madeira）以及內格羅河這三條大河便將這片土地分成四個部分。由此所產生的「大分裂」（great divisions）[30]，即可解釋他在該地區觀察到的二十一種猴子之分布和變異。

華萊士對於物種的起源並沒有答案，但他知道，地理學是進行相關研究的必要手段。他對其他博物學者記錄地理資料的草率方式頗有微詞：「在自然史和博物館的各種成果中，對於地方性（locality）的描述相當籠統，極不精確。南美洲、巴西、蓋亞那（Guiana）、祕魯，這些是最常見的。如果我們在標本上頭看到標記著『亞馬遜河』或『基多』（Quito）……我們完全不知道這份標本是來自亞馬遜河的北邊或南邊。」[31]要是沒有關於不同物種分布範圍的精確資訊，就不可能知道物種是如何或為何分化。就他看來，標本上頭的標籤跟標本本身幾乎同樣重要。

回國幾個月後，華萊士就成了倫敦那些科學學會的固定成員，但他真正優先考慮的事情是選擇下次冒險的目的地。由於他的朋友貝茲仍在亞馬遜地區收集大量標本，現在已經遙遙領先他預設的目標了，因此重返亞馬遜對他來說並無意義。再走一次達爾文的路線也不容易玩出新花樣，而亞歷山大·馮·洪保德（Alexander von Humboldt）也已踏過中美洲、古巴和哥倫比亞等地的山區了。華萊士必須在這些紀錄中找到一個缺口，一幅尚未被競爭對手仔細研究過的地圖。

就在閱讀了一篇關於「一個和其他國家的動物相大異其趣之處」[32]的文章後，華萊士選定馬來群島，那裡還沒被自然史研究者探索過。一八五三年六月，隨著自身的聲譽鵲起，華萊士向皇家地理學會（Royal Geographical Society）主席羅德里克·麥奇生爵士

（Sir Roderick Murchison）提出一份計畫書[33]，裡頭描述了一段雄心勃勃的旅程：婆羅洲、菲律賓、印尼的蘇拉威西、帝汶（Timor）、摩鹿加群島以及新幾內亞。華萊士計畫在各個國家待一到兩年的時間——這趟遠征肯定需要耗費十幾年。麥奇生答應設法讓華萊士登上下一艘前往該地區的船艦，並擔任中間人鄭重引見華萊士給當地殖民政府。

為了行前準備，華萊士經常帶著厚達八百頁的《鳥類各屬綱要》（*Conspectus generum avium*）造訪自然史博物館的昆蟲室和鳥類室，並在頁邊空白處作了鉅細靡遺的筆記[34]。這本書的作者是呂西安．波拿巴親王（Prince Lucien Bonaparte），內容描述西方人至一八五〇年為止已知的每一種鳥類。華萊士很快便意識到，自然史博物館並沒有完整收藏這世上最奇特、最美麗的鳥類：天堂鳥。

在西方大眾的想像中，天堂鳥所占有的地位跟它神話般的名稱等量齊觀。第一隻天堂鳥標本是在一五二二年由麥哲倫的部屬帶回歐洲，作為獻給西班牙國王的禮物[35]。由於該標本沒有雙腳（早期新幾內亞獵人剝製鳥類標本時習慣將雙腳移除），使得當代分類學之父卡爾．林奈（Carolus Linnaeus）把這種鳥命名為「*Paradisaea apoda*」，意思是「來自天堂的無足之鳥」。許多歐洲人因此相信這些鳥是天國的居民，牠們總是朝著太陽，以眾神食用的珍饈為食，直到死亡才會降落到地面來。歐洲人以為雌鳥會將卵產在配偶的背上，並於雲端翱翔之際將之孵化[36]。馬來人把牠們叫作「*manuk dewata*」[37]，意為「神之鳥」；葡萄牙人則稱之為「*passaros de col*」，「太陽之鳥」。林奈描述了九種後來再沒被見過的天堂鳥，這些鳥被群島上的商人們喚作「*burong coati*」，也就是「死鳥」。

教宗克萊孟七世（Clement VII）有一對天堂鳥標本；年輕的英王查理一世（Charles I）在一六一〇年繪製的肖像畫中自信滿滿地站著，一旁有頂以天堂鳥標本裝飾的帽子[38]；林布蘭（Rembrandt）、魯本斯（Rubens）、老布勒哲爾（Bruegel the Elder）這些畫家[39]，則是用顏料在油畫布上捕捉牠們波動起伏的羽毛。儘管西方人深深著迷於這些所謂的天外來客，但沒有任何一個受過訓練的博物學家曾在野外觀察過牠們。

*

一八五四年三月四日，從南美洲逃難而回的十八個月後，華萊士登上了半島東方輪船公司（Peninsular & Oriental）的輪船。之後，他穿越直布羅陀海峽，航經馬爾他（Malta）的城寨堡壘後抵達亞歷山大港（Alexandria），從那兒搭乘駁船溯尼羅河而上，到了開羅再將自身裝備放上馬車隊，穿越東邊的沙漠往蘇伊士（Suez）而去。長三十七米半的孟加拉號（*Bengal*）貨船帶他繼續下一段旅程，船隻分別在葉門（Yemen）、斯里蘭卡、馬六甲海峽「樹木繁茂的海岸」[40]停留後，將他送到了新加坡。

抵達後不到一個月，華萊士就寄了超過七百種、近一千隻的甲蟲標本給史帝文斯[41]。為了收集如此大量的標本，他給自己安排了相當精實的日程表。每天早上五點半起床[42]，開始分析、儲藏前一天採集到的昆蟲，接著備便槍彈、修復蟲網。他在八點用早餐，然後去叢林裡採集四、五個小時，返回住處後弄死採到的昆蟲並且以標本針固定，直到下午四點晚餐準備好為止。每晚睡前，他還要花一、兩個小時將標本記錄在登錄簿上。

大英博物館幾乎把華萊士寄回去的所有東西悉數買下。史帝文斯希望拿回並賣掉更多東西，什麼都行，於是詢問華萊士是否也能在夜間外出採集，結果華萊士怒回道：「當然不行……對業餘愛好者來說，晚上出去工作或許覺得很棒，但對每天工作十二個小時進行採集的人而言並非如此。」[43]

採集標本固然費力，但要保護牠們免於食腐動物的持續威脅則讓人抓狂。黑色的小螞蟻經常「占據」他的房子[44]，在紙卷之間盤繞而下爬到他的工作檯上，直接從他眼前把昆蟲給搬走。成群的反吐麗蠅（bluebottle flies）飛至，在他獵取來的鳥皮上產下大量蠅卵；除非趕緊清掉，否則卵孵化成蛆後就會把鳥啃食殆盡。不過他最大的敵人，是那些在屋外遛達、又瘦又餓的狗：如果他在剝製期間把鳥放下離開片刻，「那隻鳥肯定會被叼走。」[45]華萊士把剝製好的鳥皮掛在椽子上風乾，但要是他放的梯凳留在那兒而且太靠近鳥皮的話，狗就會爬上去將他最珍愛的標本偷走。

時間流逝則是另一種獨特的威脅。數百年來，動物標本剝製者一直費心尋找保存鳥類的最佳方法[46]，以備將來研究之用。他們試過酸洗、浸泡烈酒、置於氨水中、漆上蟲膠，甚至放進爐裡烤，但每種方法都會損傷鳥皮或毀壞美麗的羽毛。在華萊士的年代，要到幾十年前，博物學家才讓鳥類剝製技術臻於完善：先從鳥的腹部到泄殖腔開個小口，拿出內臟；用羽管挖出腦子；切開耳孔基部，取出眼球並在眼窩塞進棉花，最後在整副皮毛抹上一層砷皂。到了十九世紀中葉，剝製手冊上更是寫滿各種駭人的技法提示：用手帕做個絞索把已受傷的鳥給勒死；若想獵殺比鴿子還小的鳥，要用八號彈丸；獵「大塊頭」得用五號彈丸；想制服一隻受了傷且充滿攻擊性的鷺鷥，就要拿根拐杖往牠頭部用力敲下去[47]；較大型猛禽的足部肌腱應該要切斷；鸊鷉（grebes）應從背部而非肚子開始剝；鵎鵼的舌頭應該留在頭骨內；蜂鳥可在爐子上烘乾，然後塞進樟腦，用這種方法來取代切開剝製。

標本若因保存不當而被昆蟲或癩皮狗給糟蹋掉，就跟看著它們在火堆中被燒掉差不多糟糕。為了協助日常的標本採集工作，華萊士帶了一位十六歲的助手，查爾斯．艾倫（Charles Allen）[48]。在他們開始探險後沒多久，華萊士開心地告訴查爾斯的母親，說查爾斯「現在槍法很好……要是我能改正他那無可救藥的粗心大意，他很快就能擔當大任了」。[49]但不到一年，華萊士就失去所有耐性，拜託老姊找個人來替換：「就算再多一個像他這樣的人在這邊搞出任何狀況，我也無感了……給他處理一隻鳥，鳥頭會歪到一邊，脖子另一邊則擠著一大團像是囊腫般的棉花，然後兩隻腳的腳底朝上且交纏在一起，還有其他有的沒的。什麼事都一樣，該是直的就會弄成彎的。」[50]

十八個月後，華萊士和年輕的艾倫就分道揚鑣了。為了讓自己的標本能夠流傳後世，他聘用了一位名叫阿里（Ali）的年輕馬來助手，阿里相當注重細節，這對華萊士而言是再好不過的轉變。在他航程的頭兩年，他從新加坡航經馬六甲、婆羅洲、峇里島、龍目島

（Lombok）以及望加錫（Makassar），共採集了大約三萬份標本，其中有六千種不同的物種。也許是海倫號的教訓，使得華萊士像是處理例行公事般，經常把成箱的剝製標本寄送給史帝文斯。半島東方輪船公司的「跨陸線」是速度最快但成本最高的航線[51]：先走一萬一千多公里的海路到蘇伊士，由車隊在高溫酷熱的環境下運到亞歷山大港，再換成輪船回倫敦，整段行程是七十七天。另一個選擇是把裝標本的箱子全程以海路運送，船隻經好望角回英國，耗時四個月。

此時他的遠征探險進行了快三年，但他還沒看到天堂鳥。

有個半荷蘭半馬來血統的船長告訴華萊士，或許可以在某個地方抓到他夢寐以求的鳥種。華萊士聽到後，急切地於一八五六年十二月跟阿里架著一艘快散掉的小船出發[52]，前往東方一千六百公里外的一群小島，阿魯群島（Aru Islands）。他們此行所要面對的，是飄忽不定的海盜，高聳入雲、難以穿越的桃花心木林和肉荳蔻林，瘧疾和有毒蟲虺，以及成千上萬等著被發現的未知物種。難以捉摸的天堂鳥就在該群島深處鼓動著翅膀，而史上最偉大的科學突破之一，也將到來。

*

當船緩緩向東通過弗洛勒斯海及班達海（Flores and Banda Seas）時，華萊士清點了一下生活必需品[53]：兩把獵槍，一袋彈藥，和一把獵刀。他的標本箱整齊地堆疊在竹棚裡，竹棚拴在甲板上，旁邊還有一袋煙草、一堆小刀和珠子，這是要給在地鳥類及昆蟲獵人的報酬。他在瓶子跟袋子裡裝著用來保存標本的砒霜、胡椒和明礬，此外還有數百個標籤，上面印著「華萊士採集」（COLLECTED BY A. R. WALLACE）幾個字。隨著越來越接近這些眾神之鳥，華萊士開始對食物儲備量採時間週期的方式來計算：夠用三個月的糖，八個月的奶油，九個月的咖啡，以及一年的茶。

神祕的天堂鳥最初是如何在阿魯群島和鄰近的新幾內亞島上出現的呢？若想了解其中緣由，關鍵因素乃是時間。話說一億四千萬年前，一塊位於南半球、稱為岡瓦納古陸（Gondwana）的超級大陸塊開始分裂[54]；四千六百萬年後，澳洲板塊分離，並開始往北漂移。在澳洲板塊緩慢漂移到熱帶海域的八千萬年間，許多種鳥類出現在澳洲大陸各處，其中包括天堂鳥的祖先，同時也是鴉科（Corvidae，各種鴉和鵲都屬這科）的祖先[55]。到了兩千萬年前，近似鴉科的天堂鳥開始分化。在華萊士首次前往這些島嶼的兩百五十萬年前，新幾內亞這塊僅次於格陵蘭的世界第二大島，出現在澳洲北海岸附近的海域上，而板塊互相碰撞所產生的山脊持續增高，其推升速度比世上其他地方都來得快。接下來數百萬年的冰河期，海平面反覆地上升又下降。每次海水退去，澳洲和新幾內亞之間就出現一座陸橋，讓動植物、也包括鳥類得以在兩塊陸地之間移動。等到水面上升，留在新幾內亞的鳥類就再次被隔離。

在這些偏遠的島嶼上，並無靈貓（civets）或貓科動物會去獵殺這些鳥類，也沒有猴子或松鼠會跟牠們競爭水果和堅果[56]。這幾百萬年都沒有人類去砍伐牠們停棲的樹木，也沒有人為了羽毛去獵捕牠們。少了天敵，雄鳥就不需要長出自我防衛所需的武器。同理，牠們也不需融入周遭環境，因此長得引人注目也就沒什麼損害了。這些島嶼上盛產的水果，還有隔離、安全的環境，替所謂「失控選擇」（runaway selection）機制創造了完美的條件——數百萬年來，天堂鳥在這精心準備的舞池中發展出極盡奢華的羽毛和精緻複雜的舞蹈儀式，這一切全是為了追求一個終極目標：性。

當華萊士最終抵達阿魯群島時，他想要找可以帶他進入叢林的當地人，卻碰到一個料想不到的問題——滿布小島的河道上充斥著海賊，他們從船上掠奪一切，甚至連男人的衣服也不放過，他們還燒毀村莊，抓走婦孺充當奴隸[57]。無論華萊士拿出多少珠子當作酬勞，阿魯的村民都不願前來排隊等著替他找鳥。最後，他總算找到有人願意划船帶他穿越紅樹林，沿著一條小河來到僅有兩間小屋的村莊——瓦倫拜（Wanumbai）。在那裡，他用一把刀換到其中一間簡陋的小屋[58]，跟另外十二人同住。當他踏進時，兩處灶火正在房中熊熊燃燒著。

這會兒，他已近到能夠聽見天堂鳥在破曉時分從樹梢發出的獨特叫聲了，「哇—哇—哇—哇」迴盪著。華萊士實在太想親眼看到牠們了，顧不得滿地汙泥跟炎熱天候便跋涉而去，成群蚊子則緊追不捨。到了夜晚，他被白蛉（沙蠅）圍攻，四肢留下了小小的圓形傷痕。在熱帶霧靄中，他的雙腳布滿咬痕，直到後來腫脹潰爛到他不良於行，才迫使他留在小屋內休養。雖然他已橫越數千公里的大漠和汪洋，希望最終得見野生的天堂鳥，但卻在這最後關頭被渺小的白蛉搞到步履蹣跚——以往他抓了成千上萬隻昆蟲插針製成標本，真是現世報啊，他自嘲道[59]。「走進阿魯的每處森林漫步，都能找到稀有美麗的生物，要我在這般陌生的國度像犯人般囚禁起來，……這樣的懲罰太重了。」[60]他在日誌中如此抱怨道。

華萊士用上了所有珠子跟刀子，只要有人能帶活的天堂鳥前來，他便予以獎賞。他的助手阿里和當地獵人帶著鈍的箭頭和小巧的陷阱一同出發，那些陷阱經過巧妙設計，可在不損傷天堂鳥羽毛的情況下捕獲牠們。

當阿里從森林帶了一隻王天堂鳥出來時，華萊士欣喜萬分。這隻小鳥有著超凡脫俗之美：「濃烈硃砂紅」的身體搭配「橙紅色」的頭，眼睛上方有「深沉的金屬綠」點斑，鮮黃嘴喙，純白胸部，加上鈷藍色的雙腳。牠的尾巴有兩根羽毛像鐵絲般延長，末端緊緊盤繞，宛如兩枚閃耀的翠綠硬幣。華萊士寫道：「這兩個飾品是全然獨一無二的，在地球上已知的……任何物種身上都不存在。」[61]

他對此不能自已：「我自忖，在過去的漫長歲月裡，這種小鳥代代依循著自然法則，在這片幽暗的林子裡出生、成長、死亡，從來沒有慧黠的眼眸注視著牠們的可愛討喜，從各方面來看，這都是對美的恣意糟蹋。」[62]

當他驚嘆著牠們非凡的演化旅程時，思緒開始憂慮地轉向未來。「悲哀的是，一方面，如此精緻的動物只能終其一生在這片狂野荒涼的地帶展示魅力……另一方面，要是文明人抵達這些偏遠之處……我們幾乎可以確定，文明人將會破壞自然中有機界與無機界之間良好的平衡關係，從而導致牠們消失乃至最終滅絕，即便僅有文明人能夠欣賞牠們那奇妙的構造及美麗。」

「思及此，」他總結道，「定然可讓我們了解，所有生物都**不是**為了人類而創造的。」[63]

離開阿魯之前，他親眼目睹了大天堂鳥（Greater Bird of Paradise）的「舞會」。前文曾提及，這種獨特的鳥最初是三個世紀前由麥哲倫的部屬帶回歐洲，帶回去的是沒有雙腳的標本，之後也曾被查理一世像戰利品一樣展示在帽子上。華萊士看到廣闊的樹冠高處有二十隻公鳥，牠們有著咖啡色的身軀、黃色頭部及翠綠的喉部，這些公鳥會先張開雙翅、拉長脖子，接著再豎起一縷頭頂上的橙金色羽毛。之後，牠們開始成群抖動羽衣，從這根樹枝跳到另一根樹枝，整片樹頂霎時成為一種敲敲打打的「金色榮耀」[64]，而這一切全是為了博得周遭母鳥的青睞，母鳥雖然羽色黯淡乏味，眼光卻是犀利非凡。

華萊士望著頭頂上幾十把跳動的金黃扇子，不由得肅然起敬。他成了首位觀察到大天堂鳥交配儀式的博物學家[65]，但他不知道大規模的破壞行將到來——華萊士擔心的「文明人」已經開始啃噬那些原始森林的邊緣地帶了。在馬來群島的各個港口，商業獵人和商賈交換著一袋袋身懷長羽的死鳥，這些鳥在交配季節的高峰期被獵殺，目的是要滿足正在西方生根的市場。

就這樣，經過兩千萬年的演化之後，天堂鳥的死敵奪命而來。

*

接下來的五年裡，華萊士在馬來群島的熱帶深處度過了幾個月的極度貧困，他擠在簡陋的棚屋內，有條不紊地網捕、裝袋、裝瓶、剝製、貼標，並仔細研究各個標本之間的細微差異。

阿魯北邊一千一百多公里處，有個叫德那第（Ternate）的小島，他在島上主要城鎮的近郊租了一間一坪左右的小房子，以此作為長駐基地[66]。筋疲力竭的探險行程歸來後，他會在這舒適的小屋享受一番。屋子的檐廊兩側都是棕櫚，深井裡有純淨的涼水，附近還有一片榴槤樹和芒果樹組成的小林子。他種了一小畦的南瓜和洋蔥，而穩定供應的肉類及魚類，讓他得以恢復活力。

但在一八五八年初，他又病倒了，這次是瘧疾。儘管氣溫超過三十二度，他還是把自己裹在毯子裡，讓自己開始出汗[67]。發燒期間，他想到那個最初促使他前往亞馬遜的問題：新物種的起源之謎。是什麼原因導致天堂鳥的種類截然不同且如此繁多——高達三十九種？這純粹是如旱澇之類的外在環境條件所造成的嗎？是什麼原因讓某一個物種的數量比另一物種還多？他想到了托馬斯．馬爾薩斯（Thomas Malthus）於一七九八年所發表的《人口論》（*An Essay on the Principle of Population*），裡頭描述人口成長的「積極抑制」

（positive checks）因素——戰爭、疾病、貧瘠、饑荒。他進一步設想，如何將這些因素應用在動物身上。由於牠們的繁殖速度通常比人類快上許多，要是沒有類似馬爾薩斯提出的那些抑制因素，牠們早就塞滿整個地球了。「恍惚之間，我想到這意味著一種持續且巨大的破壞，」華萊士繼續寫道：「我不禁想要問個問題，為何有些物種滅亡、有些存活下來？答案很明顯，整體而言，最適合的才得以生存。最健康的可避免疾病衝擊；最強壯、敏捷，或是最機靈狡詐的，可免於天敵獵殺；而技巧最好的獵手才不會餓到肚子。」[68]

在這段瘧疾症狀發作的兩個小時裡，華萊士不斷思索著一套自然選擇的完整理論，直到：「我腦中忽然靈光一閃，想到這種自發的進程定然會**改善整個種族**（improve the race），因為在每一代的個體間，次等的必然會被消滅，而優等的則會留存下來——也就是說，**最適者方能生存**（the fittest would survive）。」[69]他想起他從林間採集到的標本，牠們皆因海平面升降、氣候變遷及乾旱而不斷改變，至此，他意識到自己「找到了追尋已久的自然法則」[70]。

華萊士焦急地等著燒退掉，好趕緊動筆把心中所思寫到紙上。[71]接下來連續兩晚，他勾勒了自己的理論，並興奮地寫信告知他最崇敬的人：達爾文。「我寫了封信，」他後來回憶道：「我說，我希望這個想法對他跟對我而言同樣都是新鮮的，而且這想法在解釋物種起源時，可提供我輩久尋未果的失落要素。」[72]

一八五八年六月十八日，達爾文在其日誌中寫道：「被華萊士的來信所打斷。」[73]讀著華萊士的論文時，達爾文益發驚懼地意識到，這位自學成才、小他十三歲的博物學家，已經獨自發展出自己數十年來默默孕育的同一理論。「我從未見過比這更加驚人的巧合，」他寫信對地質學者好友查爾斯・萊爾爵士（Sir Charles Lyell）說道：「現在，甚至連他的措詞都成了我章節的標題了。」[74]達爾文指的是自己已草擬一段時日、談論自然選擇的那本書。

達爾文寫道：「如此一來，我所有的創見都會被徹底粉碎，無論它們意味著什麼。」他承認，雖然他尚未計畫發表自己的理論，但他覺得華萊士的論文一出現，將使自己被迫展開行動。話說回來，他也不想被人指控自己剽竊他人的智識。「看來我不得不放棄多年來的優先權，這實在令我難受，」他寫道，但「我寧可把我整本書都燒掉，也不願他或別人認為我的行為卑劣。」[75]

當華萊士繼續在新幾內亞尋找更多天堂鳥的時候，達爾文的學界盟友精心設想了一個方案，準備在林奈學會（Linnean Society）——世上現存最古老的生物學者聯會——會議上解決這個問題：誰該被視為這一理論的創始人？

一八五八年七月一日，一封出自萊爾的信件在林奈學會會議前被宣讀：「這兩位先生在各自獨立且互不知情的情況下，雙雙構思出同樣巧妙的理論，解釋了地球上生物各變種（varieties）和特定類型（specific forms）的出現及延續。在此重要的研究論述上，他們皆可公平地宣稱自己是具有獨創性的思想家。」[76]萊爾隨後把焦點放在他朋友身上：先宣讀達爾文在一八四四年寫的一篇論文摘要，接著是一八五七年寫給美國植物學家亞薩·格雷（Asa Gray）的信件要旨。而華萊士的論文被擺到最後，幾乎像是後來想起才加上去似的。

華萊士回到德那第的長駐基地時，發現有一堆信等著他。「我收到了達爾文先生和胡克先生的來信，他們兩位是英格蘭極為傑出的博物學家，我對此欣喜異常，」他急切地告訴母親，說他寫的那篇論文已在林奈學會上發表了，「這讓我深信，返家之後，我便能結識這些名人，並獲得他們的協助。」[77]他高興地眉開眼笑，自豪地要求標本代理商去買一打林奈學會的期刊，隨後又展開了另一次的採集探險。

*

華萊士在馬來群島又多待了好幾年才完成他的旅程。在這八年內，他採集了三百一十隻哺乳類、一百隻爬行類、七千五百個貝類、一萬三千一百隻蝶跟蛾、八萬三千兩百隻甲蟲，以及一萬三千四百隻其他種類的昆蟲[78]。但他最為珍視的，則是他捕捉、剝製並設法避免被餓蟻、飢蛆和瘦狗吃下肚的八千零五十隻鳥。他將這批標本寄送到一萬六千公里外的倫敦標本代理商手中，代理商留下幾千份標本做研究，其他的都賣給了大英博物館。據華萊士自己的估計，他在馬來群島內旅行了約兩萬兩千七百公里，進行六十或七十次的獨立採集探險。[79]這八年中，有整整兩年的時間都花在交通運輸上頭。

華萊士非常希望帶隻活的天堂鳥回倫敦，但他多次嘗試，卻總是養不活。每當獵人帶回活鳥——有時裝在麻袋裡、有時拴在枝條上——他就會把這心驚膽跳的鳥兒放進他搭建的大竹籠，籠中有個可放置水源及水果的餵食槽[80]。儘管華萊士會拿蚱蜢跟米飯「款待」嬌客，但結果總是一樣：首日，牠們總瘋狂拍翅想要逃脫禁錮；隔天，幾乎文風不動；第三日，就發現籠子的地上有隻死鳥。有時鳥會先劇烈抽搐，接著跌下棲木而死。在華萊士的照養下，前前後後共有十隻鳥，但沒有一隻活到第四天。

因此，當他聽聞新加坡有名歐洲商人成功籠養兩隻公的天堂鳥幼鳥時，他便縮短要在蘇門答臘多待幾個月的採集計畫，並花了一百英鎊買下那兩隻天堂鳥。要是牠們能在回程中倖存，那將是第一批抵達歐洲的活天堂鳥。

在七週的返航途中，為了讓這兩隻鳥活下去，華萊士不時感到「無盡的煩惱和巨大的焦慮」[81]。輪船快開到蘇伊士時，他先前在印度孟買收集的一堆香蕉跟蟑螂已經快被吃光了，他只得溜進庫房，把裡頭的蟑螂全掃進一個空餅乾盒[82]。他緊張兮兮地保護著這兩隻鳥，不讓牠們受寒風吹或浪花打，搭火車時還跟牠們一起窩在寒冷的貨車廂，一路從紅海穿越沙漠到亞歷山大港。在馬爾他時，他弄來一批新鮮的蟑螂跟瓜果，希望幫鳥兒撐過難關，直到下次抵達巴黎時再次補給所需。一八六二年三月三十一日，當他終於抵達英國的福克斯通（Folkestone）港時，距他啟程前往馬來群島已過了八年。他給動物學會發了封電報：「在下非常高興告知您，我的旅程圓滿結束，天堂鳥也安全抵達英格蘭（我想這是第一次）。」[83]

華萊士回國時，達爾文已經因為「他的」自然選擇理論而名揚天下，《物種源始》（*Origin of Species*）也發行到第三版了。對於達爾文鵲起的聲名，華萊士並未表現過任何怨恨或不滿。科學機構現在已經完全接納他了：華萊士被推選為英國鳥類學聯會（British Ornithological Union）的榮譽會員，也被選定為動物學會會員。生物學家湯瑪斯·赫胥黎（Thomas Huxley）說道：「真是生平僅見、萬中無一啊，無論從體能、心智或道德上來看，華萊士都具備在熱帶荒野漫步穿行而無損毫髮的資格……漫步之間，出眾的採集收藏於焉成形；此外，由他的收藏所表明的結論，亦值得吾人慎思。」[84]當時英格蘭最知名的鳥類學者約翰·古爾德（John Gould）則說，華萊士帶回的標本「精美絕倫」[85]——對未來的研究很有幫助。

華萊士的天堂鳥吸引了大批民眾前往倫敦動物園參觀，而他則在不遠處的攝政公園（Regent's Park）找了幢房子安頓下來。為了做研究，他買了一把市面上最舒服的安樂椅，並招聘木匠訂做長桌，之後便開始整理那堆裝滿標本、搖搖欲墜的箱子，並替自己的旅行撰寫回憶錄[86]。

六年後，他完成了《馬來群島自然考察記：紅毛猩猩與天堂鳥之地》（*The Malay Archipelago: the Land of the Orang-utan, and the Bird of Paradise*），這是史上數一數二暢銷的遊記。他把這本書獻給達爾文，「作為個人崇敬和友誼之象徵，同時也深深表達自己對其才華及著作之欽佩。」[87]達爾文在給亨利·貝茲的一封信中寫道：「華萊士先生讓我印象最深的是，他對我毫無妒嫉之心。他定然具備一種誠實高尚的性情，這遠比單純的才智更有價值。」[88]貝茲是第一個跟華萊士遊歷亞馬遜的人。

藉由自然選擇來推論演化的作用，這是華萊士的不凡成就，但這項成就至今已多半被遺忘。不過，他對物種地理分布的持續關注——標本標籤上一絲不苟的細節可資為證——最終鞏固了他的成果，使他成為一門新興科學研究領域的奠基者：生物地理學。峇里島跟龍目島之間有道頗深的海峽，他注意到這道海峽在澳洲大陸和亞洲的陸棚之間形成一條界線，分隔了兩邊的動物相，這便是現今畫在地圖上的「華萊士線」（Wallace Line）。從這條線往東延伸橫越馬來群島、面積達三十四萬平方公里的生物地理區，現在被稱為華萊士區（Wallacea）。

在華萊士所有的探險旅程中，已知的三十九種天堂鳥他只抓到五種，其中有一種的學名便以他為名：「*Semioptera wallacii*」。在一八六三年的一篇論文裡，他細說為什麼他要大費周章採集標本，他還將各物種描述為「構成一冊冊地球歷史卷宗的個別字母，只要丟失幾個字母，就會使一個句子難以理解；而人類的文明發展一定會讓多種生命類型滅絕，這必然會使這珍貴的過往紀錄變得模糊不清。」[89]

為了避免地球的久遠歷史因此遺失，華萊士懇求英國政府在其博物館內盡可能收藏大量標本，「以供研究和闡釋之用。」他認為鳥類標本之中肯定還藏有某些問題的解答，而這些問題是連當時的科學家都還不曉得要提問的，因此必須不計代價保全它們。

「若不這麼做，」他警告道，「後世回顧我們這代人時，定會將我們看作只知沉迷於發大財而無視更高層次考量的民族。他們會控訴我們在能力所及的範圍內，竟放任某些過往的紀錄被毀壞，那可真是罪過啊。」[90]他對反演化的宗教人士頗有質疑，他們「自稱把每種生物都視為造物主的直接創作，也是造物主存在的最佳證據，但矛盾的是，竟能眼睜睜看著許多生物從地球表面徹底毀滅；無人關心，無人知曉。」

華萊士一九一三年去世後，大英博物館從許多私人收藏家手中買回原先他賣出的標本，大大增加了自身的館藏。在博物館深處，比館藏的岩石和陶土子宮（terracotta womb）還要更裡面的地方，館方人員將華萊士的鳥類標本開封整理，並有條不紊地放進收藏櫃中，跟達爾文雀（Darwin's finches）並排。有隻來自阿魯群島的王天堂鳥公鳥標本，是一八五七年二月於瓦倫拜村外所採集，捕獲地點在瓦德來河（River Watelai）以北，東經一百三十四度、南緯五度、海拔四十二公尺處。世上再不會有如此詳細記載著生態數據的標本了，就如同人間沒有第二個華萊士一般。負責保全這些標本的博物館主管在退休之前會培訓接班人，而他們的繼任者也會持續指導下一代。

然而，這些標本的保存作業很快就面臨威脅。在第一次世界大戰初期，華萊士去世後的第二年，德國派遣齊柏林飛船（Zeppelins）無聲無息而來，從一萬一千英呎的高空向倫敦及其海岸地帶投放十八萬六千八百三十磅的炸彈[91]。第二次世界大戰的閃電戰開打時，納粹德國空軍曾經連續五十七個晚上轟炸倫敦。大英博物館被命中二十八次左右，植物部門幾乎全毀，地質部門則有數百扇天窗和窗戶被炸壞[92]。館方人員無不戮力徹夜清除損害，但館藏標本已然陷入險境。

為了不讓這些標本被希特勒的轟炸機炸毀，館方把華萊士跟達爾文的鳥類標本藏在沒有標記的載貨卡車內，之後運到英格蘭鄉間的莊園和豪宅內安置[93]。在這些安全的房舍中，有一處是位於特陵這個小鎮的私人博物館，該博物館是由一位史上數一數二的有錢人所建造，作為愛子二十一歲的生日賀禮。其子名為萊諾・沃爾特・羅斯柴爾德（Lionel Walter Rothschild），長大成人後的他，名堂可多了：從尊貴的大臣、羅斯柴爾德勳爵、國會議員、姦夫、被敲詐勒索的受害者，到世上最悲慘、最狂熱的鳥類收藏家之一。

# 第二章　羅斯柴爾德勳爵的博物館

一八六八年，就在華萊士寫完《馬來群島自然考察記》時，沃爾特．羅斯柴爾德出生於被歷史學者描述為人類史上最富裕的家族裡[1]。他的曾祖父可說是現代銀行的創始人；祖父曾經資助一間英國政府入股的公司，該公司後來開通了蘇伊士運河。父親跟許多王公大臣都有交情，也經常接受國家領導階層的諮詢。至於沃爾特，打交道的對象卻是死掉的動物。

沃爾特四歲時，全家搬到面積廣達一千四百五十公頃的特陵公園（Tring Park），住在一棟紅磚及岩石建造的豪華宅邸裡。三年後的某個下午，年少的沃爾特和德國女家庭教師外出散步途中，偶然發現了阿爾弗雷德．米諾（Alfred Minall）的工作室。他是個建築工人，但是對動物標本剝製術也有涉獵。小男孩看著對方剝製一隻老鼠，結果看了整整一個小時，而滿屋子亂擺的各種動物及鳥類標本也讓他目瞪口呆。享用下午茶時，這名七歲的小孩突然站起來，對父母稟告：「媽媽、爸爸，我以後要開一間博物館，米諾先生會協助我打理它。」[2]

他媽媽很怕他得傳染病、著涼或中暑，便不許他離開特陵公園的住家。沃爾特長得圓滾滾，說話時有發音障礙，因此不願跟同年齡的男孩一起玩，反倒喜歡拿著超大捕蟲網到處跑，然後把抓到的蟲子釘在小片軟木上做成標本。十四歲時，他就有一大群助手供他差遣[3]，幫他收集昆蟲、吹蛋*、訂購稀有的鳥類。去劍橋大學就讀時，他帶了一大堆鷸鴕（奇異鳥，kiwis）過去，在那度過了平淡無奇的兩年後便返回特陵。家中急速擴增的自然史收藏才能給他安全感[4]。他的父親長期以來一直希望這名長子對大自然的熱愛會逐漸消退，好讓他擔負起羅斯柴爾德一族在金融界該有的角色，但他的狂熱似乎有增無減。到二十歲時，他已經累積了大約四萬六千份標本[5]。他二十一歲的生日禮物，是矗立於特陵公園一角、他父親替他蓋的博物館，這間屬於自己的博物館，似乎是他唯一想要的東西。

沃爾特的父親要他前往羅斯柴爾德銀行（N. M. Rothschild and Sons）位於倫敦的總部，強迫他試著處理銀行業務，但沃爾特卻極度不適應。身高一米九、體重一三五公斤的他，講話有點口吃，在別人面前總是相當緊張，但當他結束一天的工作回到博物館後，馬

---

*譯註：製作鳥蛋標本時，將蛋殼開個小洞，之後吹入空氣使蛋液流出。

上就能放鬆下來，並對最新的收藏品展現出極大的熱情。一八九二年，他二十四歲時，位於特陵阿克曼街（Akeman Street）的沃爾特動物博物館（Walter Rothschild Zoological Museum）開始對外開放。很快地，這間博物館每年就能吸引三萬名遊客前來參觀[6]。在那個年代，對一個小鎮博物館來說，這可是天文數字，同時也顯現出大眾對於各種珍禽異獸的強烈興致。博物館內的玻璃櫥櫃是從地面到天花板那麼高，裡頭放滿了各種動物標本，包括北極熊、犀牛、企鵝、象、鱷以及天堂鳥，鯊魚標本則是用鏈條高高懸起。建築物外頭，各種活跳跳的動物就在特陵公園裡漫步：黇鹿（fallow deer）、袋鼠、鶴鴕（食火雞，cassowaries）、鴯鶓（emus）、陸龜，還有一匹馬跟斑馬雜交所生的「馬斑馬」。有些幸運的遊客看到了沃爾特跨坐在一隻加拉巴哥象龜上的一幕，那隻高齡一百五十歲的象龜名叫「Rotumah」，是他從澳洲的一間精神病院弄出來的。

沃爾特蓄著快意灑脫的范戴克鬍（Van Dyke beard），「活像一台架著腳輪的大鋼琴」在博物館內盤踅[7]。他完全不在乎博物館的預算，宛如上癮般一直購買標本，不停拆開近四百位採集者從世界各地寄來一份又一份的包裹，裡頭裝著剝製標本、蛋殼、甲蟲、蝴蝶跟蛾類。雖然他對稀有鳥類標本具有明察秋毫的慧眼，但講到管理博物館以及聯絡協調這麼大群採集者等日常事務，那就是個悲劇了。長久以來，他經常漫不經心地把鈔票跟其他信件扔進柳條籃，要是籃子滿了，他就拿個掛鎖鎖上，然後再找個空的來裝[8]。

沃爾特一直沒能躲過母親的過度關注，也從來沒有搬離特陵公園；此外，他也未曾贏得父親的尊重，還千方百計地向父親隱瞞他的鉅額開銷。某天，兩隻活熊崽被放在羅斯柴爾德銀行門前的台階上，他老爸為此火冒三丈，想要制止沃爾特的收集行徑，但在這之前，沃爾特又設法從新幾內亞弄了一批鶴鴕過來[9]。當他父親將沃爾特的名字從遺囑上拿掉，並把沃爾特的肖像從銀行牆上拿下時，他向他的弟媳坦承：「我爸這麼做完全正確——金錢這事兒，我沒辦法被人信任。」[10]

然而他弟媳毫無所悉的是，在沃爾特隱瞞家人的多筆開銷中，有一筆是差點被人敲詐勒索的贖金，而幹下這檔事的，是跟他曾有一段風流史的英國女貴族。由於家裡已經切斷了資金來源，他又想盡辦法不讓母親知道這件未公開的醜聞，因此他籌錢的唯一方法：只有把自己收藏的大量鳥類標本拿去變賣。一九三一年，他收藏的二十八萬份剝製標本，以二十五萬美元的價格賣給美國自然史博物館[11]，這可能是這間位於紐約的博物館歷來收過最多的一批標本了。在洽談的最後階段，沃爾特取得一項承諾：他的收藏品旁邊將會永久掛著一張他的簽名照。「這件事讓他像個登上『榮譽榜』的學生一樣歡欣雀躍，」博物館的鳥類部門主管寫道：「雖然他總是一副爵爺的派頭，但他也是個極其單純的人。」[12]

據他姪女米里亞姆．羅斯柴爾德（Miriam Rothschild）所述，「沃爾特賣出那批標本後，有一段時間整個人似乎明顯畏縮起來……他感到疲倦不堪、心煩意亂，午餐前只在博物館待了兩個小時。那時是冬季——鳥兒都飛光了。」[13]沃爾特在一九三七年去世，剩下的心愛收藏都遺贈給英國自然史博物館。他的姪女在撬開那些上鎖的柳條籃時，發現了勒索信以及勒索者的身分，但她從未揭露。沃爾特的墓碑上刻著《約伯記》（Book of Job）的一段話：「你且問走獸，走獸必指教你；又問空中的飛鳥，飛鳥必告訴你。」[14]

在一切煙消雲散之前，沃爾特・羅斯柴爾德的這股狂熱所成就的，是史上以一己之力積聚最豐富的鳥類及博物標本收藏。[15]為了尋找新物種，他所僱用的採集者無不冒著生命危險：有個人的手臂被豹子咬掉，另一人在新幾內亞得了瘧疾不治，三個人在加拉巴哥群島死於黃熱病，還有一些人因痢疾和傷寒而亡[16]。根據一位參觀的地圖繪製者所言，館中有幅世界地圖，上頭標示出博物館標本採集者造訪過的採集地，那張圖看起來像是「得了嚴重痲疹」般密密麻麻[17]。阿爾弗雷德・牛頓（Alfred Newton）是沃爾特在劍橋就讀時的一位教授，也是達爾文和華萊士演化論的擁護者，他曾如此數落他這名學生：「你認為動物學的最佳進展，就是由你僱用的那一類採集者來推動，但我不同意這種看法……毫無疑問，他們完美達成了充實博物館館藏的目標，但卻為此從世上奪走了大量野生動物的性命──這樣的報酬實在糟糕。」[18]

但若說羅斯柴爾德聘僱的採集者是地圖上的痲疹，那另一類的獵人可就是壞疽了──不管人們替特陵的博物館採集了多少標本，都比不上大規模鳥類獵殺來得慘烈，而這情景已經開始在世界各地的森林、沼澤以及河口濕地上演了。華萊士在一八六九年首次表達他對「文明人」的破壞潛力感到擔憂，但他想不到的是，人類竟在如此短的時間內就使之成為現實，歷史學家將這描述為「滅絕的年代」（Age of Extermination）[19]：這是地球史上人類對野生動物最大規模的直接屠殺。[20]

在十九世紀的最後三十年間，數以億計鳥類被獵殺，但這次並非為了博物館的館藏，而是另有目的：仕女時尚。

# 第三章　羽毛狂熱

在愛馬仕（Hermès）的手提包或魯布托（Louboutin）的高跟鞋問世前，最能體現身分地位的終極指標，是死鳥。這死鳥如果越有異國風情，就越昂貴，而擁有越昂貴的鳥，便代表擁有者的地位越高。人跟動物之間有些奇怪的交集，其中之一是這樣：為了獲得羽色黯淡的雌鳥青睞，雄鳥便演化出鮮豔的羽毛，但雄鳥卻因此被盜獵，而這些鳥又能讓女人用來吸引男人的目光，並展現其社會地位。經過數百萬年的演化，這些鳥已經長得太美麗，美到無法只為自己這個物種而存在。

羽毛狂熱這症狀要是有所謂的「零號患者」（patient zero），肯定就是瑪麗—安東妮（Marie-Antoinette）了，也就是瑪麗皇后。一七七五年，法王路易十六送她一根鑲滿鑽石的白鷺翎，她將之扎入精心盤起的秀髮上[1]。雖然瑪麗—安東妮不是首位穿戴羽毛的人，但她無庸置疑是名時尚教主。當時，甫問世的輪轉式印刷機讓雜誌得以廣為發行，將最新的潮流推廣給全球各地的訂戶[2]。

瑪麗—安東妮過世後不到一個世紀，便有成千上萬女性訂閱了《哈潑時尚》（*Harper's Bazaar*）、《淑女之家雜誌》（*Ladies' Home Journal*）和《時尚》（*Vogue*）等充滿各種羽毛風潮資訊的刊物[3]。《時尚》在一八九二年十二月的創刊封面上，描繪了一名初入社交圈的少女，周圍繚繞的鳥蝶如雲似霧，還刊登了拉琳夫人（Madame Rallings）在紐約第五大道經營「各式優雅巴黎女帽」[4]和納克斯帽業（Knox's Hats）的廣告：「不管是騎馬、行走、駕車，還是觀劇、接待、婚宴，各種社交場合的專屬帽子應有盡有。」另一本流行的美國時尚雜誌《描繪者》（*The Delineator*），在一八九八年一月號發布的最新女帽流行趨勢中提到：「普通寬邊帽上最時髦的裝飾是挺直的羽翼……而閃亮的羽毛、白鷺飾羽以及帶有天堂鳥羽的羽毛絨球，都能讓裝飾的帽子備受讚賞。」[5]

根據這些雜誌所推崇的描述，一名維多利亞時代的理想女性得具備乳白的肌膚，以此表明她不需在太陽底下拋頭露面工作，還得穿上鐘形鳥籠狀的克里諾林裙襯（crinolines）才行。這種裙襯是由鐵環箍成，掛在令人窒息的緊身束腰胸衣上，再從腰部垂到地面。仕女們身著硬挺厚實的襯裙和襯衣，背後跟兩側都有一條一條為了撐起整個結構而繫上的鯨鬚。「我們的時間多半都耗在更換衣服上頭，」某個力行此道的女性表示：「你得先穿好你『最正式的服裝』再下樓享用早餐……做完禮拜，就要換上花呢衣服。午餐之前總得再換一次才行……不管你的衣服再怎麼少，每晚一套不同的晚宴服總是必須的。」[6] 如果想去散步，就需要一套特定的外出服，然後購物還得要穿另一套。

由於時尚法則不斷推陳出新，每個場合都要一頂獨特的帽子，因而每種帽子都需要不同鳥種加以裝飾。歐美的仕女們紛紛嚷著要最新的羽毛，結果就出現這般場景：整隻剝製的死鳥被安裝在帽子上，那帽子可是大到夠招搖了，仕女為此被迫跪在馬車內，或是得把頭伸出車窗外才行[7]。

一八八六年某天下午，一位著名的鳥類學家在紐約市郊的購物區閒逛時，對羽毛的狂熱程度進行了一次非正式調查。他記錄到七百名戴著帽子的女士，其中四分之三的帽子上有完整的剝製死鳥[8]。要知道，這些鳥可不是從紐約中央公園偷抓來的，畢竟尋常的庭院鳥種在羽毛時尚的風潮中沒什麼地位可言。當時流行的鳥種包括天堂鳥、鸚鵡、鵎鵼、綠咬鵑、蜂鳥、動冠傘鳥（Cock of the Rock）以及雪鷺（Snowy Egrets）。雖說帽子是這些鳥兒最主要的墳場，但其他服飾也經常拿牠們來裝飾。例如有個商人拿了件披肩遊走兜售，那件披肩是由八千隻蜂鳥所製成[9]。

根據歷史學者羅賓・杜提（Robin Doughty）所述，在羽毛貿易的早期階段，「羽毛商人批貨時以『根』買賣；然而，隨著女帽製造業的偏好改為秤重購買（特別是在巴黎），大量採購便成了各地的慣例。」[10] 想想看單根羽毛的重量，這意味著極其驚人的羽毛總量：職業獵人必須獵殺八百到一千隻雪鷺，才能獲取一公斤重的羽毛；至於體型較大的鳥，要得到一公斤羽毛「只需」兩百到三百隻[11]。

隨著該行業趨於成熟，相關數字更是有增無減：在一七九八年，約莫是瑪麗－安東妮拿她的鑲鑽羽毛炫耀的年代，整個法國只有二十五家裝飾用羽毛供應商（plumassiers）。到一八六二年，有一百二十家，再過八年，數量衝高到兩百八十[12]。很多人都在從事拔取羽毛以及填充標本的業務，相關行業團體因而紛紛成立，以保護這一行的工人，比如：未加工羽毛批發商工會（Union of Raw Feather Merchants）、染羽匠工會（Union of Feather Dyers），甚至還有援助羽毛工業受僱兒童協會（Society for Assistance to Children Employed in the Feather Industries）[13]。在十九世紀的最後幾十年裡，大約有四千五百萬公斤的羽毛進口到法國[14]。在倫敦民星巷（Mincing Lane）的拍賣行裡，四年內賣出了十五萬五千隻天堂鳥[15]，這僅是這個二十八億美元產業（以今日的美元計算）的一部分[16]；而在同一時期，共進口了一千八百萬公斤的羽毛。據一名英國業者的報告所述，一年內就賣出了兩百萬隻剝製死鳥[17]。美國的羽毛業也差不多——到一九〇〇年，受僱於女帽貿易業的紐約人有八萬三千名，每年約兩億隻北美鳥兒被獵殺[18]。

隨著野外鳥兒數量減少，一根羽毛的價格翻了一倍，再到三倍，然後四倍。到一九〇〇年，一盎司（約二十八克）的上等雪鷺羽（這種羽毛只在繁殖季為了求偶展示時才會長出來）可賣到三十二美元；同期一盎司黃金只值二十美元。以當今的幣值計算，一公斤的白鷺羽毛價值超過一萬兩千美元[19]。羽毛獵人因利所驅，大舉入侵佛羅里達州的鷺鷥群集營巢地，一個下午就能滅掉好幾代的鷺鷥。

由於業界對鷺鷥和鴕鳥等鳥類的需求遠遠超出野外供應量，因此世界各地的企業家都設立了羽毛農場。但鷺鷥在籠子裡不好養，農場主為了馴服牠們，便使其目不能視——方法是以一根細棉線穿過下眼瞼，再拉著穿過上眼瞼[20]。牠們的身上可是有大把銀子等著採收；這不是隨口說說，一九一二年鐵達尼號（*Titanic*）沉沒時，貨艙裡最有價值、保險金額也最高昂的是四十箱的羽毛，在大宗商品市場上僅次於鑽石[21]。

達爾文和華萊士為了解釋物種的出現跟消失，在山林裡上窮碧落下黃泉地搜尋各種蛛絲馬跡，但許多西方人認為「滅絕」這個概念過於荒唐而加以嘲弄，這有部分是來自宗教的保證，另一部分是因為「新大陸」的慷慨賜予。由化石紀錄所揭露的那些消逝物種，其命運可用大洪水來解釋，那麼，其他倖存下來的肯定是登上諾亞方舟之故。在美洲殖民地的早期階段，鮭魚數量多到從河岸上拿著乾草叉都能叉中，牠們實在太普遍了，普遍到可以被碾碎然後當成莊稼的肥料。[22]成群的候鳥更可遮天蔽日，一八一三年，約翰．詹姆士．奧杜邦在旅程中，曾經連續三天頭上都是同一群正在遷徙飛行的旅鴿[23]。而平原上的美洲野牛更是滿地跑，一個士兵騎著馬也得花上整整六天才能穿過野牛群[24]。

當美國人往西部看著自己的「昭昭天命」時，他們聽從上帝的指示，老老實實致力於「生養眾多，遍滿地面」，並且「管理海裡的魚、空中的鳥和地上各樣行動的活物」，對這個邁向工業化的社會而言，此乃天命所授，人必從之。在這樣的幻想下，從岩塊裡炸出來的銅、鐵和金永遠都用不完，鳥禽的數量取之不盡，森林裡的橡木也是用之不竭。《創世紀》（Genesis）被寫下的時候，世界人口僅有一億，可是到了一九〇〇年，這個對資源瘋狂渴求的物種正以指數增長一路衝向十六億大關[25]：要想更有效率地從大自然榨取、收穫原料，所需者唯機器足矣。

帶著左輪手槍和上帝的祝福，他們踩出了一條通往太平洋的道路。阿列克西・德・托克維爾（Alexis de Tocqueville）於一八三一年遊歷美國後下了一個結論，他認為美國公民「對無生命的大自然奇觀無動於衷……他們的目光全專注在另一種景象：美國人一心想橫越這些野地，他們排乾沼澤、改變河道，墾殖荒地、征服自然。」[26]到了十九世紀末，六千萬頭美洲野牛被獵殺到剩三百頭；還有觀光客為了消遣，而在搭火車時從車窗對牠們開火。[27]等到一九〇一年，數十億隻旅鴿已經被獵殺到野外滅絕的境地。在佛羅里達大沼澤（Everglades）地區，汽船駕駛員載滿手持獵槍前來找樂子的人[28]，他們對著短吻鱷和白鷺放槍，現場「噪音震耳欲聾，火藥煙霧瀰漫，屍橫遍野」。[29]而整個北美大陸的森林裡，比莎士比亞還要古老的樹木被砍倒，然後送到加工廠。與此同時，羽毛狂熱也在四處蔓延。

當二十世紀到來時，美國的天命已然實現。一八九〇年的人口普查可以發現到許許多多的拓荒聚居地，宣告著「邊境地帶」（the frontier）的滅亡[30]。到達太平洋後，當代美國人的祖先回頭一看，看到的卻是如此荒涼的景觀：淘金潮導致山林破毀、河川汙穢，而隨著城市漸大、煙囪漸高，物種也不斷消失。從一八八三年到一八九八年，二十六個州的鳥類數量掉了一半[31]。一九一四年，世上最後一隻旅鴿，瑪莎（Martha），死於辛辛那提動物園（Cincinnati Zoo）[32]。四年後，最後一隻卡羅萊納鸚鵡（Carolina Parakeet）印喀斯（Incas），也死在曾經養過瑪莎的籠子裡[33]。

# 第四章 一項運動的誕生

一八七五年，瑪麗・佘契爾（Mary Thatcher）替《哈潑雜誌》（*Harper's*）寫了篇文章，標題為〈無心的屠殺者〉。她在文中指出，「要不是對『時尚潮流』的熱愛使之蒙蔽雙眼，」心懷惻隱的女士們「絕不會給任何生靈帶來不必要的痛苦」。[1]她抨擊某種「廣為流傳的信仰，即鳥獸被創造的目的只是為了讓人們利用和消遣」，她認為這種想法「不值得被基督教世界所接受」。

把女人塞在緊身胸衣和克里諾林裙襯的鳥籠中，讓她們汲汲於最新時尚，卻不讓她們發展身心，這種風潮帶給社會的影響，也讓偉大的女性選舉權倡議者伊麗莎白・卡迪・斯坦頓（Elizabeth Cady Stanton）在一八八〇年發聲譴責。「大家都知道，我們的時尚風氣是由法國交際花傳過來的，她們畢生的工作就是在研究如何媚惑男人，並為了一己之私而占有他，」她在一場著名的演講中說道：「上帝已經給妳們腦袋了，親愛的姑娘們……妳一生的工作不是只有吸引男人或取悅任何人，而是把自己塑造成偉大而光榮的女性。」[2]斯坦頓對維多利亞時期女性久坐不動且缺乏刺激的生活型態深感悲嘆，她還敦促她的聽眾要「記得，美麗是發自內心的，不能像衣物一樣隨意穿脫」。

同一時期，英國婦女也奮起反對羽毛貿易。一八八九年，來自曼徹斯特（Manchester）的三十六歲婦女艾蜜莉・威廉森（Emily Williamson）成立了一個名為羽衣聯盟（Plumage League）的團體，致力遏止鳥類大屠殺[3]。兩年後，她在南倫敦的克羅伊登（Croydon）跟伊萊莎・菲利普斯（Eliza Phillips）的毛皮和羽毛會議（Fur and Feather）通力合作，雙方隨後便將組織重整為皇家鳥類保護協會（Royal Society for the Protection of Birds）。這個全由女性組成的協會對其成員有兩項簡單的約束：停止穿戴羽毛，並勸阻他人這樣做。沒多久，它就成為英國數一數二大規模的會員組織了。

一八九六年，哈莉特・勞倫斯・赫蒙威（Harriet Lawrence Hemenway）這位波士頓社交名媛在看到一篇文章後怒不可遏，那篇文章談到了羽毛交易的殘忍與野蠻。她在表姊敏娜・霍爾（Minna Hall）的幫助下，召開一系列茶會來勸阻朋友們別再穿戴羽毛。在九百名婦女參加後，她們倆創立了奧杜邦學會（Audubon Society）麻州分會[4]。不出幾年，各地新成立的奧杜邦分會在全美各地就有成千上萬的會員。

英美兩國，這些婦女無不使出渾身解數教育其他大眾，並厲聲斥責為了流行時尚而使用羽毛的行徑。她們在倫敦西區（West End）散發小冊子，舉著白鷺遭屠殺的標語遊行，還將有羽飾的帽子稱為「殘忍的徽章！」[5]在美國，奧杜邦學會不只舉辦公開講座，還持續發布不用鳥類裝飾的女帽業者「白名單」，並迫使國會採取行動。這些抗爭行動中，包括奧杜邦學會於一八九七年在美國自然史博物館辦的一場講座，鳥類學者法蘭克·查普曼（Frank Chapman）談到那些在女帽工坊裡成堆的天堂鳥：「今天，這種美麗的鳥兒已經瀕臨絕種，牠們只要被流行風潮看上，就在劫難逃了。天堂鳥的生死存亡，取決於女性能否發揮力量，導正這個天大的罪惡。」[6]

新聞業很快便加入這場論戰。《重磅出擊》（*Punch*）是一份英國週刊，該刊物最為人熟知的，是創造了「cartoon」（時事漫畫）這個英文字詞。在一八九二年出刊的某一期裡，有幅漫畫畫了個帽上有數隻死鳥的女人，雙臂威脅似地向外張開，一根根巨大的羽毛從背後伸出，而其雙腳竟是爪子，翠鳥和白鷺正驚恐地振翅飛離。這圖的標題寫著：〈獵殺之禽〉（A BIRD OF PREY）[7]。另一幅名為〈物種滅絕〉的漫畫裡，一個頭上頂著一隻死白鷺的女性被說成「穿著時髦但毫無慈悲的女士」。在美國，《哈潑時尚》的編輯們於一八九六年表示，「看來，似乎是時候發起一場運動來反對這種濫用羽毛的行為了，對一些最珍貴稀有的物種來說……如果現在這種時尚狂熱繼續下去，牠們很快就會死絕。」[8]《淑女之家雜誌》隨即跟上腳步，提供一些不需用到真鳥但同樣時尚的替代選項，並刊出一些鳥類遭屠殺的照片，還附帶警語：「下次當你要買……帽子時，帽上若有羽毛，請回想一下這些照片。」[9]

美國保育人士初次取得的重大勝利，是在一九〇〇年的《雷斯法案》（Lacey Act）通過之後，該法案禁止了跨州的鳥類交易（儘管它並未終止外國鳥類進口）。到一九〇三年，人們已經知道佛羅里達大沼澤的雪鷺被獵殺殆盡，狄奧多·羅斯福（Theodore Roosevelt）總統在當年簽署了一項行政命令，於佛羅里達的鵜鶘島（Pelican Island）劃設了第一個聯邦鳥類保護區——這是他任內劃設的五十五個保護區之一。

英國的亞歷山卓王后（Queen Alexandra）旋即加入戰局。她在一九〇六年透過副手致函皇家鳥類保護協會的主席，信中聲明她永遠不會把鷺鷥的繁殖飾羽（osprey）*或其他稀有鳥種的羽毛穿戴上身，「並且會盡其所能勸阻人們莫再對這些美麗鳥兒做出如此殘忍的行為。」[10]王后的這封信後來被刊登在許多期刊和時尚雜誌上。

事到如今，羽毛業為了生存，不得不想方設法對羽衣聯盟和奧杜邦學會等團體加以詆毀，說他們「只會跟風、多愁善感到病態的地步」[11]。面對日益升高的惡名，《女帽業貿易回顧》（*Millinery Trade Review*）在評估後也吹起反擊號角：「對進口商和製造商來說，面對這場大混戰，唯有正面迎戰這些人，除此之外別無他法。」[12]而紐約女帽商保護協會（New York Millinery Merchants Protective Association）、倫敦商會紡織品部（Textile Section of the London Chamber of Commerce）、羽毛商協會（Association of Feather Merchants）等組織所找來的說客們則是警告立法者，在經濟充滿不安全感的時期，任何抑制羽毛貿易的法律，都會減少就業機會[13]。有位著名的博物學家在《紐約時報》（*New York Times*）評論道：「買賣羽毛的那幫人正為他們極其錯誤的非法交易行為搏鬥，其怨恨跟長久以來奴隸販子被激起的那股憎惡如出一轍。」[14]

最終，獲得勝利的一方是保育人士，一連串的新法案逐步收緊了全球羽毛貿易的網絡。在美國，一九一三年通過的《安得伍德關稅法》（Underwood Tariff Act）禁止所有羽毛進口，一九一八年的《候鳥條約法》（Migratory Bird Treaty Act）更禁止在北美獵殺任何候鳥。一九二一年，英國通過了《禁止進口羽毛法》（Importation of Plumage Prohibition Act）。一九二二年，美國通過一項修正案，禁止進口天堂鳥。

羽毛熱潮最終之所以走向末路，其他因素也推了一把，尤其是第一次世界大戰的爆發，帶來了一段經濟緊縮的日子。此外，男人上了戰場，留下的工作空缺就由婦女填補，婦女們還到兵工廠工作，時尚潮流因此從招搖炫耀轉為更加實用的設計。汽車的問世，也意味著女性在駕駛室裡再也不能戴著滿是羽毛的大帽子[15]。與此同時，隨著電影院日漸普及，會遮擋到大螢幕的帽子就顯得不時尚，甚至不禮貌了。在稍早年代，人們對女性的期

---

*譯註：Osprey 除了指「魚鷹」這種猛禽外，在羽毛貿易熱潮時，時尚帽業、羽毛業者也以這個字指稱鷺鷥在繁殖期間所長出的飾羽。

待是大門不出、二門不邁，女性也還沒擁有投票權或財產權，在此時代背景下，革除羽毛貿易這件事，最終是落到了女人頭上。

話雖如此，擁有美好事物的渴望永遠不可能完全根除。儘管保育運動有所斬獲，可是有些老一輩的婦女很難放棄穿戴羽毛這種「年代久遠」的慣習，不過她們的女兒和孫女們都不願再這麼做了。二十世紀初，出現一種新興職業來滿足她們的需求：野生動物非法貿易販子（wildlife trafficker）。每次成功立法之後，總是有一票藐視法律之徒，會去測試執法者的極限。有兩名狩獵監督員（game wardens）被派往佛羅里達州保護瀕危的雪鷺，他們是首批前去執行這項業務的監督員，卻在一九〇五年被盜獵者殺害[16]。同年，夏威夷的雷仙島（Laysan）當局逮捕了一群日本獵人，並從中起出三十萬隻已死的黑腳信天翁（Black-Footed Albatross）[17]。一九二一年，有名遊輪乘客從紐約下船後，被人發現在他手提箱的夾板中藏有五根天堂鳥羽和八束白鷺羽，另外還有六十八瓶嗎啡、古柯鹼，以及藏在一袋堅果裡的一小包海洛因[18]。隔年《紐約時報》報導，海關檢查員接受了一項訓練，好讓他們知道如何觀察上岸船員的脖子和腰部，要是對方頸子細小但身軀碩大，那就逮捕起來。「有次，一名傲慢自負、體格魁梧到令人起疑的船長被海關人員搜查，之後就看到一小撮人忙著檢查散布四周的大量羽毛。」[19]

為了逃避當局查緝，走私犯的花招越來越多。比如有個任職於崑蘭號（*Kroonland*）

的義大利廚師，遭人查獲褲子裡藏了一百五十根天堂鳥羽毛，另外還有八百根放在自己的艙房內[20]。兩名法國人在倫敦被逮，因為他們裝蛋的紙盒中，夾帶了一批剝製天堂鳥[21]。有個走私天堂鳥的跨國集團，被人發現營運總部位於賓州的一處鄉村小鎮外[22]。德州邊境城市拉雷多（Laredo）的官員曾逮捕兩個人，這兩人不僅涉過美墨國界格蘭德河（Rio Grande），身上還帶著五百二十七副來自新幾內亞的剝製鳥皮[23]。據報導指出，有快艇在馬爾他外海追趕船隻，那船殼裡竟藏著從北非海岸走私而來的異國鳥禽[24]；還有一則報導提到，有人會在午夜時分於巴伐利亞的森林裡碰面，購買所謂的「鸚鵡香腸」[25]，這些人先把活鳥的嘴用膠帶封住，然後再把鳥塞進女性的連身褲襪裡，藉此瞞過當局偷偷運走。

一九三三年，百折不撓的保育人士在倫敦取得了另一項重大勝利，當時有九個國家批准了《保護動植物在其自然狀態之公約》（Convention Relative to the Preservation of Fauna and Flora in their Natural State）。這份公約經常被形容為野生動植物保育的《大憲章》（Magna Carta）[26]，裡頭列出了四十二個受保護物種，其中大部分是非洲的大型哺乳類，比如大猩猩、白犀牛和非洲象，但也包含了幾種鳥類。雖然受保護物種的清單並不完整，但這公約仍對於打擊野生動物販子提供了一套道德、法規及行動上的框架。到了一九七三年，該公約由《瀕臨絕種野生動植物國際貿易公約》（Convention on International Trade in Endangered Species of Wild Fauna and Flora）所取代，也就是俗稱的「華盛頓公約」（即CITES），至今有一百八十一個締約方。華盛頓公約及其三份附錄評斷了各個物種受到威脅的程度，目前有三萬五千種動植物受其保護，其中將近一千五百種是鳥類，包括華萊士最為鍾愛的王天堂鳥。

隨著二十一世紀到來，美國海關已不再檢查那些下流水手的頸子，而婦女早就不戴帽了，更不用說以異國珍禽裝飾的帽子，因為那些鳥兒現在受到的法律保護以及捍衛者，比以往任何時期都來得多。皇家鳥類保護協會的會員目前超過百萬，在英國各地負責維護兩百多處自然保留區。奧杜邦學會本身的會員數也超過五十萬人。

然而，就在法界的目光瞄準犀角和象牙時，網際網路的誕生卻把一小群沉迷於稀有、非法羽毛的人給聚集在一起，這群執著的男人是：維多利亞古典鮭魚毛鉤綁製者。

# 第五章　維多利亞時期的毛鉤綁製圈

一九一五年底，一群英國遠征軍（British Expeditionary Forces）的烏合之眾死守在馬其頓邊界以南，鄰近安菲波利斯（Amphipolis）一片古希臘墳場。當時，有一枚打偏的砲彈將附近一座墳墓的入口炸開。在這墳墓裡，陸軍軍醫艾瑞克·賈德納（Eric Gardner）發現了一具公元前兩百年的骨骸，其手裡握著幾根古銅色的魚鉤[1]。由於補給船剛被魚雷擊沉，士兵們飢餓難當，賈德納便將這些魚鉤分發給部隊。阿兵哥拿到後，把這些具有兩千年歷史的魚鉤甩進斯特魯馬河（Sturma River），釣起上千尾歐洲鯉，最大的一條重達六點四公斤。之後，賈德納回報道「部隊的伙食」獲得「大受歡迎的改變」[2]，並將這些鉤子寄到海德公園（Hyde Park）裡的帝國戰爭博物館（Imperial War Museum）留存後世，那地方離自然史博物館並不遠。

古代魚鉤至今仍可充分發揮作用，證明人跟魚之間的契約是如此簡明素樸：把餌放到一根彎曲的金屬上，繫金屬於繩，而後拋出便是。蚯蚓很適合鯉魚這類底棲攝食者，但有些魚喜歡捕食掠過水面的有翅昆蟲，比如鱒魚，若目標是這種魚，在魚鉤上綁幾根羽毛會很有幫助。

最早用羽毛釣魚的記載，是公元三世紀時由一位名叫埃里亞努斯（Claudius Aelianus）的羅馬人所撰寫的，他對馬其頓漁夫釣鱒魚的方法有如下描述：「他們將緋紅的羊毛繫於鉤子，再把兩枚長在公雞肉垂下方的羽毛固定在羊毛上。」[3]儘管在接下來的千年裡，肯定有人持續以這種方法釣魚，但關於毛鉤釣的文字卻沒有從歐洲黑暗時代流傳下來，直到一四九六年，才又出現毛鉤釣法的記載。當時，從荷蘭流亡英國的溫肯・德・沃德（Wynken de Worde）在倫敦的弗利特街（Fleet Street）經營一家新式印刷廠，他出版了一本《論鉤具釣魚》（*A Treatyse of Fishing with an Angle*），書中包含十二種鱒魚毛鉤的粗略「綁製配方」（recipes），每個月用一種，此即毛鉤釣狂熱者口中的「十二陪審員」（Jury of Twelve）。三月用的亞成蟲毛鉤（Dun Fly）需要以黑色羊毛作為「軀體」，而「翅膀」當用最黑的公綠頭鴨羽毛製成[4]；五月的黃毛鉤（Yellow Fly）則推薦拿黃色羊毛當軀體，再以染黃的鴨毛作翅膀。雖然該書的重點是鱒魚，但書中認為鮭魚是「任何人在淡水中所能釣獲的魚種裡最為高貴雄偉者」[5]。

如果說釣客在釣鯉魚跟鱒魚時，對兩者所拋出的釣餌小有差異，那麼釣鱒魚跟釣鮭魚時拋投的東西就是天差地別了。淡水鱒魚需要用精巧逼真的毛鉤來釣，也就是這毛鉤要模擬多種水生昆蟲的顏色、體型、生命週期。為了「符合大發生」（match the hatch），鱒魚釣客必須知道什麼時候得拋投若蟲毛鉤、什麼時候要拿出亞成蟲毛鉤。若蟲毛鉤是模擬昆蟲緊緊抓附水下石頭的生命階段，而亞成蟲毛鉤則是呈現昆蟲浮上水面、把覆在翅膀上的「蛻」給裂開的時期。鱒魚的性情相當挑剔、善變、輕浮，釣客若不用心觀察河川生態，要讓牠們上鉤並非易事。製作鱒魚毛鉤所需要的材料平凡無奇且廉價，像是鹿毛、兔毛、羊毛，以及雞毛。

鮭魚毛鉤則跟鱒魚毛鉤形成強烈對比，其外型並非為了模擬任何一種自然界的東西，而是為了挑釁。鮭魚這種毛鉤釣客競逐的王者，會從大海返回牠們出生的河流，在被稱作「產卵場」（redds）的礫石河床上產卵，然後死亡。牠們死後，屍體會釋放大量養分並吸引小型仔魚和其他昆蟲，這些小動物最後會成為新生代鮭魚孵化後的第一餐。在這一年一度的洄游旅程中，鮭魚會停止進食，但牠們會用犬齒及鉤狀下顎攻擊、驅趕入侵者，以保護產卵場。鮭魚並不會因為釣客的毛鉤看起來像昆蟲就衝過去，而是因為毛鉤入侵了牠們剛產卵的地方。

想抓鱒魚，得深入觀察大自然才行；至於鮭魚，只需把狗毛綁在鉤子上，外加一點運氣就能釣到。但貴族釣客們並不打算因此卻步，他們想要在滿是田園風光的鄉間向「魚中之王」拋投美麗的毛鉤，這樣才夠傳奇浪漫。

艾薩克・華爾頓（Izaak Walton）在一六五三年出版的《釣魚大全》（*The Compleat Angler*）中寫道：「面對河流及河中生物時，智者駐足沉思，愚人無視而過。」[6]華爾頓描述了一個充滿奇幻水域的世界，藉此向下一代「釣友弟兄」們招手：「有一條河，會把燃燒的火把熄滅，但另一種火把卻會被點燃；另一條河則會把棍棒變成石頭。有些河流在音樂響起時會婆娑起舞，有些則會讓啜飲河水的人起顛發狂。在阿拉伯有條河，當綿羊前來飲水後，羊毛就會變成朱紅色；位於猶地亞（Judea）的另一條河，一週僅流動六天，然後在安息日當天歇息。」

自家英國當然也有一些神祕的河流，比如迪河（Dee）、特韋德河（Tweed）、泰恩河（Tyne）、斯佩河（Spey）等，但它們遠離倫敦，除了在地人和有能力穿越布滿車轍的土地、古羅馬道路和狹窄騎馬道的人外，其他人都難以到達。直到近兩個世紀後的維多利亞時代，鐵路才使得這些傳奇河流對社會下層階級的人們敞開懷抱。突然間，不僅是王公貴族大地主成了釣友弟兄，連勞工也紛紛跳上火車，暫時從工業化的城市生活裡得到喘息。

為了限制這些闖入者入侵騷擾，英國的領主們用一系列稱作「圈地法案」（Enclosure Acts）的法律將土地圍了起來，還將水域劃為私有。工人階級垂釣者釣了大半輩子的地方，現在突然不許進入了；自家水域擁有大量鮭魚的地主們，開始對釣客收取毛鉤拋投費[7]。

根據研究毛鉤釣的歷史學者安德魯・賀爾得（Andrew Herd）所言，到了十九世紀末，將近兩百八十三萬公頃的英國水域被隔絕於一般大眾之外，而且這些水域也被侵害法（trespass laws）所保護，因此「既非地主也非俱樂部嚴格掌控之水域已所剩無幾」。[8]於是，秩序恢復如舊，只有富豪才有財力去「遊釣」（game fishing）高貴的鮭魚，而尋常百姓僅能「雜釣」（coarse fishing）像是鯉魚這類低下的底棲魚種。

當時，隨著大部分水域的私有化，釣鮭魚這種運動「迅速累積了大量的傳統和習俗」[9]。私人釣魚俱樂部和個別的貴族紛紛開始發展自己的毛鉤款式，好用在特定河川上。很快地，就有人利用昂貴的異國鳥羽製作華麗的毛鉤。儘管這類毛鉤並不具真正的優勢，但它們仍被釣客們「近乎歇斯底里地」爭相採用。據賀爾得所述，這是因為他們「被當地的釣具商所慫恿，釣具商從這批新一代的鮭魚釣客身上賺了大把大把的銀子」。[10]

畢竟，倫敦的港口到處都是進口而來的剝製鳥皮，目的是為了滿足羽毛時尚產業的需求。當女性為了自己的帽子爭相搶奪最稀有的羽毛時，她們的夫婿卻是把這些羽毛綁在魚鉤上炫耀。等到一八四二年，毛鉤的材料配方已經從雞毛轉變成使用南美動冠傘鳥的紅羽、印度翠鳥的藍羽、喜馬拉雅山區棕尾虹雉的冠羽，以及亞馬遜地區金剛鸚鵡的各色羽毛了。這一切都是因為當年出版了第一本將這種藝術形式神聖化的書籍——《毛鉤製作的藝術》（*The Art of Fly Making*），作者是威廉・布萊克（William Blacker）。

《毛鉤製作的藝術》是史上第一本詳細介紹如何一步步綁製各式鮭魚毛鉤的書籍，並指出每一款毛鉤最適用於哪條河流。布萊克向他的讀者保證：「你會發現它們在蘇格蘭和愛爾蘭的河川效果最佳。」[11]但前提是得用對顏色：火紅棕、肉桂棕、暗紫紅、烏灰欖、酒紅紫、淺灰藍或普魯士藍。布萊克是個老練的商人，不只賣書，還賣毛鉤、羽毛、閃光飾線、蠶絲和金屬鉤子[12]。為求完美，他建議釣客要準備三十七種不同鳥類的羽毛，其中包括鳳尾綠咬鵑、「藍色喋喋鳥」（Blue Chatterer，以下稱藍色傘鳥）*，以及天堂鳥。

而對那些買不起異國珍禽羽毛的人，布萊克也教他們如何利用尋常鳥種的羽毛進行染色：比如要染「鸚鵡黃」，需以一湯匙的薑黃粉、磨碎的明礬及酒石晶體相混合；核桃殼外皮的汁液能染出淡淡的褐色；木藍粉（Indigo powder）溶解在硫酸中可產生深藍色。但對多數人而言，染色的羽毛永遠比不上「真品」。

隨著維多利亞時代的開展，鮭魚毛鉤變得越來越精細複雜，毛鉤釣書籍的作者們也開始竭力宣揚偽科學，好證明這類極度昂貴的異國材料確實是必需品。他們之中最主要的鼓吹者，是一名紈褲子弟喬治·莫蒂默·凱爾森（George Mortimer Kelson）。他出生於一八三五年，大部分的年少時光都花在打板球、長距離游泳和障礙賽跑，但最終讓其他愛好都黯然失色的，是毛鉤釣還有階層分明的古典毛鉤綁製圈。

他在一八九五年出版的《鮭魚毛鉤》（*The Salmon Fly*）一書，是這種藝術形式的極致典範：傲慢自信，蔑視業餘愛好者，並對難以取得的羽毛極為痴迷。這本書一開頭，就用整章的篇幅頌揚他的工作成果是如何具有科學嚴謹性，然而他的方法卻是破綻百出。為了看穿鮭魚在想什麼，凱爾森帶著各種顏色的毛鉤潛入河中，然後撥開眼皮，以便觀察這些毛鉤在水下看起來是什麼樣子。他第一次嘗試是拿一款叫做「屠夫」（Butcher）的毛鉤，但每當他試著要辨認出那是藍色系的金剛鸚鵡（Blue Macaw）羽毛或染黃的天鵝羽毛時，就會攪動河床上的淤泥，然後就看不見這些羽毛了。當他把屠夫拿到清澈冷冽的溪流時，花了非常多的時間在水下研究它，竟因此使他略微失聰。

他寫道：「在應用我們的原則時，精確嚴謹乃是必要的。」[13]為此，他概述了可能讓鮭魚因為毛鉤而上浮的各種因素，例如「傾向於對某些顏色之深淺有所反應」，以及水或空氣清澈度的變化等。由於他的工藝是如此精確，至少他自己看來是這樣，因此他推薦一款叫做「埃爾西」（Elsie）的毛鉤，專門用來對付躲在巨大直立岩塊和鄰近巨石間的鮭魚[14]。

凱爾森對那些無法區分「喬克史考特」和「達蘭巡查員」（Durham Ranger）這兩款毛鉤的「外行」、「菜鳥」和「低級無知之輩」，總是露出得意的假笑。[15]其實鮭魚也分不出來，但有些人為了替自己花大錢買羽毛的行為辯護，於是去相信鮭魚真能分辨那本毛鉤專書裡所描述的二十種深淺不同的綠色。

＊譯註：這是毛鉤綁製者對傘鳥屬（*Cotinga*）這類鳥的泛稱，該屬共七種，雄鳥具有帶金屬光澤的藍色、紫色羽毛。

凱爾森在書中承認，要挑選哪種鮭魚毛鉤來拋投的「分類法」其實是「人為的」，但他似乎不能接受不如預期的狀況[16]。某次，有條鮭魚無視他的華麗毛鉤，卻去咬一個業餘釣客綁製的平凡毛鉤，他為此氣到碎碎唸：「有時鮭魚什麼東西都咬，有時什麼都不碰。……興奮狂熱時，這魚中之王就會用牠尊爵不凡的下巴去追咬一種叫鮭魚毛鉤的東西……那不過是一撮只有單邊、左搖右擺、頭部積水的不協調羽毛罷了。」[17]但過沒多久，他又開始宣揚所謂的對稱原則以及毛鉤色彩「平衡」的協調性。

對凱爾森而言，毛鉤綁製跟美術有著密切關係——他聲稱這項工作能對其追隨者逐漸灌輸一種「精神和道德的紀律」[18]。「我們這兒有種溫文爾雅的嗜好，值得我們之中最偉大的釣客關注，無論你是牧師或政治人物，醫生還是律師，詩人、畫家，抑或哲學家。」[19]為了這些大人物，凱爾森在其權威著作中放了八頁彩色手繪圖版，繪出五十二款精巧的毛鉤，每一款都有個響噹噹的名字，像是冠軍（Champion）、永無過失（Infallible）、電閃雷鳴（Thunder and Lightning）、青銅海盜（Bronze Pirate），以及特拉亨的驚嘆（Traherne's Wonder）等等。

《鮭魚毛鉤》一書大約有三百套詳細的配方，並列出各個毛鉤部位所需的材料。鉤眼是以天蠶絲環圈而成；毛鉤的頭、角、頰、肩、喉、下翅及上翅，全都需要特定的羽毛。他的毛鉤分析圖畫出了十九個不同的組件，更別說各種風格迥異、鉤弧曲度不同的鉤子了。

若想跟凱爾森一樣綁出那些毛鉤，他的讀者得要準備銀長尾猴（silver monkey）毛、灰松鼠毛、纖細的豬毛、產自東方的蠶絲、來自北極地區的毛皮、一張野兔的臉，還有山羊鬍。除此之外，還需要單邊漸縮鉤柄、雙邊漸縮鉤柄，單鉤眼魚鉤、雙鉤眼魚鉤，平版閃光飾線、曲面閃光飾線、雕紋閃光飾線和混編亮絲的飾邊鬆線；各色海豹毛：鮮橙、檸檬黃、火紅棕、猩紅、暗紫紅、紫色、綠色、金黃橄欖色、深藍、淺藍、黑色；撚製蠟（Cobbler's wax）。其他要綁製古典鮭魚毛鉤所需的材料清單就已經一長串了，此時卻什麼羽毛都還沒提到呢！

凱爾森將他手邊現有的鳥皮存貨迅速清點一遍：帶斑傘鳥（Banded Chatterer，現已瀕危）、火雞（Great American Cock）、棕夜鷺（Nankeen Night Heron）、大嘴麻鷺（South American Bittern）和安地斯動冠傘鳥（Ecuadorian Cock of the Rock）等。然而有一件是凱爾森最為珍視的：「大天堂鳥（Golden Bird of Paradise）這種頂級好貨註定是要被我找到的。我已經拿到了，釣魚弟兄們，希望你們也有同樣好運啦！只要花十英鎊就有喔！」[20]

凱爾森坦言，要是得不到異國珍禽的羽毛，可以拿尋常鳥禽的染色羽毛代替。但他也強調，「不管雞簑毛染得多好……它們看起來就是沒那麼好，即便剛染好的新鮮貨也一樣，在水中的效果就是不如天然的羽毛。以大天堂鳥的簑毛為例……世上染得最好的橘色簑毛也無法與之匹敵。」[21]

凱爾森跟他這本書的影響力無遠弗屆，甚至在一九二〇年過世前，他的名字就成了品牌名稱。時尚品牌Burberry就推出了一款防水凱爾森外套，其特點是口袋相當大，可以放進毛鉤盒及特殊毛鉤。法洛釣具公司（C. Farlow & Co.）設計出客製的凱爾森釣竿，以及「凱爾森專利釣鮭鋁製微聲捲線器」。莫理斯卡思威爾釣具公司（Morris Carswell & Co.）則是販售一種「凱爾森釣鮭平滑線」。

凱爾森知道有人（就是那些對這類七彩毛鉤之必要性深感懷疑的釣魚者）惡意批評他，但他將其視為「心胸極其狹窄者」而不予理會——這些傢伙不過是「在某個例外的日子，剛好用錯誤的毛鉤以錯誤的方式抓到一兩隻魚就被矇住的可憐蟲」。[22]他提到，伽利略在世時也曾受到類似的質疑。

整個二十世紀裡，僅有零零星星的毛鉤綁製者遵循凱爾森及其同道所留下的材料配方，但直到二十世紀末，毛鉤綁製才真正重現江湖，這有部分得要歸功於保羅·許穆克勒（Paul Schmookler）的影響力。一九九〇年的某期《運動畫刊》（*Sports Illustrated*）刊載了一篇文章，簡介他的鮭魚毛鉤——這些毛鉤被收藏家以兩千美元一個的價格搶購一空——文章開頭寫道：「如果唐納·川普（Donald Trump）對於興建泰姬瑪哈賭場（Taj Mahal）所發行的債券利息仍有償付的困難，或許可以打電話給他在紐約軍事學院（New York Military Academy）的老同學保羅·許穆克勒，向他討教一些賺錢的訣竅。」[23]

「為了裝飾一個毛鉤，」該文作者驚嘆道：「許穆克勒使用的材料多達一百五十種，從北極熊毛、貂毛，到這些鳥種的羽毛：火雞、紅腹錦雞、白冠長尾雉（Golden and Reeves pheasants）、非洲的灰頸鷺鴇（Speckled bustard）和巴西的藍色傘鳥。」

「我用的材料並不是來自《瀕危物種法案》（Endangered Species Act）名單*上的動物，如果有的話也是在該法案通過之前就已經收集到的，」許穆克勒說道：「當你在綁製藝術風格或古典風格的大西洋鮭魚毛鉤時，你不僅要懂材料，還得認識法條才行。」

許穆克勒在一九九〇年代出版了許多大開本精裝書，像是《稀世罕見毛鉤綁製材料自然史》（*Rare and Unusual Fly Tying Materials: A Natural History*）和《被遺忘的毛鉤》（*Forgotten Flies*），這類書籍一本要價好幾百美元，甚至還有特殊的皮革精裝限量版，售價超過一千五百美元。這些書正是出現在網際網路發展的初期：不久之後，eBay和古典毛鉤綁製論壇，將會掀起一波羽毛沉迷者的新浪潮，上癮的人個個都希望綁出許穆克勒、凱爾森、布萊克所展示的那些毛鉤。

跟前輩們不同的是，多數新生代毛鉤綁製者甚至不知如何釣魚，鮭魚毛鉤也已轉而被視為藝術品了。但就材料而言，綁製新手卻被困在一個不對的世紀——倫敦和紐約再也沒有碼頭工人忙著裝卸天堂鳥皮；在凱爾森書中打廣告的釣具行早就消失了；用羽毛裝飾的帽子已過時了一百多年；為了製作凱爾森配方所需的許多鳥種，不是瀕危就是受脅，或是

*譯註：該法案於一九七三年通過。

被華盛頓公約保護以防非法貿易。新一輩綁製者所獻身的這種藝術形式，得要經過重重困難，才有可能合法從事。

網際網路的出現，在短時間內引起一股稀有鳥的熱潮。想在eBay大展鴻圖的用戶們，跑到奶奶外婆的閣樓裡翻箱倒櫃，挖出可以拿去網拍的維多利亞時代帽子。網路上也有人拍賣十九世紀的陳列櫃，裡頭裝滿大自然的瑰寶，偶爾還能看到異國珍禽在其中。而在網路之外的現實世界裡，某些有錢的綁製者運氣不錯，在英國鄉間的遺產拍賣會上頗有斬獲。有個腦筋動得快的毛鉤綁製者則是偷走了一批鳥類展示標本，那些標本是他從一間專門製作電影道具的公司租來的。

但無論如何，就只有那些閣樓可以去翻找，只有那些羽毛可以從一百五十年前的帽子上拔下。隨著古典毛鉤綁製風潮日益興盛，出自藍色傘鳥、紅領果傘鳥（Indian Crow）、鳳尾綠咬鵑或天堂鳥（有些被列為受保護鳥種）身上的羽毛價格也不斷攀升。剛好擁有那些稀有鳥皮的少數幸運兒於是高人一等——由於擁有這類異國材料，因此只有他們才能綁出最漂亮的毛鉤——而渴求羽毛的大批新手則對他們崇拜不已。

絕大多數毛鉤綁製者能見到這些鳥兒的唯一方式，便是在自然史博物館的展示櫃前含情脈脈地看著——比如位於特陵的那一座。

# 第六章　毛鉤綁製的未來希望

紐約市北邊一百九十公里的哈德遜河谷（Hudson Valley）中，有個小鎮叫克拉弗拉克（Claverack）。一七〇五年，春季的洪水在這小鎮外沖刷出一個兩公斤多的乳齒象牙齒，象牙從陡峭的山坡上滾下，落在一位正在田裡工作的荷蘭佃農腳邊。他把這顆拳頭大的牙齒帶到鎮上，用它跟當地一名政客換了杯蘭姆酒[1]。

已滅絕的乳齒象在當時又被稱為「不知名」（Incognitum），這個殘骸是「不知名」在美洲首次被發現，人們因而展開神學上的熱烈討論：怎麼會有東西從上帝所創的地球上消失不見呢？難道諾亞（Noah）忘了把「不知名」運到方舟上？

到了一九九八年，當瑞斯特一家從曼哈頓（Manhattan）的上西城搬到克拉弗拉克時，另有一百種動物已被人類獵殺至滅絕，其中有七十種是鳥類[2]。

多年來，這個小鎮還有許多其他事物也消失了。鎮上的磨坊和鋸木廠早已歇業，它們一個世紀以來都是由克拉弗拉克溪（Claverack Creek）那道四十五米高的瀑布提供動力；同樣走入歷史的還有棉花工廠跟羊毛工廠。每年都有幾千尾褐鱒被哥倫比亞郡（Columbia County）的養魚場放流到這條溪，這些鱒魚一邊看著毛鉤一邊躲開垂釣者，搖動尾巴游入溪中的深潭和淺灘。

搬到北邊時，愛德溫才十歲，但他可不是個嚮往田野溪流的小孩——一看到紅蟻，他就會逃到地勢較高的地方去[3]。他大部分的時間都待在室內，做做功課、吹吹長笛，或是跟弟弟安東（Anton）一起玩。

他們兄弟倆都在家自行學習，父親柯提斯（Curtis）和母親琳（Lynn）皆畢業於常春藤盟校，也是自由作家。琳負責教他們歷史，柯提斯則是教數學。白天，柯提斯替《發現》（*Discover*）雜誌撰寫文章，涉及的主題相當廣泛，從籃球罰球的物理學到藝術品保存的分子化學，甚至是海王星的行星運動等等。到了夜晚，他會給兒子們朗讀《伊利亞德》（*The Iliad*）。他們家裡的電視並不常打開。

愛德溫熱愛學習，因此課程進度相當神速，對新科目也總是充滿學習的渴望。他媽媽每個星期一都會把他帶到附近的成人西班牙語班，他就在那裡跟一群四十歲的大人一起練習動詞變化。當愛德溫迷上蛇類時，他父母便請美國自然史博物館的兩棲爬行動物學者大衛・迪奇（David Dickey）指導他生物學。有次他們全家去聖塔芭芭拉（Santa Barbara）度假，當參觀海洋中心時，一位自然學家向他們介紹可將自己偽裝起來的裝飾蟹（decorator crabs）以及俗稱「西班牙舞者」（Spanish dancer）的血紅六鰓海蛞蝓。愛德溫不禁讚嘆道：「我就是想在萬聖節裝扮成**這個樣子！**」[4]

不管他對什麼產生新興趣，他爸媽都願意加以培養。因此，當他一年級的音樂老師告訴他們，愛德溫很有吹直笛的天賦時，他們便替他報名私人課程。他很快就從直笛升級到長笛，並極為投入地練習著，連帶使得安東也跟著開始學習單簧管。這對兄弟彼此良性競爭，互相鞭策對方讓自身成就更上一層樓。愛德溫在韋爾魏德音樂大賽（Uel Wade Music competition）奪冠，並參加了珍妮．巴克斯崔瑟（Jeanne Baxtresser）的國際大師班，珍妮是紐約愛樂（New York Philharmonic）的首席長笛手。

或許是因為他們在家自學的非結構式教學法，使愛德溫在小小年紀就知道，他吹長笛的潛力無限，其限制端看他的專注力。任何人都能學習吹出音階或琶音（arpeggios），但想要達到爐火純青的地步，則需駕馭複音（multiphonics）或花舌（flutter-tonguing）之類的技巧才行。

*

一九九九年夏末的某一天，當愛德溫走進客廳時，電視螢幕上的畫面讓他目瞪口呆——他的著迷起初只是種嗜好，但很快就讓他如痴如醉——以致十一歲的他很快就把注意力集中在其他事情上了。

為了研究一篇關於毛鉤釣物理學的文章，柯提斯弄了一卷《奧維斯毛鉤釣教室》（The Orvis Fly Fishing School）的錄影帶回來看。在鱒魚毛鉤綁製基本原理的那一段，主持節目的講師將一根僅有指尖長的小鉤子緊緊夾在底座型綁製鉗（tabletop vise）的夾口之間，然後示範綁製的每個步驟。綁到一半，他拿起一片普通的簑毛，這是取自公雞頸部的羽毛。跟所有羽毛一樣，簑毛也有細小的「羽枝」（barbs），羽枝是從羽毛的中軸（也就是「羽幹」，或稱羽軸）往外分支而出的構造。他把簑毛用一種叫做「棕綮」（palmering）的技法螺旋纏繞在毛鉤柄上，羽枝便像上百根細小的觸鬚往四面八方展開。這片螺旋纏繞的公雞羽毛，可以幫助毛鉤漂浮在河面上：對於水下飢腸轆轆的魚兒來說，這些羽枝宛如正在扭動的昆蟲腳。

愛德溫完全被吸引住了，他拿著遙控器倒帶回去，一遍又一遍地看著這段畫面，那片簡單羽毛變形後的樣子讓他心醉神迷。為了綁一個基本款的鱒魚毛鉤，講師使用了好幾種器具，看起來就像從維多利亞時代外科醫生醫務包裡散落出來的一樣。有種看似聽診器的工具，稱作繞線器（bobbin），一捲一捲的細線就夾在繞線器的叉尖處。另一種針狀的工具則稱為挑針（bodkin），可以在綁製過程中對羽毛細部進行精確調整。他還使用一對小巧的簑毛夾（hackle pliers）來幫他抓住簑毛窄細的羽幹。在這段教學影片的最後，講師用一把節結鉤（whip finisher）並配合誇張的動作，把線快速擰成一個牢固的結，節結鉤看起來像根拉開的迴紋針，是種優雅的器械。

愛德溫習慣一頭栽進他感興趣的事物裡，因此他立刻衝到地下室尋找相關的材料。發現幾個鉤子後，他在抽屜裡翻找絲線，但他所能找到最接近的東西，是一大把煙斗通條（pipe cleaners）。毫無意外地，他在家裡根本找不到什麼公雞簑毛，所以他便從媽媽的羽絨枕頭拉出幾根羽毛，隨後便匆匆跑回自己房間，準備綁製他生平第一個毛鉤。

接下來的幾個星期裡，他用珠子項鍊和鋁箔紙來綁毛鉤，把手邊能找到的東西拿來纏繞，然後把它們解開，再重頭來過。但綁出來的東西跟他在影片中所看到的，完全是兩回事。柯提斯知道兒子因為沒有適當的材料而惱怒著，於是便開半小時的車，載著愛德溫前往紅鉤村（Red Hook）一間毛鉤釣用品店——老唐釣具行（Don's Tackle Service）。

釣具行裡擺滿托盤，上面裝著精心整理的多款毛鉤，但老闆唐・崔佛斯（Don Travers）是個不大友善的七旬老翁，他對一個十一歲小孩出現在店裡完全無動於衷。然而，這個循規蹈矩的男孩很快就贏得他的好感。愛德溫拿了各種入門所需的器材前往收銀台：好幾袋簑毛、鉤子、線材、繞線器和綁製鉗。

跟當時多數的家庭一樣，愛德溫一家也沒有安裝網際網路，因此他全靠奧維斯錄影帶和訂閱《毛鉤綁製者》（*Fly Tyer*）這份雜誌來學習基礎技巧。他的弟弟安東也開始感興趣，兩人很快就希望得到適當的指導。二〇〇〇年時，他們開始到老唐那兒參加定期開設的毛鉤綁製課程，也在那兒跟其他毛鉤綁製者相會，並見識到新的羽毛和技巧。鱒魚毛鉤並不需要特別昂貴的材料：一撮鹿毛、幾寸長的線材跟閃光飾線、一片綁在最基本款鉤子上的普通簑毛。全部加起來差不多才美金兩角。

第一位指導他們綁製毛鉤的，是普林斯頓大學培養出來的演化生物學教授喬治・胡波（George Hooper），七十五歲的他是昆蟲生態專家，也是個狂熱的毛鉤釣者。他完全是拿生物學家的作風來對待毛鉤綁製——使用頭戴式解剖用放大鏡和顯微鏡；講到魚類時是用拉丁學名而非俗名；要填塞毛鉤的軀體時，會從在愛德溫看來像是有上萬種不同顏色的羊毛中來挑選[5]。

在胡波的指導下，愛德溫綁製了一大堆他根本不知如何拋投的毛鉤，他甚至連一根毛鉤釣竿都沒有。他只是喜歡挑戰，複製出他在奧維斯錄影帶和雜誌裡所看到的那些東西。

胡波對這兄弟倆所嶄露的天分印象深刻，便敦促愛德溫和安東去參加毛鉤綁製競賽，這類比賽大會在全美各地和歐洲都有舉辦。會場上可以看到鉤子製造商、專業書籍銷售商、賣羽毛的、賣毛皮的，以及賽場上的明星——毛鉤綁製者們——全數齊聚一堂，或推銷自家產品、或展現自身才華。比賽的形式很簡單：參賽者必須在評審團面前連續綁製一款特定的毛鉤三次，評審會針對綁製的品質和一致性予以評分。

柯提斯跟琳總是樂於鼓勵孩子們熱情投入。為此，他們載著兄弟倆以及相關器材，前往在康乃迪克州（Connecticut）丹伯里（Danbury）所舉辦的「釣友之藝」（Arts of the Angler）大會，愛德溫在一小時內綁了六十八個鱒魚毛鉤，這個驚人的數量讓他奪得該次比賽的冠軍[6]。而在麻州威爾明頓（Wilmington）舉辦的美國東北綁毛鉤錦標賽（North

East Fly Tying Championship），安東被指定綁製「爬沙蟲毛鉤」（Hellgrammite Fly），這款毛鉤模仿的是某種看似蜈蚣的水中昆蟲外型，那種蟲在奧扎克山區（Ozarks）被稱作魔鬼扒爪（Devil Scratcher）。他盡其所能想要綁出這款難看的毛鉤，但每次嘗試都以失敗告終。這對兄弟在綁製毛鉤時都是完美主義者，哪怕僅有些許的不一致或不精確也不放過。

就在等待評審裁決的片刻，愛德溫瞧見有樣東西隱約閃爍著，這東西將成為他的嗜好，繼而扭曲成一種迷戀。兩兄弟在毛鉤綁製者跟羽毛銷售商那一區閒晃時，愛德溫的目光落在一處龐大的展示上頭——六十根古典鮭魚毛鉤，每個都是依照十九世紀喬治・凱爾森《鮭魚毛鉤》書中所記載的配方煞費苦心綁製而成。

愛德溫從未見過有什麼東西像這樣閃耀著綠松色、翠綠、緋紅及金色的光芒：跟那個黑黑褐褐、醜到不行的魔鬼扒爪相比，它們宛如另一個世界的東西。許多鱒魚毛鉤只有半個銅板大，反觀鮭魚毛鉤卻是碩大無比，用來綁製的那根漆黑魚鉤可長達十公分。愛德溫綁製一枚鱒魚毛鉤不用一分鐘，但一根鮭魚毛鉤得在綁製鉗上耗時起碼十小時。

創造出這六十根鮭魚毛鉤的人就站在一旁，看著這兩個男孩心懷崇敬地細細審視每根毛鉤[7]。他盡可能不去偷聽兩兄弟的對話，但當他聽到他們倆低聲討論這些毛鉤的複雜結構時，不禁咧嘴而笑。他們不是一般的屁孩，而是毛鉤玩家。

就這樣，兩兄弟認識了艾德華・「麻吉」・馬傑羅（Edward "Muzzy" Muzeroll）。麻吉任職於緬因州（Maine）的巴斯鋼鐵廠（Bath Iron Works），是這家造船廠的神盾驅逐艦設計工程師，工作以外的多數時間，他都待在肯尼貝克河（Kennebec River）釣鱒魚和鮭魚。天氣要是冷到讓他無法出門釣魚，他就綁製毛鉤。眾人公認他是綁製古典鮭魚毛鉤的大師級人物——他的作品可是幫《毛鉤綁製者》的雜誌封面增光了不少。（該雜誌給封面故事下了個標題：「使用異國材料綁製毛鉤：避免條子找上門。」[8]）

裁判宣布兩兄弟在各自的項目都拿到了冠軍，但是愛德溫滿腦子都是麻吉的作品，單調無趣的鱒魚毛鉤世界，他很快就說掰掰了。

愛德溫拜託父親去找麻吉替他安排課程。剛好，麻吉老家在緬因州的西尼（Sidney）正好是新英格蘭音樂夏令營（New England Music Camp）的舉辦地——這是替年輕天才音樂家所開設的營隊。麻吉答應指導這對兄弟；愛德溫知道後，開始殷切期盼第一次學綁鮭魚毛鉤的日子趕緊到來。

*

柯提斯帶他兩個兒子第一次去麻吉那兒學綁鮭魚毛鉤的那天，愛德溫穿了件鮮紅色的個性T恤，上頭印著「托托桌上的便條——親愛的桃樂絲：討厭奧茲國，拿起鞋子，找到自己回家的路吧！」托托是《綠野仙蹤》（*The Wizard of Oz*）主人公桃樂絲的㹴犬。雖然戴著橢圓框眼鏡、留著刺蝟平頭的愛德溫只有十三歲，但是當麻吉領著他走過毛鉤店，前往那張專門用來綁製古典鮭魚毛鉤的小桌子時，他卻有著一股虔誠朝聖者的凝重沉默。

桌上有本喬治·凱爾森寫的《鮭魚毛鉤》放在綁製鉗旁邊，書被打開翻到其中一款配方。

**達蘭巡查員**[9]

尾基：黃絲線纏繞並以銀線絞纏收尾。

尾：一根紅腹錦雞（Golden Pheasant）冠羽，覆以一枚紅領果傘鳥羽。

臀：兩圈黑駝鳥絨條。

軀體：兩圈橘絲線。兩圈橘色海豹毛，接著是兩圈黑色海豹毛。

肋：銀色花邊線和銀色閃光飾線。

簑毛：在頭部的黑羊毛後方使用紅棕色簑毛。

喉：淺藍簑毛。

翅：一對灰原雞（jungle cock）的長頸羽，兩邊各需兩枚紅腹錦雞頸羽。外側那枚頸羽的長度要到內側頸羽的第一道黑橫帶，最上面再放一根紅腹錦雞冠羽。

頰：藍色傘鳥。

角：藍色金剛鸚鵡。

頭：黑色柏林羊毛。

「達蘭巡查員」這款毛鉤，是一八四〇年代由住在英格蘭城市達蘭的威廉．亨德森（William Henderson）先生所推出，需要的材料包括中國山區的紅腹錦雞冠羽、南美洲紅領果傘鳥（即毛鉤綁製者所說的「印第安烏鴉」）胸前黑色及赤橙色的羽毛、來自南非如絲帶般的鴕鳥羽枝絨條，以及產於中美洲低地藍色傘鳥身上的綠松色小羽毛。這個毛鉤就像十九世紀中葉的大英帝國寫照：鴕鳥絨條是從開普殖民地（Cape Colony）的鴕鳥養殖戶那兒運來的，藍色傘鳥跟紅領果傘鳥取自英屬蓋亞那（British Guiana），紅腹錦雞則是從香港裝箱出口。

不過，那天早上愛德溫還不會用稀有的羽毛來綁製。麻吉擺出一批來自養殖或狩獵鳥種的羽毛作為代用品，所以那些難以取得的如紅領果傘鳥及藍色傘鳥，就可用環頸雉（Ring-Necked Pheasant）羽毛、染色的火雞羽毛及翠鳥的羽毛來取代。

接下來的八個小時裡，麻吉向兄弟倆簡介晦澀難解的古典毛鉤綁製技巧，述說這門藝術形式的教父們諸如布萊克、特拉亨及凱爾森的故事，這些人在當時想要藉著越來越豪奢的毛鉤攀比一番。

他還談到，用「正牌」羽毛而非火雞之類的替代羽毛來綁製毛鉤，確實有其神奇之處。火雞羽毛有著圓圓的羽管，要想將它緊綁在鉤子上而不滑動，那可是困難到讓人火冒三丈。當愛德溫拿尖嘴鉗想把火雞羽管弄平時，麻吉在一旁熱情讚嘆說，若拿紅領果傘鳥的羽毛來綁製就容易多了。

綁到其中一個步驟時，愛德溫戴上一雙白色絲綢手套，以免手上的油脂讓毛鉤失去光澤。過往這種藝術形式蓬勃的年代似乎歷歷在目：他用著同款的工具，照著百年前書籍留下的規矩，感覺自己完全融入了古典毛鉤的天地。唯一改變的事情是法律，這使得凱爾森書中提到的羽毛變得遙不可及，令人洩氣。

兩兄弟在綁毛鉤時，麻吉想跟他們閒聊幾句，但他看得出來，他們倆都全神貫注於眼前還沒綁好的達蘭巡查員。他們會查看彼此的工作成果，互相批評及讚揚一番，然後再向麻吉提出其他技術性問題。當麻吉問他們回家後都做些什麼消遣時，他們的回答完全在他意料之中：當然是綁毛鉤啊！[10]

第二天，他們要綁的款式叫「男爵」（Baron），這款毛鉤被凱爾森稱讚為最適合用在挪威的河域。最初的配方需要來自世界各地十二種不同鳥類的羽毛，包括鴕鳥和孔雀，紅領果傘鳥和藍色傘鳥，天鵝和美洲鴛鴦（Summer Ducks），松鴉（Jays）和金剛鸚鵡，紅腹錦雞和灰原雞。

《如何裝點鮭魚毛鉤》（*How to Dress Salmon Flies*）是一本一九一四年出版的古典毛鉤綁製手冊，作者普萊斯—田納特（T. E. Pryce-Tannatt）鼓勵胸懷大志的綁製者，去跟那些獵殺在地鳥種的朋友拿鴨子或鷓鴣的毛皮。可是當他談到尋找巴西藍色傘鳥的毛皮時，這位英國人卻給不出什麼實用的建議：「要是我有這樣的朋友就好了！」[11]

當然了，打從一九一八年《候鳥條約法》通過後，即便是購買冠藍鴉（Blue Jay）這種北美常見到不行的鳥種羽毛也是犯法的——哪怕這鳥是從愛德溫頭上飛過、掉了根羽毛到腳邊，可一旦撿起來，就有可能拿到罰單。

經過十六小時的指導，愛德溫已經完成他生平頭兩根鮭魚毛鉤了。他們上車準備回家前，麻吉拿著一個小信封走向愛德溫，低聲對這男孩說道：「這才是我們為什麼努力的根源。」[12]這男孩打開信封一看，發現裡面用夾鏈袋裝著價值二百五十美元的紅領果傘鳥和藍色傘鳥羽毛，大概夠買兩根鮭魚毛鉤。這些羽毛是合法的，但相當稀有，而且對一個十三歲的孩子而言可說是天價了。

「別拿來綁毛鉤——等你準備好再說，」他對那睜大眼睛的男孩說道：「你得要再加把勁。」

回到克拉弗拉克後，愛德溫跟弟弟便占用了車庫，把它改造成古典鮭魚毛鉤的工作室，在麻吉打下的基礎上繼續發展。他們自稱為「毛鉤男孩」[13]。

他們拿著代用品或蒸或煮，塗油、上膠、彎折、纏繞、捲曲、剝除、修剪、搓揉，想方設法把手上的東西弄成想要的樣子。當他們碰壁時，會打電話求教老師，或是反覆試驗直到搞清楚狀況為止。要是蠟用完了，愛德溫就會拿著電鑽到院子裡找一棵松樹鑽洞，收集流出的松脂。

他也學會如何使用燒灼器（cauterizer）燒掉不想要的羽絨。燒翅夾如果壞了，就點燃噴燈把挑針燒得紅燙，再去燒掉多餘的羽毛。

兄弟倆學得很快，進度一日千里。有時，弓背彎腰在綁製鉗旁幾個小時後，愛德溫的手指會滑掉，毛鉤便會散開。有時更悲劇，比如有次他爸進來順手打開車庫的吊扇，原本整理好的羽毛就像龍捲風一樣飛起來[14]。

愛德溫沒日沒夜地埋首在這項嗜好之中，試圖將他在《毛鉤綁製者》及凱爾森、布萊克的著作裡所看過的各款毛鉤全都綁出來。等到他熟能生巧後，就效法那些大師們開始發明自己的款式，而且替這些毛鉤取名字，比如「怪咖毛鉤」（Weirdo Fly）、「愛德溫的心頭好」（Edwin's Fancy）等。「要是我們都不管的話，他們可以整天都待在那兒，」當地一名記者來採訪這對毛鉤男孩時，愛德溫的母親如此說道：「但有時候，我跟我先生會強迫他們進來吃飯。」[15]

那年秋天，哥倫比亞格林社區學院（Columbia-Greene Community College）接受了愛德溫的提前入學申請，十三歲的他打算去學美術。

不過，愛德溫對於毛鉤綁製這項藝術活動的追求，卻開始遇上阻礙：他手上沒有「正牌」的羽毛。藉由極為大量的反覆練習，他已經掌握了綁製古典鮭魚毛鉤所需的技巧，但他還是經常感到氣餒。對沒有訓練過的人來說，他的作品看起來跟凱爾森的一模一樣，但在他眼裡，那是用火雞、雉雞之類的代用品製作的摻假妥協之作。

等到他上了網，他才明白並非只有他一個人沉迷於毛鉤綁製。

*

當時有個網站叫「ClassicFlyTying.com」，是最大的古典毛鉤綁製論壇。有人在論壇發文提到：「有些毛鉤……以一些古老的材料來綁製。」網站管理員巴德．吉得里（Bud Guidry）隨即回文：「我見識過你講的『那些』東西。那些東西現在不時出現在我腦海裡。」吉得里來自紐奧良（New Orleans）南邊一個位於河口濕地的小鎮加利亞諾（Galliano），他是卡郡人（Cajun），以開船捕蝦為業。他寫道，那「就像毒品一樣，讓你覺得其他東西都無關緊要、世間萬物皆無可比擬……當我碰觸到的當下，我好像摸到了歷史本身。我被帶回那個魚兒跟原木一樣巨大的年代，剛從大海直送而來……紅的，黃的，還有帶著藍色調的。其質地和顏色具有一種將你的潛能全部激發出來的力量，這種力量無與倫比」。[16]

不過，只有口袋最深的綁製者才有機會接觸到「那些」東西，也只有他們買得起原始配方所提到的鳥羽——那些羽毛現在比凱爾森時代的價格還要昂貴，而且更不容易找到。他們知道毛鉤是種身分象徵，便用一種奢華放縱的擺拍照來呈現：有個人把一根喬克史考特毛鉤鉤在一瓶二十年單一麥芽威士忌的軟木塞上，旁邊還擺了個高檔蘇格蘭威士忌水晶酒杯。這款毛鉤是用十五種不同鳥種的羽毛綁製而成，包括鴉鵼、鴇（Bustard）、金剛鸚鵡、紅領果傘鳥等等。這類照片的背景通常有四處堆放著的高價羽毛，某種稀有鳥類的完整鳥皮，或是一小張北極熊和猴子毛皮，以此向這類維多利亞時期的超奢華藝術品致敬。

愛德溫非常渴望拿到進入這等綁製領域的入場券，因此在麻吉的推薦下，他找上了約翰·麥克萊（John McLain）。約翰·麥克萊是異國珍禽羽毛買賣的要角，這位頭髮花白的老菸槍是底特律的退休警探，經營一個網站叫「FeathersMc.com」。「若想綁製好毛鉤，得先準備好材料！」[17]他在網頁上如此寫道，而那網站幾乎囊括各款配方所需的羽毛。

對愛德溫這個十四歲的學生來說，那些羽毛的價格根本是天文數字。在馬來半島低地森林中漫步的大眼斑雉（俗稱青鸞，Argus Pheasant），保育等級是「近危」（near-threatened），牠們的飛羽可達七十五公分長，這些滿布欖色眼狀花斑的羽毛被毛鉤綁製者視為珍品。希臘神話裡有個永不閉眼的百眼巨人，叫做阿爾戈斯（Argus Panoptes），林奈便是以此為據將大眼斑雉的學名命名為「*Argusianus argus*」。麥克萊以每英吋六點九五美金（每公分二點七五美金）的價格販賣大眼斑雉的羽毛，這使一整根的羽毛要價超過兩百美金。

十枚藍色傘鳥羽毛賣五十九點九九美金；紅領果傘鳥十枚要價九九點九五美金，每一枚羽毛都比指甲片還小。一人限購一包，「以確保每個想買正牌貨的人都能買到。」[18]

愛德溫因此開始打工賺錢，希望買到夢寐以求的大眼斑雉羽毛。他家後頭長了一堆半個人高的蕨類，但為了幫鄰居收集柴薪，他還是奮力走進蕨叢裡撿柴。鄰居給他每小時幾塊錢的酬勞，讓他用劈木機把松木劈開。當麥克萊接到一通少年的來電，表示想買幾百美元的大眼斑雉和其他鳥類羽毛時，這名退役警探立刻起了疑心，他問：「你爸媽知道你打電話給我嗎？」[19]愛德溫聽了，便將電話拿給母親。

當羽毛總算寄到時，愛德溫小心翼翼地拿著它們。為了這些羽毛，他可是殫精畢力，可現在拿到羽毛後反而下不了手——這就像在一塊無價的大理石板上學雕刻一樣。

隨著麥克萊漸漸摸清愛德溫的想法，他很快就發現這男孩對羽毛的欲望遠遠超出他的能力所及，因此開始把自己一些搜尋羽毛的竅門傳授給愛德溫。就這樣，愛德溫找到一位願意廉售完整鳥皮的退休鳥類學教授。他也打電話給紐約的布朗克斯動物園（Bronx Zoo），園方寄了一些羽毛給他，包括金剛鸚鵡、琵鷺（Spoonbill）、角雉（Tragopan）以及園區飼養的其他鳥種——這些羽毛是鳥兒每年在秋季換羽時自然脫落的[20]。他還從相關物種的保育學會那兒費了不少唇舌，好不容易才弄到灰頸鷺鴇（Kori Bustard）跟鵜鶘的羽毛。

他開始在eBay仔細搜尋異國珍禽的訊息——在早期，eBay上偶爾會有對各種鳥類稀有程度一無所知的賣家發文出售古董鳥類標本箱——但他通常搶不過口袋更深、出價更高的成年人。有時像藍色傘鳥之類的罕見珍品會被放上去賣，毛鉤綁製者便聯合起來高價搶標，之後再瓜分戰利品。有的人會去競標古董級的鮭魚毛鉤，但目的只是要取得上面的羽毛罷了。大家也會搜尋維多利亞時期的帽子，不過它們很少出現在拍賣網站上。要是哪個有名氣的毛鉤綁製者過世了，圈子裡其他人會公開表示哀悼，但私下取走他身後遺留的羽毛。

供不應求是常態。麥克萊賣過很多珍貴的羽毛，但如果講到最受歡迎的幾種鳥羽，比如藍色傘鳥、紅領果傘鳥、鳳尾綠咬鵑以及天堂鳥，那可真是大旱望雲霓。在ClassicFlyTying.com網站上所發布的訊息，絕大多數都是狂熱尋找羽毛的綁製者所留。有些討論串的發文者，用一種想望的語氣坦白述說著自己最為垂涎的鳥種，看起來像是在告解一樣。在那些被提到的鳥種裡，高居榜首的是紅領果傘鳥、藍色傘鳥和鳳尾綠咬鵑。

這是個賣方市場，誰能找到這些稀有鳥種的新來源，誰就能立刻海撈一筆。

*

愛德溫在這圈子裡越來越有名氣，因此有些毛鉤綁製的前輩們偶爾會送他一些羽毛，幫他完成特定的毛鉤款式。路可．庫丘業（Luc Couturier）是其中一位，這位法裔加拿大人所綁的毛鉤極其奢華，因而頗負盛名。二〇〇一年時，他因為綁出全部二十八款特拉亨毛鉤而贏得美譽。特拉亨毛鉤是以十九世紀一名英國軍人的名字所命名的，他所綁製的毛鉤被許多人視為這種藝術形式的顛峰之作。凱爾森本人曾說特拉亨是個「無限增添細節的大師，沒有人在綁鮭魚毛鉤時像特拉亨少校那樣如此耐心地耗時布置裝點」。[21]一款名為「喋喋鳥」（Chatterer）的毛鉤，要用到一百五十到兩百枚藍色傘鳥的羽毛。這實在很驚人，如果有人能找到這麼多羽毛的話，其總價差不多要兩千美金。

庫丘業就像在布道一樣，將鮭魚毛鉤帶到新的美學高度，讓人們不再盲目死守十九世紀的毛鉤材料配方。他開山立派，將這門新領域稱為「主題毛鉤」（thematical flies）[22]，其靈感來自對某些特定鳥種的深入研究，主要包括紅領果傘鳥、藍色傘鳥以及天堂鳥。

庫丘業創作的「奧利諾科毛鉤」（Orenocensis Fly）是以紅領果傘鳥其中一個亞種的亞種小名*orenocensis**所命名，愛德溫第一次見到這毛鉤時，還以為是畫出來的[23]。這款曾被愛德溫叫做「魔鬼蛾」（satanic moth）的毛鉤，上頭綁滿價值連城的羽毛，包括來自神鷲（Condor）的尾羽。當愛德溫無意間發現庫丘業為了歌頌小天堂鳥（Lesser Bird of Paradise）而綁製的「小天堂鳥毛鉤」（Paradisaea Minor Fly）時，他忐忑不安地聯絡了這位出身魁北克的專家，央求他加以指導。

當庫丘業回信時，愛德溫感覺就像是收到米開朗基羅或達文西的訊息一般[24]。於是他們開始通信，而且因為愛德溫完全能夠吸收庫丘業所指點的訣竅，因此他們每天能夠往返好幾封電郵。庫丘業不僅贈送稀有的羽毛和特別的鉤子給愛德溫，甚至還替他們兄弟倆專門設計了一款毛鉤。

釣鉤製造界的傳奇人物羅恩．盧卡斯（Ronn Lucas）有個網站，上面有篇文章是愛德溫在二〇〇七年時寫的。他寫道：「毛鉤綁製不僅僅是種興趣，更是種迷戀，我們彷彿投入大量時間在……仔細端詳羽毛結構、設計毛鉤、思索各種新技法來得到我們想要的東西。」[25]

為了一款毛鉤，他不惜縮衣節食只為積攢足夠的材料。被暱稱為「敬祝布萊克」（Blacker Celebration Fly）的這款毛鉤，是為了紀念古典毛鉤這種藝術形式的開山祖師，威廉・布萊克。這毛鉤用到的羽毛包括紅領果傘鳥、金頭綠咬鵑（Golden-Headed Quetzal）、火紅輝亭鳥（Flame Bowerbird）、華美天堂鳥，以及藍色傘鳥。完成後，他將一張照片貼到論壇上，眾人無不瞠目結舌。「太扯了啦，愛德溫！」某個毛鉤綁製者回應道：「這根毛鉤除了紗線、閃光飾線、紅腹錦雞冠羽外，其他全是華盛頓公約上列管的材料！你跟安東是住在鳥園裡喔？不然要怎麼解釋你那雙嫩手是如何接觸到這麼多珍稀羽毛的啊？」[26]

*

即便嗜好已成迷戀，愛德溫的生活中還是有其他事情要做。他每週都要去紐約上長笛課、參與長笛演奏，也參加了紐約青年交響樂團（New York Youth Symphony）的管弦樂、室內樂和作曲學程，以及紐約校際管弦樂團（Interschool Orchestra of New York）的相關活動。

---

* 譯註：學名（即物種的科學名稱）是以屬名加上種小名（或稱種加詞）來表示，如果要描述亞種，便會再加上一個亞種小名（亞種加詞）。以此處提到的紅領果傘鳥為例，其學名為*Pyroderus scutatus*，該鳥種其中一個亞種便是*P. s. orenocensis*。Orenocensis的意思是「屬於或來自奧利諾科河（Orinoco River）」。

十六歲的時候，愛德溫就已經是美國自然史博物館的常客了，因為他之前的生物家教大衛・迪奇替他爭取到在爬行動物組實習的機會。館方給他一張後台辦公室的門禁卡，並教他處理兩棲爬行動物骨骼標本的程序，這些骨骼都存放在一間上鎖的庫房，裡頭有保全攝影機監控著。

差不多在那個時期，他的父母也在討論該如何利用自家的閒置土地。琳想要種一片香草園，柯提斯則認為養美洲野牛應該挺有意思的[27]。美洲野牛原本差點絕種，幸虧美國國會在一八八四年決定授權軍方保護最後的幾百頭野牛，這才讓牠們免於被盜獵者殺光的命運。最後夫妻倆決定開設繁殖場，繁殖源自澳洲的拉布拉多貴賓犬（labradoodles）——這種低致敏性（hypoallergenic）的犬種顧名思義，是由拉布拉多犬跟貴賓犬雜交育種而來，一隻小狗可以賣到幾千美金。而愛德溫就在父母的新事業「哈德遜塗鴉」（Hudson Doodles）裡擔任網站管理員。

但只要一有時間，他就會回到車庫裡綁毛鉤。他現在已經可以教圈子裡的其他人綁毛鉤了，還在ClassicFlyTying.com分享長達二十頁的分解步驟說明，並附上近拍照片和評述。他就像個烹飪節目主持人一樣自信滿滿地講解，在一張照片旁寫著：「這毛鉤看起來不太起眼，」但在整理的時候「非常容易把頂部的羽毛過度摩擦或破壞掉。」[28]他會回答滿懷感激的綁製者所提出的問題，愉快地分享他的處理技巧。

愛德溫跟弟弟後來加入了一個小型的達人聯誼會，這離他們倆初次見到麻吉的鮭魚毛鉤，才不過幾年的事。二〇〇五年初，《毛鉤綁製者》的編輯戴福・克勞斯麥爾（Dave Klausmeyer）公開表示：「各位一定想認識這兩位非常傑出的年輕紳士，他們未來定可將毛鉤綁製發揚光大。」[29]這番宣言使得兩兄弟的地位正式獲得認可。

然而愛德溫認為學無止境。對身為藝術家的愛德溫來說，深信自己精通任何技法，只是讓他感到厭惡——毛鉤綁製是對「完美」的無盡追求。有時他綁起來較為得心應手，有時他卻會犯一些他以為早已克服的錯誤。他是以一種修行似的謙卑虔誠踏上毛鉤綁製這條路的。就像麻吉在麥克萊的網站上替愛德溫跟安東所寫的簡介一般：「他們只需記住一件事，他們進入的是一所未曾有人畢業的學府。」[30]

愛德溫跟庫丘業一樣，企圖達到某種超凡的境界。毛鉤綁製已經成為一種探索，一種追尋，這比把火雞羽毛綁在鉤子上還要更加博大深邃。他對約翰・麥克萊說：「我心裡曾浮現一些想法，我想用每一種紅領果傘鳥跟藍色傘鳥的羽毛來綁出一系列的毛鉤，」他的意思是紅領果傘鳥的五個亞種以及傘鳥屬的全部七種鳥，其中一種甚至名列瀕危物種的清單上，「但這目前看來還不可行。」[31]

雖然吹長笛的時間仍舊擺優先，但他尚未綁過的古典鮭魚毛鉤款式全都像鬼魅般飄浮在他的腦海中，頻頻對他招手。他把「發揚光大毛鉤綁製」視為己任，為此奮發圖強，但他爬得越高，就越難脫穎而出。庫丘業已經綁遍二十八種特拉亨毛鉤了，另一位大師馬文・諾特（Marvin Nolte）則是花了好幾年的時間，替懷俄明州（Wyoming）一位私人收藏家綁出三百四十二根古典毛鉤。布萊克的《垂釣的藝術》（*Art of Angling*）記載了幾十款配方，而凱爾森的《鮭魚毛鉤》則將近有三百種。照他目前的速度，他還得耗時百年去追尋羽毛，才夠他綁完那麼多款毛鉤。

＊

二〇〇六年，十六歲的愛德溫拿到了哥倫比亞格林社區學院的美術副學士學位，而且還得到校長獎。

決定成為職業音樂家後，愛德溫申請了紐約市的茱莉亞音樂學院和倫敦的皇家音樂學院，這兩所可說是全球最為競爭的音樂學院，每年招收的長笛演奏者屈指可數。他的夢想是成為柏林愛樂樂團的首席長笛手[32]：這可能是該領域中最令人垂涎的位置，但他明白除了追求頂尖，其他毫無意義。

安東十三歲時也跟隨哥哥的腳步，進入哥倫比亞格林社區學院就讀，希望有朝一日能在音樂會上演奏單簧管。

二〇〇七年春季，愛德溫被皇家音樂學院錄取。之後他將住在攝政公園南端，攝政公園也是倫敦動物園的所在地，那裡曾養著華萊士從馬來群島帶回的第一批天堂活鳥。

突然之間，柏林愛樂樂團看起來不再像是個不切實際的空中樓閣。那年夏天，當他打包行李時，他決定將他的毛鉤綁製工具跟羽毛收藏全都留下。他固然擔心這些東西會被英國海關查緝沒收，但更重要的是，他是要去倫敦學長笛的，而不是學綁毛鉤，他得保持專注才行。

動身前夕，他收到一封庫丘業的電郵，跟他說英格蘭有個神奇的地方，他非得去看看不可。信中附了幾張照片，照片上是裝滿鳥的抽屜，地點就位於特陵的英國自然史博物館。

# 第二部　特陵竊案

# 第七章　倫敦無羽

二〇〇七年秋天，愛德溫・瑞斯特展開了他在英國皇家音樂學院的學習生涯。十幾年來，他的行程表上排滿私人課程、排演和練習，正是如此全心投入學習長笛，才能在這所學校占得夢寐以求的一席之地。該校校友有的進入最頂尖的交響樂團，也有人成為流行音樂巨星，比如艾爾頓・強（Elton John）。

愛德溫的課程進度表非常緊湊忙碌，在上課跟練習之間，還塞滿了無數的客座講座以及知名音樂家的演出。從在家自學的孤獨變成大都市裡的大學生，這樣的轉換對他而言毫無難處。他對成就斐然的音樂家們並不陌生，結交朋友也沒啥困難，因為他明白既然大家都要一起演出，廣結善緣自然是相當重要的事情[1]。

但到了倫敦後，才過了四個星期，他原本打算在留學期間先擺一旁的那項愛好就發作了。

二〇〇七年十月十日當天，他登入了ClassicFlyTying.com，看看是否有人要去參加即將舉辦的英國國際毛鉤博覽會（British Fly Fair International，ＢＦＦＩ），可以跟他一起分攤旅館住宿的費用。博覽會舉辦地點位於倫敦北邊幾百公里，一處叫川森花園（Trentham Gardens）的高級莊園。ＢＦＦＩ跟他在美國常參加的那些毛鉤展覽一樣，有幾十場的毛鉤綁製示範，還有大約八十個擺滿羽毛、絲線、綁製鉗和魚鉤的攤位。

「可惜我無法在這場大會上綁毛鉤（海關要是看到我裝小鳥的包裹，絕對沒有好臉色……）。」愛德溫寫道，他指的是多年來費盡苦心收集的羽毛，「但我還是想來看一些老面孔。」[2]有個論壇成員提醒他，會場離艾薩克．華爾頓的釣魚小屋只有一小時車程。那間一六七一年建造的小屋位於多弗河（River Dove）河畔，而艾薩克．華爾頓就是《釣魚大全》的作者。

愛德溫綁製毛鉤的時間幾乎就跟吹長笛的時間一樣長，而今站在這塊孕育他所鍾愛的藝術形式之土地上，他手上卻沒有任何羽毛或材料。豈知屋漏偏逢連夜雨，當他動身前往川森花園時，火車延誤了八個鐘頭，使他無法參加ＢＦＦＩ。

學期過了兩個月後，他到南肯辛頓（South Kensington）的自然史博物館參觀，拍了一些展出的古董跟標本照片：裝滿天堂鳥標本、藍寶石和鑽石的箱子。在哺乳動物展廳裡，有一具巨大的鯨魚骨架，旁邊則是一隻美洲乳齒象——這隻不是來自他老家的「不知名」，而是一八四〇年代某個春天從密蘇里州挖出來的「密蘇里巨怪」（Missourium）。回到宿舍後，他把參觀時所拍的照片貼到臉書上，包括火紅輝亭鳥跟羽色如天鵝絨般黝黑的六線天堂鳥（Six-Plumed Bird of Paradise）。但他之前從路可・庫丘業那兒聽到的壯觀收藏，是個存放成千上萬隻鳥的巨大儲藏室，那裡被牆隔著，不對大眾開放。

二〇〇八年一月，愛德溫收到一封邀請函，邀他去布里斯托毛鉤綁製協會（Bristol Fly Dressers' Guild）示範他的綁製技藝。接待他的是位英國知名毛鉤綁製者泰瑞（Terry）。泰瑞問他想要綁哪一款毛鉤，愛德溫講了一些出自凱爾森《鮭魚毛鉤》的配方，但他強調自己手上完全沒有任何材料可以綁。

距離預定示範的日子還有一個月，泰瑞寫下史蒂文森毛鉤（Stevenson fly）所需的材料，看起來就像雜貨清單一般。愛德溫有些要求相當明確：編撚天蠶絲、白色極細綁製線、「6/0」尺寸的魚鉤和拉加頓綁製絲（Lagartun silk）。泰瑞答應讓他在布里斯托的自家公寓住幾天，還問他喜歡吃什麼，愛德溫說：「我來者不拒（別像麥當勞那麼噁心就好），而且吃很多……畢竟我還是個學生，飢腸轆轆的那種。」[3]

「我正在想辦法看怎麼從家裡帶材料過來，讓我下學期有東西可以綁，」愛德溫補充道：「沒有毛鉤可綁的日子實在難熬，但要是被海關沒收一大堆羽毛的話，反而更糟。」[4]

為了在英格蘭也能綁製毛鉤，他必須從頭開始建立他的羽毛收藏。他曾透過網路詢問倫敦地區的古董店，看有沒有維多利亞時代的帽子跟內藏鳥類標本的博物櫃，不過卻徒勞無功。有幾次，他發現有人在拍賣近期過世的貴族生前所擁有的鳥類剝製標本，但這些東西都遠遠超出他這學生所能負擔的預算。

他在英國念書時，曾把一些影片上傳到YouTube，當時他使用的網名是「edwinresplendant」，這或許反應了他的渴望。鳳尾綠咬鵑（英文名即「Resplendent Quetzal」）的翠綠羽毛一直被所有想綁製罕見毛鉤的人視為珍品，像是幽靈毛鉤（Ghost Fly）或一八四九年威特利八號毛鉤（Wheatley's Fly no. 8 of 1849）都會用到，後者還需要王天堂鳥的羽毛。不過，王天堂鳥的羽毛在市場上極為罕見；而鳳尾綠咬鵑則是列在華盛頓公約附錄一的瀕危物種，這使得該物種的羽毛幾乎不可能被人持有。

他想取得羽毛的初步努力頻頻受挫，然後他發現自己不斷想起路可．庫丘業先前寄給他的那封電子郵件。於是他決定，自己有必要去親眼目睹全世界最偉大的鳥類收藏。

根據英國自然史博物館網站的介紹，館中的鳥類學收藏包括七十五萬副皮毛剝製標本，一萬六千份骨骼標本，一萬七千罐浸液標本（整隻鳥浸泡在大罐子裡），四千個鳥巢，和二十萬組鳥蛋。光是浸液標本，就需要超過兩公里長的架子來擺放。館中這些鳥類標本都受到保護，種類占全球已知鳥種的百分之九十五，而且其中有許多是在一七五三年大英博物館創立之前就已經採集了。

愛德溫點擊官網的「進入館藏」後，在該頁面發現研究人員跟藝術家可以事先預約參訪。他想，如果他說自己是個超想看異國珍禽的毛鉤綁製者，不知道這樣館方是否願意讓他進去看？他心裡盤算著自己還有哪些選項可用。他一直想效法凱爾森著書立說，跟下一代的綁製者分享他的絕技。或許他可以藉寫書提出請求，以便幫這些美麗的標本拍照，日後好將照片放在書中。但特陵那邊不大可能讓沒有寫作背景的人用這種說法進去，更不用說沒有出版商代理的人了。

最後，他想出一個解決辦法：他要以研究的名義來寫作。二〇〇八年二月九日，也就是他準備在布里斯托毛鉤綁製協會展現手藝的前四天，他用自己的名字發了一封電子郵件給博物館，說他在牛津大學的一個朋友正在寫一篇關於天堂鳥的論文，要請他幫忙拍一些高解析度的照片[5]。

博物館要求愛德溫提供該名牛津大學生的電郵地址以便驗證其請求，這是館方既有的安全協定之一。愛德溫用朋友名字開了一個假的電子信箱帳號，之後館方發了一封確認信過去，但實際收信的人卻是愛德溫[6]。他總算獲得參訪許可，館方安排讓他在三月的某一天前去拍攝那些由華萊士所採集的天堂鳥。

要在布里斯托示範綁製的前一天，愛德溫跟泰瑞跑到密爾斯釣具行（Veals Fishing Tackle），這家店離城鎮中心的布羅德米德（Broadmead）購物中心沒多遠。愛德溫買了一對松鴉翅膀，這在美國是禁止販售的，但在英國卻很容易買到。城鎮的另一邊是布里斯托動物園，小白鷺（Little Egret）三三兩兩飛過園內被稱作華萊士鳥園（Alfred Russel Wallace Aviary）的露天開放區，這種鳥曾經被仕女帽業收購過數百萬隻。

當晚，他們在泰瑞家裡練習綁製毛鉤，以免愛德溫太久沒碰而手感生疏。結果證明他們想太多了。隔天晚上，愛德溫綁製史蒂文森毛鉤的身手，讓在場幾十位泰瑞的毛鉤綁製協會朋友們讚嘆不已。這款毛鉤的軀體是極為鮮豔的橙染海豹毛，並以銀色閃光飾線由前端旋繞到後端；翅使用的是紅腹錦雞的黑端橙色羽，兩側再以一對灰原雞的橙—黑—奶油色羽毛夾住。這款毛鉤非常像他（跟麻吉一起）綁製的第一根鮭魚毛鉤：達蘭巡查員。跟麻吉一樣，泰瑞也給愛德溫普通鳥種的代用羽毛進行演示。

泰瑞以前就在論壇上看過愛德溫的毛鉤，但是當他現場看到這名十八歲的天才動手綁製時，整個人幾乎要五體投地了。「他是我**生平所見最優秀**的鮭魚毛鉤綁製者，可能是世界前五強，」泰瑞在一封寫給毛鉤綁製協會全國主席的短信中，極力誇讚愛德溫，還敦促主席，盡可能讓越多分會——全英格蘭有幾十個分會——去找愛德溫演示越好，「我們每個出席的人……都驚嘆連連。」[7]

愛德溫回到皇家學院的宿舍後，匆匆寫了封感謝函給泰瑞。「我很希望有機會再次前往貴協會，」他補充道：「希望屆時我在英國能有自己的設備跟材料，這樣就能拿出真本事了。」[8]

到了約定去拍天堂鳥的那天，愛德溫回到了倫敦自然史博物館的南肯辛頓園區。負責鳥類標本收藏的展場人員要他穿過停車場，然後在一扇通往鳥類學大樓的門邊按門鈴，那棟大樓位於館區公共空間的後方。他拿著一台高階數位單眼相機，難抑自己的興奮，在停車場那邊四處尋找大樓的入口。

有位保全人員看到他，便趨前協助。當愛德溫說他要去參觀鳥類收藏時，保全笑著告訴他，他跑錯城市、走錯分館了[9]。鳥類標本不在倫敦已經好幾十年啦！

尷尬萬分的愛德溫，只得先回宿舍，再開始研究如何前往特陵這個小鎮。

從特陵博物館的外表可以明顯看出這是維多利亞時期的建築，屋頂斜度陡峭，搭配紅磚牆、高尖山牆、煙囪和天窗。小朋友在附近的公園裡玩耍，家長們則待在博物館入口旁的斑馬咖啡館（Zebra Café）補充能量。與之形成鮮明對比的，是世上收藏最多鳥類標本的建築物，那是一棟四層樓高的粗獷主義（brutalist）混凝土堡壘建築，隱隱約約地矗立在博物館建築群的一角。

二〇〇八年十一月五日，愛德溫大步走入鳥類學大樓的主入口，有個保全站在櫃檯後歡迎他，並請他出示身分證明[10]。保全撥了電話給員工辦公室，說愛德溫到了，此時愛德溫也在訪客登記簿上簽了名。

一位工作人員帶他進入鳥類收藏庫，那裡有成千上萬的剝製標本被小心存放在一千五百個白色鋼製陳列櫃裡，這些櫃子占據了數萬平方英呎的面積，分布在好幾個樓層裡。空氣中瀰漫著濃烈的樟腦丸味，這是為了保護標本免受蟲害。此外，為了避免紫外線傷害鳥類標本，這裡只有狹窄的窗戶讓微弱的陽光透進來。

工作人員把他帶到上頭標有「PARADISAEIDAE」的陳列櫃前，也就是存放天堂鳥的地方。那名職員離開前，跟愛德溫提到許多他認為這位攝影師可能也會想看的鳥種位置，然後指向房間角落的另一名同事，跟愛德溫說「你拍好了再跟他講一聲」。[11]

愛德溫打開櫃門，櫃中有成排的抽屜，每個陳列櫃裡的抽屜約莫二十來個。他慢慢拉出其中一個，裡面仰躺著十幾隻麗色裙天堂鳥的雄成鳥。他把微微發顫的手從抽屜把手處收回來——他之前可從沒看過完整的天堂鳥，遑論有十幾隻同時出現在眼前。這些鳥的體長大約三十公分，一身黑色羽衣宛若罩袍，而胸口處像護胸鎧甲般的羽毛特別引人注目，那些羽毛帶著藍綠色金屬光澤，在適當的光線角度下會呈現紫色。牠們的眼睛都已被棉花填充取代，腳上繫著生物資訊標籤，記載著海拔、經緯度、採集日期以及採集者姓名。其中有好幾張是由華萊士親手書寫的，不過上頭的字跡已經褪色了。

下面抽屜還有十幾隻，再下面的又有十幾隻，每一隻都完好無缺。裙天堂鳥的羽毛甚少出現在ClassicFlyTying.com的待售清單上，即便有，也是物以稀為貴。在二〇〇八年，有十枚裙天堂鳥的胸羽在該論壇賣了五十美元[12]；每隻鳥的胸部羽毛超過五百根，因此單單一副鳥皮就有可能賣到兩千五百美元。他光是打開這第一個陳列櫃，抽屜裡就像擺放了一堆輕量又斑斕的金塊，價值高達數萬美元；更別說還有一排排沿著走廊擺的陳列櫃，看起來像是延伸數公里長。

站在特陵的博物館裡，堪比待在諾克斯堡（Fort Knox）的地窖中[13]。諾克斯堡是幾個世紀以來礦業的寶庫，美國國庫的金條就存放在那兒。當你計算到某程度時，會發現價值根本是天文數字，難以理解。

等到回過神，愛德溫才小心翼翼地從抽屜裡拿出一隻鳥，將之帶到研究桌上，然後拍了張照片。放回去之後，他偷拍了一張陳列櫃的照片。

*

接著，他走到存放王天堂鳥的陳列櫃。這些標本是華萊士在阿魯群島的森林中採集後所描述命名的，眼前就有十隻放在愛德溫伸手可及之處：「牠們的頭部、喉部以及整個背面全是極富光澤的緋紅色，前額漸層如夕照……在某些光線下會閃耀著金屬或玻璃般的光澤。」[14]

愛德溫替自己最喜歡的一隻標本拍張照，又拍下另一排陳列櫃的照片，那裡存放了全部三十九種天堂鳥的標本，數量高達好幾百隻。然後他走到館中收藏南美洲傘鳥科（Cotingidae）鳥類標本的地方，這一科包括讓人夢寐以求的紅領果傘鳥跟藍色傘鳥。

愛德溫挑了一隻來拍——這隻藍色傘鳥嬌小的松綠色身軀在他手中熠熠生輝。絕大部分待售的藍色傘鳥都毀容大半，因為身上的羽毛已被歷來的毛鉤綁製者們挑選拔去了許多。十枚成套販賣的羽毛就可以賣五十美金，這裡有幾十件完美無缺的標本，每一件至少都能賣到兩千美金。

他每拍一個新鳥種，都會偷偷拍下牠們存放的位置，相機裡的記憶卡漸漸裝滿了整座收藏庫的地圖。

愛德溫心裡所想的，已經不是這些鳥類標本到底值多少錢，而是更進一步想到牠們所代表的創作潛力。自從五年前綁了生平第一根古典鮭魚毛鉤以來，他便不時與綁製鉗為伍，汲汲追求完美，一路走來備嘗艱辛。當他眼睜睜看著有錢的綁製者喊出比他更高的價格下標買走異國珍禽時，他只能以沒有說服力的代用羽毛充數。儘管他在毛鉤圈已經小有名氣，但仍然有相當多款毛鉤他還沒綁過——尤其是他的導師路可．庫丘業所開創、極盡各種羽毛之能事的「主題毛鉤」。

如今，愛德溫腦海中浮現著一幅圖像，無數鳥兒看似源源不絕的河水湧上前，給創作製造出無限的可能。不管哪款毛鉤，他都能綁出來。他彷彿回到一百五十年前凱爾森和布萊克的年代，那個船隻載滿箱子、箱中裝滿異國珍禽的年代。

他有兩個小時的自由時間，他想拍多少照片就拍多少照片。他知道庫丘業曾到此參觀過[15]，而世界上其他到這裡看過這些收藏的鮭魚毛鉤綁製者，也可能寥寥無幾。他能裝神弄鬼地混進這裡，可算是一項成就了。

但當他一走出去，明亮的日光再次灑落在他身上時，他就知道，他必須設法重返此地。

# 第八章　入侵博物館大作戰

剛才看的那些鳥，像是把愛德溫的三魂七魄給吸走了一般，他就此進入了一種截然不同的心境。當漫步走回火車站時，他一心只想設法再次見到它們。

**這絕非易事**。[1]他一邊想，火車一邊疾駛回倫敦。他才剛耍詐進去的博物館，已不大可能讓他故技重施。而且他是以本名進入，所以不能用其他身分重返——太多職員見過他了。

往後幾個月，他一直想著如何再次進入特陵的博物館。起初，這只是個遊戲——在他坐著聽講或排練合奏時，某種占據他大腦的玩意兒。但是當他更深入地展開假想實驗時，他意識到這並不僅僅是為了再次看到那些鳥兒而已，而是要帶走牠們[2]。

如果他擁有那些鳥，往後餘生就可持有這批無與倫比的羽毛。在一個眾人都在追求珍稀之羽的圈子裡，他將如王者降臨。而他拿這些羽毛裝飾綁製的毛鉤，也將華麗無雙，難逢對手。更棒的是，他在計畫寫作的毛鉤綁製專書裡，可以用這些毛鉤大書特書一番，讓他得以跟凱爾森比肩，以此鞏固他的歷史定位[3]。

他想擁有這些鳥兒的欲望，一方面固然是出於迷戀，再者也是出於務實的考量。二〇〇八年的全球金融危機重創他家的犬隻繁殖買賣生意，客戶群幾乎全部流失；面對經濟衰退，要價五千美元的狗狗顯然是不必要的奢侈品。愛德溫偶爾會用他的學生貸款寄點錢回家，但他知道這不過是杯水車薪[4]。

與此同時，距離管弦樂團的甄選試奏只剩一年左右的時間。跟毛鉤綁製者渴望用昂貴的羽毛來綁毛鉤一樣，長笛演奏者也渴望以最稀有的金屬，鍛造出他們拿來演奏的長笛。雖然一支白銅（即鎳銀合金）長笛用五十美元就買得到，但隨著製作的金屬材質越趨稀有，其價格也跟著一飛沖天——從純銀，到12K金、24K金，再到一把價值七萬美元的白金長笛。儘管許多研究顯示，就連專家也聽不出不同材質的長笛有何區別，況且愛德溫之後會在布幕後面試奏，但他還是看上了一把要價兩萬美元的黃金長笛[5]，這相當於四隻紅領果傘鳥在論壇上可以賣到的價格。

在二十歲那年，從特陵那兒把鳥偷出來的想法，益發顯得誘人——這些鳥能助他實現抱負，讓他成為長笛演奏家、給他一心嚮往的生活和地位，更能養活全家人。說不定不止於此，這些鳥兒還能當作保險，防範未來的苦難[6]——它們的價值只會與日俱增。

而且，他自問，究竟那間博物館要那麼多隻鳥幹嘛？把幾十隻相同鳥種的標本全鎖在一塊，能有什麼用？館裡的收藏如此之多，要是少了幾隻，他們會發現嗎？

也許——他思索著——要是他能說服館員讓他再次進入那棟建築，他可以在不被其他人發現的情況下，偷塞幾隻鳥到口袋裡[7]。對於像是只有十五公分長、四十五克重的藍色傘鳥而言，要做到這點並非難事，這類鳥跟一顆高爾夫球一樣輕。但紅領果傘鳥的體長超過四十五公分，鳳尾綠咬鵑的全長更可達一公尺。要怎麼把一隻王天堂鳥放進口袋，而不會弄壞牠精緻的尾羽呢？即便他能找到可以在參訪期間把鳥藏起來的方法，那得要跑多少趟才能拿到像樣的收藏量呢？他到底能出手多少次，才不會引起館方的懷疑呢？

看來，還是一次全部摸走比較省事。

當他在教室和排練室進進出出時，心裡卻不斷想著計畫細節。他要怎麼進去？哪條路線能夠確保他無需花費多餘時間在館內？應該先從天堂鳥下手，還是藍色傘鳥，抑或紅領果傘鳥呢？保全人員多久巡視一次？有多少保全人員？監視攝影機的位置在哪？如果他從窗子爬進去，要怎麼拎著一個裝滿鳥的行李箱再爬出來呢？一個行李箱夠裝嗎？

他新開一份Word檔，標題寫著「入侵博物館大作戰」[8]，然後開始列出他需要的工具：爪鉤、雷射玻璃切割刀，還有避免留下指紋的乳膠手套。[9]

有時在排練期間，他心裡會有個聲音說「**這太扯了啦！**」[10]但這聲音很微弱，總是被推著他往前的另一個聲音淹沒。「**如果你要這麼做的話，**」那聲音告訴他，「**你得開始採取具體行動。**」[11]

就在有次他去找醫生進行例行體檢的當下，他的計畫從一場白日夢轉而成為現實。當他在檢驗室等醫生前來時，他的視線落在一盒乳膠手套上。「我需要一雙手套。」他心想，接著就把它們放進了口袋[12]。

於是，愛德溫開始認真準備。二〇〇九年六月十一日[13]，距他首次造訪特陵已經過了七個月，他透過他的eBay帳號「Fluteplayer1988」在網路上訂購了一把八公釐的鑽石玻璃切割刀，然後訂了一盒內含五十顆的樟腦丸，這是為了避免蟲蛀傷害了標本的羽毛[14]。

他把照片從相機上傳到電腦，研究收藏櫃跟收藏櫃之間的距離，據此加以估計要花多少時間才能獲得他夢寐以求的每一種鳥。

他仔細研究過博物館的地圖，還上網查看特陵的街道圖，每條大街小巷如何左彎右拐，全都不放過。火車站位於鎮中心的東邊，在一段三公里多的昏暗鄉間道路上。要進到特陵鎮並不難，但抵達阿克曼街的十字路口時，他會經過特陵警察局，那裡還要往南四百公尺才會到達博物館。

不過，他發現了一條比較低調的路線——有條窄巷跟阿克曼街平行，蜿蜒穿過房舍跟餐館後面。這條一三七號公共人行道可以直接通到鳥類學大樓的正後方。

那兒有一堵牆，但他不費吹灰之力就能爬過去；牆上有道刺鐵絲網，但他輕輕鬆鬆就能把它剪斷。博物館的二樓有扇窗，離牆頭僅咫尺之遙，他的手也搆得著。

如今他的計畫可說是萬事具備，只欠挑個黃道吉日了。皇家音樂學院的學期最後一天是七月一日，到時他就得返回紐約，要是他想在那之前下手，那他的時間也所剩不多了。

六月二十三日一早，愛德溫醒來時已準備妥當，自信滿滿。他在音樂學院的「倫敦聲景」演出——這個長達一整天的音樂演奏會，是向幾個世紀以來對倫敦留下影響的作曲家致敬，包括普賽爾（Henry Purcell）、皮普斯（Samuel Pepys）、韓德爾、海頓和孟德爾頌。在音樂廳的個人置物櫃裡，他藏了一個空的行李箱、小手電筒、剪線鉗、乳膠手套和玻璃切割刀。演出結束後，他把手上的長笛換成行李箱，前往尤斯頓車站（Euston Station），搭上開往特陵的夜間車。

西米德蘭列車的塗裝是草綠搭配銘黃，車廂內鋪著咖啡色地毯，搭乘起來相當安靜。火車行駛到中途，接近金斯蘭利（Kings Langley）站時，大聯合運河（Grand Union Canal）映入眼簾，此後直到特陵站，這條運河的河道都保持在鐵路跟A 41公路之間。車廂內，廣播系統的女聲輕聲念著每一站的名字，「溫布利中央（Wembley Central）、哈洛及威爾德斯東（Harrow & Wealdstone）、布許（Bushey）、瓦特福交匯站（Watford Junction）……。」

愛德溫如果回心轉意，那他還有九站的機會、三十五分鐘的時間可以做決定。

＊

當玻璃切割刀掉下去之後，他原先精心推演的計畫馬上就成了脫稿演出。為了替行李箱清出一個空間，他惴惴不安地花了好幾分鐘敲擊窗戶，搞得他腎上腺素爆表，當扭著身體爬過窗框時，雖被鋸齒般的玻璃劃出傷口，他也毫不在意。

在他策劃的路線上，有一千五百個未上鎖的鋼製收藏櫃，數十萬隻鳥類標本就存放在裡頭，而收藏櫃上只有一小張寫著櫃中物種拉丁學名的標示牌。他匆匆穿過走廊，手電筒投射出一束微弱的光束，他靠著這點光線四處搜索「COTINGIDAE」（傘鳥科）——紅領果傘鳥也是此科成員。他原本打算每種鳥都拿個幾隻就好，但是當標本出現在眼前時，卻忍不住幾乎把整櫃都清空。他沒有拿走的那些紅領果傘鳥，是體型較小的母鳥，以及尚未長出橘紅胸羽的公幼鳥。

四十七隻紅領果傘鳥標本，每隻大約兩百三十克重，就這麼整整齊齊地放在行李箱。繼續前往存放七種藍色傘鳥的收藏櫃之前，他先小心翼翼關上這個收藏櫃，以免引起館方人員的懷疑。

摸走館內九十八隻藍色傘鳥標本後，他來到收藏馬來群島鳥類標本的櫃位。

他拉出一個標示著「SERICULUS AUREUS」的抽屜，裡面裝著來自新幾內亞、全長約二十三公分的火紅輝亭鳥。這種鳥的求偶舞宛如催眠一般，相當出名，公鳥會像鬥牛士那樣揚起翅膀，伴隨著瞳孔的擴張與收縮。十七副金黃搭配橙紅羽色的標本，就這麼被他塞進行李箱。

最後，他來到了天堂鳥這區。他將二十四隻麗色裙天堂鳥放進行李箱。這樣一來，他箱裡就裝滿來自不同大陸、橫跨數個世紀的珍貴標本了。儘管如此，他還是替十二隻華美天堂鳥找到了容身之處。這種天堂鳥以其跳躍式求偶舞而聞名，公鳥跳舞時，會炫耀胸前一整片如同胸甲般閃著碧綠光澤的羽毛，極為迷人。

在存放華萊士心愛的王天堂鳥收藏櫃前，愛德溫謹慎地將三十七隻放入行李箱中，其中有五隻標本還繫著華萊士的手寫標籤。

愛德溫意識到自己已經在竊取過程中迷失自我了：他不知道自己拿了幾隻鳥，也不清楚自己在裡面待了多久，但他明白保全人員下一輪的巡查時間就快到了。他能否在遇上保全之前，再從那扇窗戶逃出去並遁入巷道之中，全取決於他移動的效率。他拉著裝滿剝製鳥皮的行李箱，迅速地穿越走廊。等到保全人員從足球賽事起身時，愛德溫已經從他原先進來的地方爬出去了。

當他走在公共人行道時，由於腎上腺素消退的緣故，強烈的疲勞感隨之排山倒海而來。他回復到某種由大腦邊緣系統所驅使的動作型態，只憑本能、不加思索地曳足而行，氣喘噓噓地從小巷走到高街（High Street）上[15]。他往東走，店面漸漸變成住家，住家又變成農場。不久，一排老樹的樹冠遮蔽了這條窄路，他就獨自步行在這片漆黑之中，靜默地過了四十分鐘之後，遠方來自特陵車站的微弱燈光才又映入眼簾。

他原本的計畫是趕上十點二十八分的火車直接回倫敦，要是趕不上的話就搭十一點三十八分那班，而最後一班車是半夜十二點十六分開出，他原本確信自己可以在那之前完成的。然而等他總算到達車站時，一看時間，他就知道所有班次都錯過了。

據他估計，他在博物館裡待了將近三小時[16]。下一班火車要到凌晨三點五十四分才開。他坐在月台上，一旁的行李箱塞滿總價也許要一百萬美元的鳥類標本，他開始擔心會被逮到——這是他計畫做案幾個月來頭一次擔心這件事。

如果保全人員在下次巡查時發現碎玻璃時該怎麼辦？每個收藏櫃都記得關上了嗎？玻璃切割刀上有沒有留下指紋？手上有傷口嗎？有沒有流血滴落在博物館內？他們能根據現場血液認出他嗎？監視攝影機是否拍到他的行蹤？那把玻璃切割刀究竟在哪裡？

要是他們在此時已經布下天羅地網，從犯罪現場帶著手電筒跟警犬，跟隨警犬嗅到的死鳥氣味持續向外搜索，步步進逼火車站，那該如何是好？

他現在筋疲力盡，但卻不能冒險睡覺。每當有人走過附近那座跨過鐵軌的橋樑時，腎上腺素就會讓他全身顫抖，讓他疲憊的頭腦因恐懼而猛然清醒[17]。

西米德蘭列車於三點五十四分滑進特陵站，車頭燈在月台上照射出零零落落的影子。他抓著行李箱，不耐地等著車門打開，迫不及待想遠離博物館並返回城裡，回到那兒，他就能混入成群的倫敦市民跟提著行李的遊客之間。

他上了車，但車門卻遲遲未關，而且門上有個盒子發出了高音的嗶嗶聲。莫非是列車長收到什麼警訊？

列車的氣動門砰一聲重重關上了。終於。一段事先錄好的聲音此時傳入耳中，頓時讓他的心情緩和不少：「歡迎搭乘西米德蘭列車，本列車開往……尤斯頓車站。」同車次的大部分乘客很快便進入夢鄉。他沒有把行李放到頭頂的行李架上，而是把它跟裡頭的珍寶夾在雙腿之間，克制自己往裡頭偷看的衝動。

火車接近下個車站時，他緊張地向窗外張望，四處找尋閃爍的警燈或月台上牽著警犬巡查的員警。但他啥也沒看到。每過一站，博物館就離他越來越遠，他也開始放鬆起來。

四十分鐘後，自動廣播再次響起：「我們即將抵達終點站，倫敦尤斯頓。」乘客們聚在車門，啪一聲合上錢包，拉起外套的拉鍊。「下車時，請記得隨身攜帶您的個人物品。」

他就快到了。天剛破曉，他匆匆沿著街道往公寓走去，行李箱的輪子壓過人行道的接縫處，發出吵鬧的咖啦咖啦聲。

他踮著腳尖穿過公寓，希望不要吵醒室友[18]。回到自己房間後，陽光才正透過窗戶灑進來。此刻總算是安全了，他拉開行李箱的拉鍊，往裡頭看去，只見綠松色跟緋紅，靛藍和翠綠，以及數百隻了無生氣的棉花眼珠。他把這些標本拿出來攤放在床上，覺得這是他這一生中最偉大的一天了[19]。這不是夢。它們全都是自己的。

他把床清出一塊空間，然後陷入深深的睡眠之中。

# 第九章 破窗案

二〇〇九年六月二十四日，自然史博物館的值班保全巡查到一半，赫然發現大樓外邊散落著玻璃碎片。或許是哪個醉漢把空酒瓶扔過附近的人行道吧？他掃視這片區域，直到目光落在頭頂那扇被打破的窗戶。

他急忙奔進館內通知館員，好像有人闖進來了。

警方抵達後開始尋找犯案證據，查看破窗附近的鳥類標本收藏櫃，並且巡視外頭的地面。馬克·亞當斯（Mark Adams）是負責鳥類標本收藏的資深館員，他三步併作兩步衝到幾排放置館中最珍貴標本的收藏櫃那兒。

亞當斯從一九九〇年開始，就是特陵自然史博物館的員工，在這不久之前還跟人一起發表了一篇期刊論文，這篇〈滅絕和瀕危鳥種收藏之風險管理〉（Extinct and Endangered

Bird Collections: Managing the Risk）指出，損毀及竊盜正引發越來越多關注[1]。

為了保護這些稀有的標本，特陵博物館的員工先前就已將它們移到「館員辦公室附近一處視野開闊的區域，方便監視任何人針對這批館藏的一舉一動」。亞當斯承認，把所有雞蛋放在同一個籃子裡原本就有風險——比方說一場大火就能毀掉全部的收藏——但他強調，他們這麼做代表「只有幾個關鍵區域需要額外的保護措施來維持安全」。

眼下這案發現場還熱著呢，他生怕遇上最糟的情況，著急地打開存放館內珍寶的收藏櫃來查看，包括：達爾文在小獵犬號航行期間採集的加拉巴哥雀，已滅絕鳥種比如愚鴿及大海雀的骨骼皮毛標本，以及奧杜邦的鳥類收藏及其著作《美國鳥類》的硬皮精裝原版，那可是世上最貴的書籍。

謝天謝地，看起來這些東西都還在。

警方詢問窗戶是什麼時候被打破的，保全只能給出十二小時的區間範圍[2]。

大家都搞不清楚入侵者想要找什麼。警方提及，近來鎮上有好幾起小偷打破玻璃搶走筆電跟其他電子產品的案件，但他們查看員工辦公室後，並沒有什麼貴重物品遺失。

至此，眾人紛紛釋懷，整起事件看來是該名犯罪者探頭而入，四下張望後發現沒什麼明顯有價值的東西，便空手而去。要是那傢伙知道達爾文雀在黑市能喊到多少錢，或是前不久有場拍賣會以一千一百五十萬美元賣出一本《美國鳥類》[3]的話，他就發了。

也因為這樣，他們並未對館藏展開系統性的清點。即便要這麼做，在人手不足的情況下，想盤點存放在超過一千五百個收藏櫃內的七十五萬份標本，也得花上好幾個星期；起碼已經十年沒執行過這等規模的完整清點了。

沒有東西遺失，特陵博物館的館藏經理羅伯特・普萊斯—瓊斯博士（Dr. Robert Prys-Jones）鬆了一口氣[4]。警方寫了份簡短的報告，這件破窗案就以此結案。

回到愛德溫這邊，他成功大幹一票的光輝轉瞬即逝。他無法向朋友、女朋友或弟弟炫耀這件事，也不能大喇喇地把這些標本留在公寓內。他現在擁有極其可觀的私人鳥類收藏，但他得保密才行，不然，要是被問到這些標本是怎麼來的，他最終唯有撒謊一途。

接下來的日子，他不斷疑神疑鬼，同時滿懷內疚[5]。當前門的門鈴突然響起，恐懼便如閃電一般打過全身；走過街坊時，他開始感覺到有人在跟蹤。警方已經在追蹤他了嗎？他們是否找到他跟該起案件的關聯了呢？現在就連電話鈴聲也能嚇到他。

他思索著，是否要把這些標本帶回去？如果把它們放在博物館前面，之後一聲不響地遁入黑夜，這起竊案就可以像從未發生過一樣？或者，與其重返犯罪現場，要不要乾脆就隨便把它們丟在哪個街角，然後匿名報警就好？但這兩套方案都讓他產生新的被逮恐懼症。在一個大都市丟下一個行李箱不管，這是相當令人可疑的舉動，而且說不準博物館那邊一直跟警方保持聯繫。

還有，大費周章把鳥偷走，結果沒幾天就將之歸還，這哪招啊？

到頭來，什麼都沒改變。他沒有放棄自己的嗜好：只要對這批贓物瞅一眼，就讓他超想再次披掛上陣綁製毛鉤，不過其餘的工具像是綁製鉗、繞線器、閃光飾線、綁製線等等都在紐約。雖然再過幾天他就要回美國，但冒著風險帶鳥通過海關絕對蠢到不行，他得等秋季才能再開始綁毛鉤，到那時他就會把工具帶來倫敦。

他依舊需要一把新的長笛，他的父母仍然奔波操勞於生計。而毛鉤綁製圈裡，對新近羽毛的強烈需求一如既往，圈內人前不久才在論壇上送給愛德溫「年度毛鉤綁製手」[6]的稱號呢。沒多久，恐懼跟罪惡感漸漸淡去，他也打消了歸還這批鳥的念頭。哪有人會關心從一間滿是霉味的博物館帶走的一些老舊死鳥呢？何況館內還有一大堆其他標本可供調用呢。

他又回到原先擬定的計畫，接下來是從羅列清單開始。他將每隻標本謹慎地放在書桌上，先展開鳳尾綠咬鵑的六十公分長尾羽，然後小心翼翼輕托著王天堂鳥，只見那兩根末端盤繞成圓板狀的羽毛閃著翠綠，來來回回擺動著。他在電腦上打開一份空白文件，做了一張統計清單，上頭的數字可真是把他嚇了一跳[7]。四十七隻紅領果傘鳥？三十七隻王天堂鳥？三十九隻鳳尾綠咬鵑？自己真的拿了這麼多？

清點完畢後，他共記錄了兩百九十九份標本，包括十六個不同分類群。過去十年來，綁製毛鉤時所遭遇的重重難關——辛苦劈柴好幾個小時只求付得起錢跟約翰．麥克萊購買幾根羽毛、踏破鐵鞋尋遍古董店和家當拍賣會希望找到便宜好東西卻徒勞無功、打電話給動物園去討求園中鳥兒換羽所脫落下來的羽毛、當eBay上的珍貴鳥兒被有錢人搶購一空使自己只能用便宜替代品來綁毛鉤——如今在這批鳥兒面前都已煙消雲散。一個多世紀前，喬治·凱爾森曾哀嘆品相良好的天堂鳥羽毛很難找到，但現在愛德溫手上擁有的天堂鳥羽，可遠遠超出老凱爾森的想像。

在一個跟毒品交易沒啥兩樣的市場裡，愛德溫手上的這批貨可說是至高無上。這個市場充斥著自稱狂愛羽毛的人士，他們遍及海內外，有白領有藍領，有老也有少。想推銷他手上的這些羽毛，有兩種顯而易見的方式，他可以先接觸比較有錢的綁製者，比如口袋很深的醫師、牙醫、律師，然後拿整副完整的鳥皮來賣給他們。這種方式基本上算是批發，他可藉此立刻賺到大筆現金，但總收入則遠不如他先把羽毛拔起來然後分裝成少量出售。後者更接近於零售，這種方式得處理大量的客戶訂單，而且短期內不容易賺大錢，不過長期來說卻可以賺更多。當然，最簡單的作法是找個有錢的收藏家，把標本全部賣給他，但這樣一來就喪失了幹下這起竊案的主要目的，那便是獲得源源不絕的材料，好讓自己可以綁一輩子的毛鉤。

零售模式顯然會帶來較高的風險，反之，要是賣給少數人，他被逮的機會也比較低，他或許不需在網路上張貼任何訊息，這樣就不會留下罪證。要是有人問起這些鳥皮打哪兒來，就說是來自倫敦的古董店或某些不公開的維多利亞建築家當拍賣會即可。

零售也會增加工作量，這包括兩方面。就羽毛本身而言，他必須先將羽毛拔下，並從肩部、翅膀、喉部、胸前等部位找出可以匹配的成對羽毛來。就生意這方面來說，每篇貼文都要寫文案介紹，每根羽毛也都要拍照上傳；他得將羽毛整理打包，這大概需要上千個封口袋；他需要處理分銷事宜，想辦法在送到買家手上時不會引起旁人注意；他要管理財務，建立線上支付帳戶，更別說客戶服務了。只要沒有排練，他就會不停跑郵局，把時間都花在寄送羽毛給不耐煩的客戶上。

他決定嘗試多種方法。他會在論壇跟 eBay 賣一點羽毛，同時私下去接觸一些他覺得可能買得起整副鳥皮的人。

他把每隻標本都放在深灰色的布料上，將相機對準毛鉤同好們最重視、最想買的部位，並且把繫在腳上的標籤隱藏起來，那些標籤的邊角都印著「MUS. BRIT.」（大英博物館）。

鑷子拿上手後，他從一隻紅領果傘鳥的胸部拔下橙豔豔的羽毛，開始進行第一次的「收成」[8]。他還小的時候，他爸曾花兩千五百美金從紐澤西州一名臨終的收藏家手上買下一副完整的紅領果傘鳥全皮[9]，導致收藏家門外一長串渴求的毛鉤綁製者無功而返；但愛德溫之前從沒讓自己拔下那隻鳥的所有羽毛。如今，在他面前擺放著四十七隻紅領果傘鳥，他毫不猶豫地用鑷子拔掉眼前這鳥身上的珍貴羽毛。除卻這些橙紅胸羽，其他黑色羽毛對毛鉤綁製者而言並沒有價值，因此他把胸羽拔掉且配對完成後，就把這隻標本扔進衣櫥邊的一個大紙箱內，然後開始處理第二隻。沒多久，他就有一堆裝在封口袋的羽毛了，一個袋子裡只裝六枚比小指指甲大沒多少的羽毛，但這樣就能賣到一百美元。

愛德溫馬上就要去放暑假了，他把這些鳥跟一包包羽毛全裝進一個大紙箱，在裡面小心放入幾顆樟腦丸以免遭蟲害，然後整箱放進衣櫃，另外再拿一把鎖鎖起來[10]。等到他回來的時候，他想賣的東西就已經準備完畢，只要在寄出之前把標籤剪下，就再也沒人能夠把它們跟特陵博物館扯上關係了。

當他搭機返美時，竊案已經過了好幾週，但沒有人在尋找他，甚至連博物館的人也還不知道遺失了什麼東西。

# 第十章 「這起案件極不尋常」

二〇〇九年七月二十八日早上，竊案發生的一個月後，馬克・亞當斯一如往常進到博物館上班，此時他還不知道他在這一天將會碰上什麼惡夢。他帶著一名訪問研究員沿著日光燈照亮的走廊進到鳥類收藏區，然後一路指著不同科屬的鳥類標本存放位置。「*Pyroderus scutatus*（紅領果傘鳥）在這兒。」[1]他邊說，邊打開收藏櫃，就跟以前帶領其他研究人員一樣，這流程他不知已經做過多少遍了。但是當他拉出放置紅領果傘鳥（也就是毛鉤綁製者所稱的「印第安烏鴉」）的抽屜時，所有的雄成鳥都不見了。

他的心跳瞬間飆升，猛拉另一個抽屜，空的！再拉出一個，還是空的！除了有隻雄成鳥因為塞在後面角落看不到外，只剩下胸部還沒長出橙紅羽毛的雄幼鳥留在收藏櫃裡。一聲令下，全體博物館的職員霎時四散，各自找尋是否還有其他物品遭竊。他們查看附近其他羽色鮮豔的傘鳥科標本，發現了更多空抽屜，藍色傘鳥全都沒了。接著他們又急忙跑到存放咬鵑科的收藏櫃，打開櫃門，裡頭的鳳尾綠咬鵑已不知去向。他們再將搜尋範圍擴大到天堂鳥，這才發現幾十隻天堂鳥也不見了，其中有五隻是華萊士所採集的，僅存羽色黯淡的雌鳥標本留了下來[2]。

他們打電話給赫特福郡（Hertfordshire）警方，告知破窗一案需重啟調查。

接下來的好幾個星期，遭逢巨變而面如槁木的館員們將一千五百個收藏櫃一一打開，拉出數千道抽屜，這才總算弄清楚丟了哪些東西：分屬十六個不同分類群的兩百九十九隻鳥類標本。雖然現在下結論還太早，但他們開始注意到這並非一樁科學竊盜案，因為凡是想要「完整收集」某物種的狂熱收藏家，應該也會同時拿走雌鳥跟未成鳥的標本才是[3]。隨著尋找失物的過程持續進行，明顯可以看出，不管這是誰幹的，其目標都是具有亮麗羽色的異國珍禽。

**到底誰會偷走一堆死鳥呢？**

起先，艾黛兒・霍普金（Adele Hopkin）探長剛前往博物館時，覺得這問題未免太好笑。她是單親媽媽，一頭齊肩棕髮，舉止溫和但不說廢話。她當警察將近二十年，在這起破窗竊案發生之前才升上警探。她在便衣部門擔任臥底警察，曾在緝毒組工作過，也參與過社區安全計畫，保護弱勢居民免於詐欺跟騷擾。身為探長，她現在在赫特福郡警隊帶領一支負責調查搶劫、破門盜竊和暴力襲擊等案件的小隊。

她的住處離特陵博物館不遠，但她很少去博物館參觀，那天接到電話之前，她根本沒聽過華萊士這個人，對於特陵博物館的館藏重要性也一無所知。不過她倒是明白一件事，那就是館方對這起竊案後知後覺，進而造成偵查的困難。無論是誰幹的，現在都已經看不到那傢伙的車尾燈了，要不是來訪的研究人員要求查看紅領果傘鳥的標本，還不知道要過多久才會有人注意到有東西掉了。

閉路電視的監視畫面會保存二十八天，但破窗案已經是三十四天前的事了，所以這部分同樣讓人感到無力，艾黛兒對於那些影像能否協助破案，深表懷疑。特陵不是那種到處架設監視攝影機的城鎮，她也知道鎮上到火車站之間的路上完全沒有裝監視器，「差不多有六公里的空白。」她說道[4]。

竊賊的動機不明，手法亦不得而知。那些鳥是只花一個晚上就被摸走的，還是花了幾個月、甚至好幾年才陸陸續續偷運出去的呢？畢竟，上一次完整清點館藏已經是十年前的事了。犯案者是一人還是多人？會不會是犯罪集團下的手[5]？多年來，有個組織在全球包括英國在內的博物館涉入一連串的犀牛角及中國玉器竊盜案，該組織擁有「愛爾蘭旅行者」（Irish Travellers）、「拉斯基爾流浪者」（Rathkeale Rovers）和「死動物園幫」（Dead Zoo Gang）等不同稱號。

一開始，艾黛兒懷疑是內賊幹的，可能有人把珍貴的標本一次拿個幾隻塞在褲子裡帶出去，但她很快就排除這個可能性[6]。對博物館員工的訊問內容顯示，這起竊案讓他們每個人都極度震驚與難過。

她要博物館跟她說當初是哪扇窗被打破的。館方第一次報案時，巡邏員警已經檢查過一遍，但現在她想要再看一次。

那扇窗離地大約一百八十公分，個子夠高的人是可以攀爬進去的，但這並非易事。她掃視一下窗戶下方，最後盯上一條水溝。博物館的屋頂覆面要是有破損，小碎片就會落到這條水溝裡。她蹲下身子，在碎玻璃中找到了一把玻璃切割刀和一隻乳膠手套的一小部分，之後又在其中一塊碎玻璃上發現一滴血。她把同僚漏掉的這些證據收集裝好，隨後將之寄到國家鑑識研究室。

*

艾黛兒在事發現場四處探查時，館方才總算接受了失竊館藏事實上極為龐大，也開始感受到公關危機即將襲來。一口氣搞丟這麼多無可替代的標本，可能會造成科學研究紀錄上的大片空白，這是讓博物館非常尷尬的打擊。而且犯案過程看起來輕而易舉，這只會使整個局面更加難堪。

看著遭竊標本的數量隨著清查一直往上累積，身為博物學看守者的特陵博物館員工，內心的挫敗感也逐漸升高。這起竊案嚴重打擊了馬克．亞當斯。幾個世紀以來，薪火相傳的博物館員被委託看管這些標本，馬克．亞當斯認為自己跟其他館員僅是承先啟後的其中一段環節，事情卻在他們手上搞砸了。

但這並不是特陵博物館第一次被人闖空門。

一九七五年，有個坐在輪椅上的男子出現在博物館入口處，說是想跟館員談談館中的鳥蛋收藏。莫文．修特豪斯（Mervyn Shorthouse）聲稱他在工作時因意外觸電而受重傷，現在成了殘障，鳥蛋在此刻是他生命中的唯一樂趣。

「館方很同情他啊！」麥可．華特斯（Michael Walters）回憶道[7]。當時是博物館鳥蛋收藏負責人的華特斯，基於同情心，便讓那人進入館內。接下來的五年之間，修特豪斯為了參觀特陵的鳥蛋，到訪超過八十五次——直到一名多疑的館員發現他偷偷把一些蛋放到自己口袋為止。當警方於博物館外對他搜查時，在他寬鬆的大衣和車裡找到五百四十顆蛋，之後到他住處一看，還有一萬顆在他家。人們很快就發現，原來導致他傷殘的「意外觸電」，事實上起因於另一起竊盜案，當時他想拿著弓鋸穿過高壓電線去偷電纜。

開庭審訊時，檢察官哀嘆「部分國家遺產受到的損害難以形容」[8]，也確認修特豪斯曾把鳥蛋賣給其他私人收藏家，而且他通常會把任何識別記號都給去除，以此掩藏犯行。修特豪斯最終被判兩年徒刑，但華特斯可是費了往後二十五年的光陰，用盡職業生涯的剩餘時間，只為搞清楚這些鳥蛋收藏到底受到哪些損害[9]。

在另一宗惡名昭彰的案子裡，理察．麥納茨哈根（Richard Meinertzhagen）上校由於未經授權就擅動標本，因此大英博物館禁止他進入館內的鳥類收藏室[10]。麥納茨哈根是一戰期間英方駐紮在黎凡特（Levant）的一名傑出軍官，同時也是一位著作頗豐的賞鳥者及鳥類學家。雖說博物館對他下達禁令，但他卻有本事讓沃爾特．羅斯柴爾德勳爵出面遊說博物館將禁令撤銷。僅僅十八個月後，他就重獲入館許可，不過接下來的三十年間，館員們還是懷疑他順手牽「鳥」。等到一九六七年去世後，他私人收藏的兩萬份標本被捐到博物館，科學界過了這幾十年才知道麥納茨哈根在玩什麼花樣。身為一個世界知名的收藏家，他想讓自己遺留的成果更添光彩，便把別人採集的鳥類標本偷天換日變造標籤，然後對外扯謊說這是自己的發現。標本標籤所記載的資訊原本極為珍貴，被他這麼一搞，許多動過手腳的標籤頓時可信度大減，就算不是他偷的，這下也都被懷疑了。

普萊斯—瓊斯博士是這博物館的鳥類收藏主管，他在過去二十幾年裡，曠日費時地估算麥納茨哈根這場騙局的影響程度，其過程令他頗為沮喪[11]。他知道前些年在其他博物館也發生過好幾起剝製鳥皮失竊案，只是那些博物館的管理者並沒有貿然將事件公開。一九九八年至二〇〇三年間，有位在澳洲博物館負責病蟲害防治的人員，名叫韓德瑞庫斯．凡留溫（Hendrikus van Leeuwen），趁著夜裡不受監管的工作期間偷走了超過兩千件頭骨及骨骼標本[12]。前不久德國司圖加特（Stuttgart）的自然史博物館也發生過一宗鳥類標本失竊案，被偷走的主要是傘鳥科的鳥，這起案件至今都沒抓到竊賊，而且一如以往，該案件也沒公諸於世。

由於全球各家自然史博物館面臨了這些挑戰，普萊斯—瓊斯博士特別致力於擬定應對之道。一九九九年十一月，他在特陵召開一場會議，主題為「博物館為何重要：大滅絕時代下的鳥類檔案庫」[13]。來自二十五國的一百三十位博物館員參與該次會議，他們代表了歐洲的自然史博物館，這些博物館共收藏近四百萬份鳥皮標本。特陵博物館在其中最具聲望，其標本數量是排第二的荷蘭自然生物多樣性中心的四倍，其他在盧森堡、挪威及義大利等地的博物館則有數千份標本，這些博物館相形之下便顯得微不足道了。然而每間博物館都面臨類似的壓力：公家預算逐年削減，但竊案所帶來的威脅卻一直存在。

那次會議結束後，相關人士成立了「歐洲鳥類策展人電子布告欄」（Electronic Bulletin Board for European Avian Curators），一來是希望將為數眾多的博物館策展人聚集到這個平台，二來可協助時間總是不夠用的博物館員，密切關注那些驅使黑市買賣特定標本的無盡迷戀及渴望。要是某間博物館遭到組織犯罪集團入侵偷竊，世界各地的策展人都會提高警覺。運作這個電子布告欄的電腦主機，是由特陵博物館主動提供並維護的。

但在這起案件中，該平台並沒有發生作用：特陵博物館的工作人員並不知道這些鳥種的身價已經漲到足以引來竊賊了。

若將竊案公諸於世，他們恐怕會名譽掃地，但博物館的主管們認為，為了找回失竊的標本，縱使臉上無光也是值得的。此外，艾黛兒需要線索。國家指紋資料庫那邊，鑑識結果得花上好一陣子才會出爐，而且要是結果跟已知的罪犯指紋都不相符的話，她就沒戲唱了。他們只能寄望在群眾之中，有人願意站出來提供消息。

除了要找出罪魁禍首，她還有另一項緊急任務——由於先前的麥納茨哈根案和修特豪斯案，標本的標籤不是被移除就是遭變更，因此，連同生物資訊標籤與鳥皮都原封不動地找回來，便成了這起案件的當務之急。如果只找到標本但標籤沒了，對研究人員來說，就像冒出一道跨不過的空白一樣，因為要是不知道採集日期跟採集地點的細節，單單一張死鳥皮毛其實很難得到什麼有意義的推論。雖然說藉由填塞在標本裡的棉花跟材料，研究人員可以得到一些有憑有據的猜測，但這悉心刻苦的過程不僅緩慢，而且缺乏說服力。

在艾黛兒的協助下，館方起草了一份新聞稿，對外公開這樁竊案。

「沒想到有人會以這種方式刻意針對我們，實在令人無比痛心，」自然史博物館的科學研究主任李察．連恩（Richard Lane）在新聞稿中哀嘆道：「我們的首要任務是跟警方合作，尋回這批原屬國家收藏的標本，讓未來世世代代的科學家都能加以利用。」[14]

「這起案件極不尋常，」艾黛兒的上司弗雷澤．威利（Fraser Wylie）督察如此說道：「我們呼籲大眾，要是有人曾在這起竊案發生的前後，於博物館四周看到任何可疑活動的話，請儘速報警。」警方也將聯絡資訊連同犯罪防治熱線一起發布，民眾可撥打該熱線匿名通報。

包括英國廣播公司（ＢＢＣ）和《每日電訊報》（Telegraph）在內的一些英國媒體都

對本案發表簡短報導，另外像是「Nature.com」跟學術博物館及美術館協會（Association of Academic Museums and Galleries）等幾個網站也張貼了相關訊息。但是這份新聞稿流傳最廣的地方，卻是在幾個不同的毛鉤綁製論壇：「FlyFisherman.com」、「FlyTyingForum.com」，以及愛德溫最愛流連的「ClassicFlyTying.com」。

# 第十一章　鳥熱賣，人無蹤

「有人從博物館把鳥偷走了！」安東在電話那一頭驚呼著。「你去看論壇！」[1]

愛德溫剛放完暑假回到倫敦，他急忙跑到自己電腦前，上網查看那份新聞稿。弗雷澤．威利督察的聲明引起他的注意：「我們要求所有收藏這類標本的人提高警覺，要是對方拿出類似這批贓物的任何東西，請速通報。」[2]

警方則持續在黑暗中摸索。威利認為這些鳥可能是被一個「竊盜集團」[3]替一名收藏家所偷走，這兩百九十九隻鳥可裝滿六個垃圾袋。當記者問到為什麼會是這些鳥被偷走時，他的初步想法是這樣：可能是一名裁縫或珠寶匠為了其工藝製品，才委託竊賊去找尋光彩奪目的羽毛。「但我們並不畫地自限，」他提了另一個想法補充道：「釣魚圈子裡可能也有相關需求。」[4]

在這節骨眼上，正式調查已經展開，警方也要求大眾提供線索，愛德溫知道，現在把鳥送回特陵博物館再道歉已經太遲了[5]。他曾想過要不要把這批鳥先藏個幾年，甚至幾十年，等到警方停止追查後再賣掉。或是他就繼續進行他的計畫，只要確保每筆交易都能講出一個不會被抓包的說法就行。他心想，要是他們整整過了一個月才知道自己遭小偷，那他們哪有可能多聰明呢？他們肯定很快就會忘了這些鳥。

十月時，也就是愛德溫開始皇家音樂學院學習生涯的第三年沒多久，他買了一千一百個小封口袋[6]，五點七乘七點六公分的大小，裝單根羽毛剛好。他也訂了五百個中型封口袋，十乘十四公分，拿來裝從整副鳥皮分切下來的毛片是再適合不過了。十一月十二日那天，他登入ClassicFlyTying.com，進到論壇裡的「交易大廳」，發了一則貼文：「賣印第安烏鴉羽毛，買新長笛！」[7]

「我該升級我的樂器了，」他寫道：「想賣一些烏鴉毛來籌錢幫自己一把。」在商品介紹文中，他以*P.S.*取代紅領果傘鳥的拉丁學名*Pyroderus scutatus*：「我這裡有兩個亞種，*P.S. Scutatus*以及*P.S. Granadensis*，全都是特A級。*Granadensis*的數量有限，先搶先贏。一次能購買的數量不設限。價格如下：*Scutatus*大──十枚九十五美元、中──十枚八十五、小──十枚八十。*Granadensis*大──十枚一百二、中──十枚九十五、小──十枚九十。」這篇貼文還附上這種橙黑雙色羽毛的高解析度照片。

文章發出去後，買家的回應如潮水般湧來，隔天他又訂了更多封口袋[8]，規格是可以裝下整隻鳥的那種大小。兩天後，他再次登入論壇，說手上的印第安烏鴉羽毛所剩不多，「如果你還想要買，錯過機會就不再！」[9]

愛德溫在十一月二十八日上傳一張碧藍傘鳥（turquoise Blue Chatterer）的照片到「eBay.co.uk」[10]，他用的帳號是第一次參觀特陵博物館前幾個月所註冊的那個：Fluteplayer1988。當這筆拍賣的消息傳到論壇上時，眾人的反應都很驚訝。

**垂釣者安德魯**（Angler Andrew）：我也是英國人，但我從沒在英國的 eBay 上看過有人賣這個。總之，只剩十分鐘，還沒人出價。天啊，超希望我中樂透的啦！

**芒闊特**（Monquarter）：嗯……賣家是 Fluteplayer1988 耶，愛德溫．瑞斯特最近才為了買新長笛而賣掉一些印第安烏鴉，有沒有那麼巧？我懷疑這賣家可能就是瑞斯特先生，那這些應該是來自一個誠實賣家的好貨。

**蜜曲**（mitch）：不管怎樣，祝他一切順利，希望他在耶誕節前能拿到新的長笛。就醬，掰～

與此同時，那片乳膠手套、那滴血以及鑽石玻璃切割刀的鑑識結果還沒出來，艾黛兒仍在等待。對於能否找到相符的嫌犯，她其實有點懷疑，因為像那些指紋已經被建檔的老江湖，應該會更謹慎地把可能會入罪的證據給清掉才是[11]。在這當下，她聯絡了英國野生動植物犯罪偵查小組（National Wildlife Crime Unit），該單位負責執行禁止野生動植物非法交易的法令。這個在三年前才剛成立的警察機關，專門收集野生動物犯罪的相關情報，他們跟各個執法部門緊密合作，包括英國邊境檢察署。邊境檢察署在倫敦希斯洛機場駐紮了一支相當投入的華盛頓公約執行小隊，隊員們都受過保育類物種辨識的訓練[12]。艾黛兒希望他們留意搜索，要是哪個單位發現有人身懷大批異國鳥禽，第一個就要通知她[13]。

有個來自北美太平洋西北地區的牙醫「莫堤瑪」，他也是個毛鉤釣發燒友，他差不多在這個時候結束非洲的釣魚探險旅程，回程時在倫敦轉機停留了八小時。他叫了計程車前往茱莉斯旅館（Jurys Inn），到旅館後發現愛德溫正在餐廳等他。

愛德溫看起來似乎不在意公然展示他的貨物[14]。他點了一杯啤酒，然後將先前對方在電子郵件中提過幾種感興趣的鳥皮一樣一樣擺出來。莫堤瑪在檢查這些鳥皮時，愛德溫跟他說自己正在幫兩位貴族收藏家賣他們的收藏品，以此賺取自己的學費。莫堤瑪不確定這些鳥合不合法，怕帶這些回到機場時會出問題，所以他先挑了火紅輝亭鳥、紅領果傘鳥和藍色傘鳥這三隻品相極佳的鳥，約定之後取貨[15]。他給了愛德溫一張七千美元的支票。當包裹寄到莫堤瑪的牙醫診所時，他發現裡面有張美國魚類及野生動物管理局的檢驗單，這意味著要麼愛德溫偽造了文件，要麼就是該聯邦機關在運送途中打開過包裹，檢查完這些鳥皮後就放行了。

時年八十七歲的菲爾．凱索曼（Phil Castleman）可說是這圈子經營最久的羽毛供應商，他在麻州的斯普林菲爾德（Springfield，又稱春田）經營一家釣具行，叫「城堡軍備」（Castle Arms），店裡已經賣了六十四年的羽毛，郵寄清單上的客戶將近一千五百位。他的陳列室只接受預約參觀，裡頭有毛皮、鳥類剝製標本，還有一百多根裝框展示、出自世界頂尖毛鉤綁製者的鮭魚毛鉤。凱索曼對市場上的動靜瞭如指掌，要是有競爭對手想賣出大量鳥皮，或是某個狂熱收藏家想要買，相關消息通常都逃不過他的耳目。愛德溫開始賣鳥沒多久，凱索曼的電話就響了，有毛鉤綁製者通風報信，說有一批稀有鳥在英國拍賣，質疑它們能否合法送到美國來[16]。凱索曼在歐洲的生意也做很大，但卻沒聽過英國有什麼人手上有這樣一批收藏品可賣。

就在某些小心謹慎的綁製者去電詢問凱索曼的同一時刻，愛德溫那邊的買家卻都沒人發問，這些買家有很多是愛德溫剛開始綁毛鉤時就認識的人。愛德溫知道，他們對這些鳥的渴望非常強烈，這讓他們不會去問一些他們不想知道答案的問題[17]。不過，對那些在良心上有所要求的人，他倒是杜撰了一整套故事來交代每隻鳥的來源。比如說有些是在古董店的不起眼角落發現的，有些是在鄉下的家當拍賣會撈到的，而天堂鳥則是他跟一位巴布亞紐幾內亞的朋友某次交易的部分收穫。

二〇一〇年就要到來，但搜查該名竊賊——或竊盜集團——的工作卻依然缺乏線索。館方查看過去的電郵通信，試圖找尋曾表達對失竊鳥種感興趣的聯絡人，結果就先找到了兩個嫌疑犯[18]：一個是加拿大人路可．庫丘業，另一個是美國人艾德．馬傑羅（就是「麻吉」啦）。幾年前，這兩人都曾來信問過有無可能向館方購買某些剝製鳥皮，但都被拒絕了。艾黛兒雖然排除這兩人涉案，但她卻不知道竊賊其實距她僅一步之遙：這竊賊曾在馬傑羅的指導下綁出他生平第一根鮭魚毛鉤，還從庫丘業的口中首次得知特陵博物館的鳥類收藏。

雖然館方曾公開強烈要求希望將標本找回來，但他們私下推斷，被偷走的標本很可能已經被拆解、標籤也被拿掉，這樣就沒有科學價值了[19]。沒人知道這種悲觀的假設是否影響到警方的調查，但可以確定的是，小偷就在他們眼皮底下。有人認為，這樁竊案是由毛鉤綁製者在背後指使，而且在ClassicFlyTying.com論壇上詢問相關物種時，都會有很高的點擊數，包括愛德溫在eBay上賣鳥皮的相關討論也是。他在論壇上發文時，鳥名寫的都是拉丁學名，剛好這些名字就跟特陵博物館被偷光的那些收藏櫃所標出來的一樣。

修特豪斯偷蛋案及麥納茨哈根偷鳥案這兩件特陵博物館先前遇過的重大竊案，都是已知的訪客參觀過標本庫之後所犯下的。而眼前這件案子，莫非竊賊下手之前也先來過博物館？過去一年裡，去過收藏庫參觀的人可能不超過幾百人。要是罪魁禍首之前曾經捏造什麼理由進來查探過的話，他或她的姓名肯定會出現在訪客出入登記簿上。

愛德溫．瑞斯特這名字確實出現在二〇〇八年十一月五日那一頁。如果他們在網上搜尋「愛德溫．瑞斯特」，就會發現一大堆網站連結到他的鮭魚毛鉤圈子以及他的eBay清單。

艾黛兒的日常業務持續飛速進行著，像是處理家暴案、破門入侵案以及其他搶案等等。如果館方突然丟出什麼有用的線索，她就可以去調查，但就目前而言，這件案子卻陷入了膠著。

新的一年剛開始，對愛德溫而言可說是萬事順利。當他缺錢時，他就會在eBay或論壇上貼出一些羽毛兜售，每每不到一天就能賣出。輕鬆跑一趟郵局，白花花的銀子就滾滾而來，必要時重複跑幾趟就行了。

三月六號那天，愛德溫北上前往距離倫敦幾小時車程的紐華克（Newark），那兒正在舉辦毛鉤釣春季展。他打包了幾件鳥皮，心想如果遇到可接受的出價就賣出[20]。戴弗．卡內（Dave Carne）對於總算能夠見到愛德溫本人感到相當興奮，他前不久才從年邁的母親那兒借了三千五百美元，匯給愛德溫，這筆錢是要用來購買一組紅領果傘鳥的喉胸部羽毛，這組羽毛是取自一個相當珍貴的亞種[21]。打從十三歲起，卡內就開始綁鮭魚毛鉤了，那時他經常拿自己口袋裡的零錢在打工的釣具店購買大鴇（Florican Bustard）和灰原雞的羽毛。

在展場上，卡內看到愛德溫賣了一副完整的藍色傘鳥皮給彥斯・皮爾格（Jens Pilgaard）[22]，他是個丹麥鐵匠，因收藏不少手工鍛造的大馬士革鋼刀、中世紀武器和維京珠寶而聲名在外。皮爾格還在自己經營的「Fugl & Fjer Fluebinding」販售毛鉤綁製材料，那是丹麥文，意思是「鳥及羽毛毛鉤綁製」。當這名丹麥人在一小群粉絲面前綁毛鉤時，愛德溫拿著鳥皮走了過去。他跟圍觀者都被這些羽毛的高品質給嚇到，便問愛德溫：「你為什麼把這些拿出來賣啊？」[23]愛德溫說他需要籌錢買新長笛，這丹麥人聽了之後，便買了一組紅領果傘鳥胸羽、一隻分切成幾片的火紅輝亭鳥，還有一副藍色傘鳥皮。這筆交易大概花了皮爾格六千美元，他還承諾等他回到丹麥家鄉奧胡斯（Århus）之後，會從自己的收藏中寄一隻價值四千五百美元的鳳冠孔雀雉（Malayan Peacock Pheasant）給愛德溫，愛德溫就能再轉賣給他不斷成長的客戶群[24]。

二〇一〇年四月，愛德溫搭上飛機飛往日本。他最近開始在倫敦國王學院學日語，甚至還參加了國際日語演講比賽[25]。抵達日本後，他買了一張旅遊通行套票遊歷東京和京都，還體驗了新幹線子彈列車。他帶了些材料過來，這樣就能在公園滿開的櫻花樹下，用細緻的絲線纏繞紅領果傘鳥跟藍色傘鳥的羽毛，綁出一根波帕姆鮭魚毛鉤（Popham Fly）。

回到英國後，他發了一封短信給彥斯，讓他知道自己已經跟能弄到天堂鳥的人聯絡過了，可以拿到好幾隻王天堂鳥[26]。皮爾格買賣羽毛幾十年來，這種鳥也才看過幾次而已，這不禁讓他感到納悶，到底一個在倫敦的二十一歲美國留學生是怎麼找到供應商的？

雖然愛德溫在網路上的生意越做越大，但霍普金探長跟特陵館方仍然不知嫌犯人在何處，英國野生動植物犯罪偵查小組也沒有在機場查獲任何鳥皮。至於那滴血、乳膠手套和玻璃切割刀的鑑識結果，也給不出什麼有用的線索。搜查失竊標本的行動正式宣告停止。

愛德溫覺得安全了，但他卻不知道一個月後，在幾百公里外的荷蘭小鎮，他的顧客脫口而出的一句話會搞砸這一切。

# 第十二章　FLUTEPLAYER1988

如果你問我，愛德溫的計畫是在何年何月開始敗露的？答案是二〇一〇年五月底的荷蘭毛鉤博覽會（Dutch Fly Fair），地點在阿姆斯特丹東邊一個小時半車程的茲沃勒（Zwolle）外圍。

這場嘉年華會每兩年在茲沃勒西邊的德隆特湖（Drontermeer Lake）舉辦一次，活動期間，瑞典、荷蘭及冰島的國旗飄揚湖畔，旗幟下方有一整排平展的白色尖頂帳棚攤位。攤位上，中世紀的煤爐燒著雪松木，大塊大塊的鮭魚排就在上面烤[1]；此時一對風笛手宣布國王到場，只見他身穿天鵝絨長袍，手拿一根看似權杖的釣竿，大搖大擺滑稽走動著。

主帳裡，幾個玻璃櫃中放著熠熠生輝的老式經典捲線器和釣竿，中央高台上聚集著來自世界各地的幾十名毛鉤綁製達人，此時正大顯身手。有位名叫安迪・柏克霍（Andy

Boekholt）的荷蘭建築工程師正在綁鮭魚毛鉤，他所使用的材料是很難取得的羽毛。旁邊是洽克・富林斯基（Chuck Furimsky），留著「自行車車把鬍」是他的招牌造型，在紐澤西州薩莫薛特（Somerset）所舉辦的國際毛鉤綁製專題研討會（International Fly-Tying Symposium），負責人正是他。

會場上還有一名來自北愛爾蘭的男子，這名「愛爾蘭人」從事執法工作已經二十年了。在北愛爾蘭問題（the Troubles）最嚴重的那幾年，他當過臥底，從爆炸和槍擊事件中死裡逃生好幾回。為了讓自己在那段黑暗時光保持頭腦清醒，他自學綁毛鉤，最初是從用來釣溯河洄游型褐鱒的簡易蝦型毛鉤開始綁起[2]。這個愛爾蘭人最近開始涉足古典鮭魚毛鉤，來到茲沃勒是想看看大師們的表演——他並不像這圈子裡的人那樣迷戀稀有鳥禽。

愛爾蘭人在帳棚之間穿梭閒逛，走著走著來到柏克霍的攤位前[3]。這名戴眼鏡的荷蘭人在其綁製鉗旁放著一個維多利亞時代的櫃子，裡面有二十個窄長的托盤，原本的用途是拿來放置古早的顯微鏡載玻片。柏克霍把這些托盤一個一個拉出來，秀出數百根毛鉤，上面綁著價值數千美元的稀有羽毛。

當愛爾蘭人跟柏克霍聊到那些難以取得的羽毛時，這位荷蘭人忍不住炫耀起他最近剛入手的好東西，一副完美無瑕的藍色傘鳥全皮。對愛爾蘭人來說，這隻看起來實在不像偶爾會在eBay上出現的那種從維多利亞帽上卸下、四肢都伸展開來的死鳥：它的眼窩塞滿看似古代的棉花，翅膀跟雙腳都緊靠身軀[4]。

一八六二年的博物學家華萊士，此時他剛從為期八年的馬來群島遠征行程結束、返回英國不久。他在馬來群島採集了超過十二萬五千份的標本。他以一己之力提出了自然選擇的演化理論，但這理論現在常被認為是達爾文所獨創。

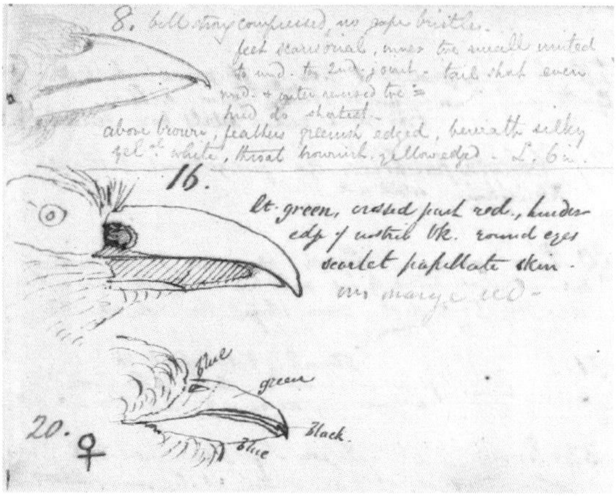


多種鳥類的嘴喙素描圖，包括栗胸地鵑（Chestnut-breasted Malkoha）及黑黃闊嘴鳥（Black-and-yellow Broadbill）。這張圖取自華萊士在一八五四年的某一本標本筆記本。

繫著華萊士手寫標籤的黃頂擬啄木鳥（Yellow-crowned Barbet）標本。注意他採集的時間地點：他在標籤上留下這類資料跟說明其重要性的論點，使他被譽為生物地理學之父。

紅領果傘鳥，當代維多利亞古典鮭魚毛鉤綁製藝術工作者又稱之為「印第安烏鴉」。牠們那黑色配上橘紅的喉胸部羽毛，是鮭魚毛鉤綁製圈非常渴望得到的珍品，一副博物館等級的紅領果傘鳥全皮可以賣到六千美元。

輝傘鳥，這是七種被毛鉤綁製者稱為「藍色喋喋鳥」（即藍色傘鳥）的其中一種。牠們身上的綠松色羽毛，是許多鮭魚毛鉤款式的配方材料。

鳳尾綠咬鵑，牠們華美的羽毛也被毛鉤綁製者視為珍品。雖然這種鳥受到華盛頓公約保護而禁止買賣，但在eBay上頭經常能看到整包的羽毛待售。

停棲在阿魯群島樹梢的大天堂鳥雄成鳥。就是在這座群島上，華萊士成為首位觀察到大天堂鳥求偶展示的西方博物學家。華萊士當時還擔心，人類想要擁有這種美麗鳥兒的需求最終將會導致牠們滅絕，但他完全沒有料到，一股新興的時尚潮流反而更快把羽毛獵人帶到這片森林裡。

這位女士的帽子上安放了一整隻大天堂鳥，攝於一九〇〇年前後。十九世紀晚期，歐美時尚圈掀起一股「羽毛狂熱」，結果在一八八三年到一八九八年之間，美國二十六州的鳥類族群少了將近一半。歷史學家曾說，這股狂熱是地球史上人類對野生動物最大規模的直接屠殺。

一九〇七年一月號的《描繪者》封面，這是當時相當暢銷的一本女性時尚雜誌。

一九一二年倫敦一場女帽業拍賣會上待售的一千六百隻蜂鳥，一隻賣兩毛錢。在十九世紀的最後幾十年，光是英格蘭跟法國就進口了一億四千萬磅的羽毛。到了一九〇〇年，女帽業已經是個蓬勃發展的產業，將近十萬名紐約人在這一行工作。

大約在十九、二十世紀之交時，有些人開始發聲反對這股遍及各地的屠殺行為。這幅漫畫出自一八九九年某一期的《重磅出擊》（*Punch*），畫中這位女士戴著一頂上頭有隻鳥的帽子，下方標題寫著：「物種的滅絕；或是，冷酷無情的時尚女郎和白鷺」。整個英國的羽毛時尚業後來會沒落，這本雜誌可說是重要推手。

一九一一年七月，一群男士扛著夾板廣告牌，在倫敦街頭抗議大規模屠殺白鷺鷥。這是由皇家鳥類保護協會所舉辦的活動之一，該團體的創辦人是艾蜜莉·威廉森（Emily Williamson）和伊萊莎·菲利普斯（Eliza Phillips）。

這張是一九三〇年代美國聯邦探員跟查抄沒入的白鷺皮毛合影照片。在一系列保育法規通過後，鳥類保護工作成為野生動物官員跟盜獵者之間充滿風險的對決。到一九〇〇年時，一公斤雪鷺羽毛的價格近乎等重黃金的兩倍。

一八九五年出版的《鮭魚毛鉤》卷首圖畫，畫中人物便是該書作者：英國貴族喬治．凱爾森。鮭魚毛鉤這種藝術形式，就在這本毛鉤「配方」偽科學書籍的推波助瀾下而廣為人知。

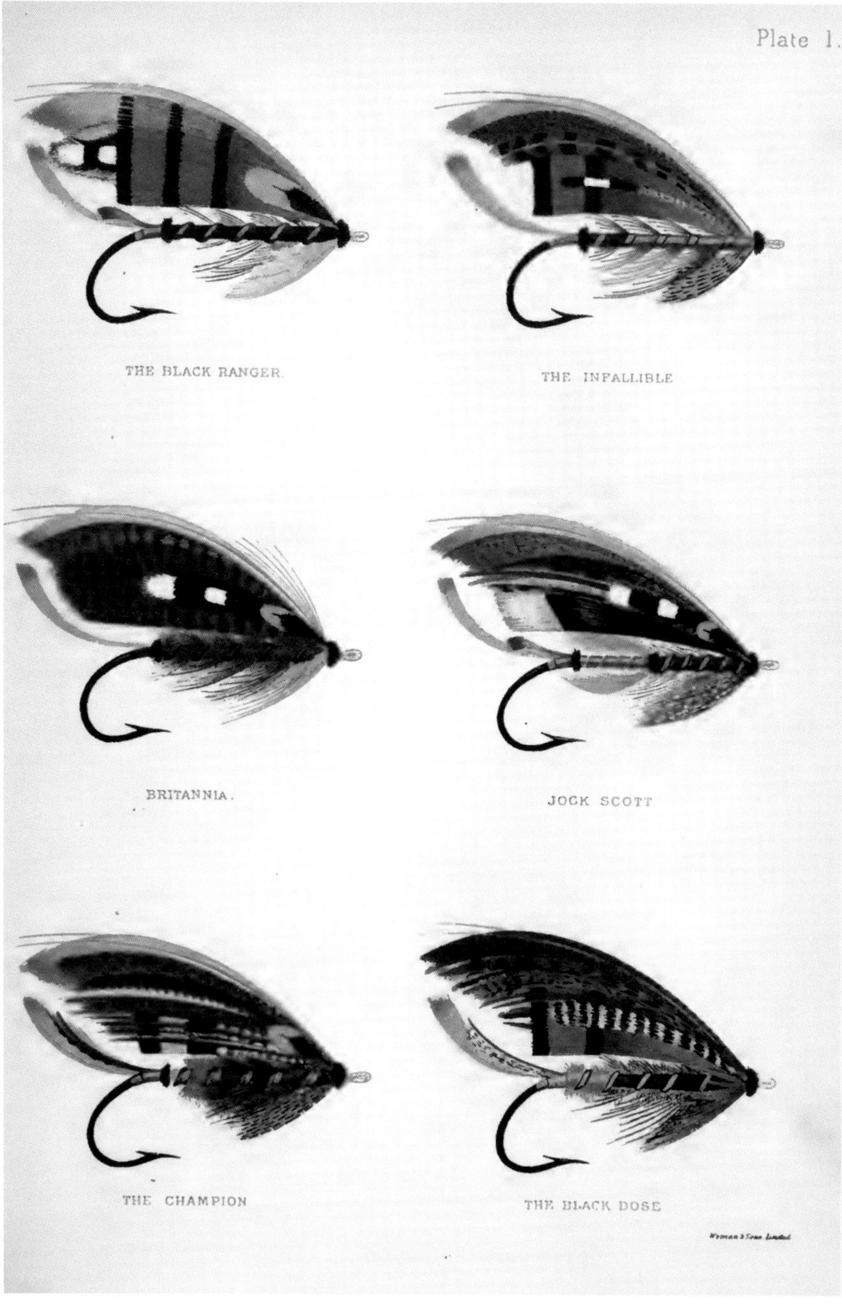


《鮭魚毛鉤》書中所描繪的其中六種毛鉤款式。隨著這種藝術形式不斷發展，毛鉤款式的名稱也越來越自大浮誇，像是「永無過失」、「電閃雷鳴」，以及「特拉亨的驚嘆」——這是以該款毛鉤創作者的名字來命名的。

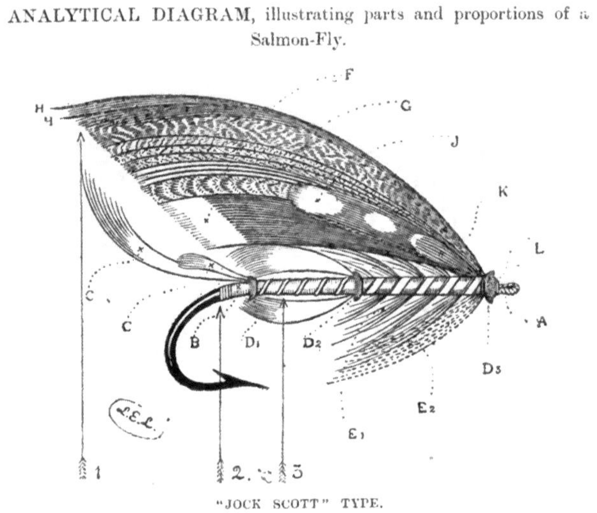


C

出自《鮭魚毛鉤》的一幅「毛鉤分析圖」，畫出「喬克史考特」這款毛鉤的各個部位。雖然鮭魚根本分不出一簇狗毛跟異國珍禽羽毛有何不同，但凱爾森在這本書裡還是宣稱昂貴稀有的羽毛更能吸引鮭魚這種「魚中之王」。

這個就是史賓瑟．賽姆依據凱爾森在一百一十年前留下的配方所綁製的「喬克史考特」毛鉤，他就是最初跟我提到愛德溫．瑞斯特和特陵竊案的那位釣魚嚮導。賽姆並未使用昂貴且非法的異國鳥羽來綁這個毛鉤，而是跟許多綁製者一樣，利用一些常見獵禽如火雞跟雉雞的染色羽毛來綁製。

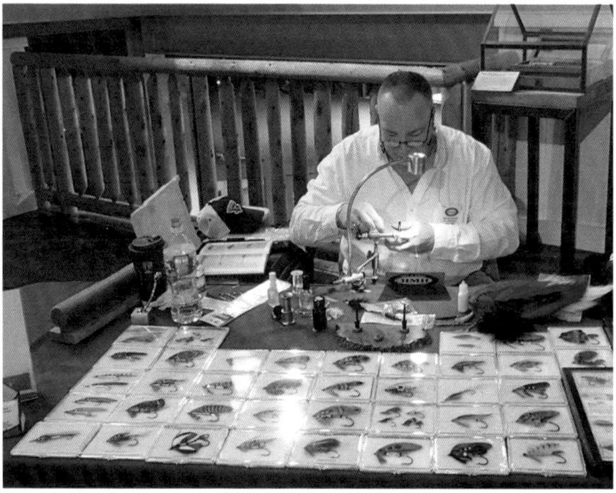

艾德華・「麻吉」・馬傑羅跟他的維多利亞古典鮭魚毛鉤。當年十三歲的愛德溫・瑞斯特，最早就是在美國東北綁毛鉤錦標賽場上被這些毛鉤給吸引的。沒過多久，愛德溫的父親就安排兒子去向麻吉拜師學綁鮭魚毛鉤。

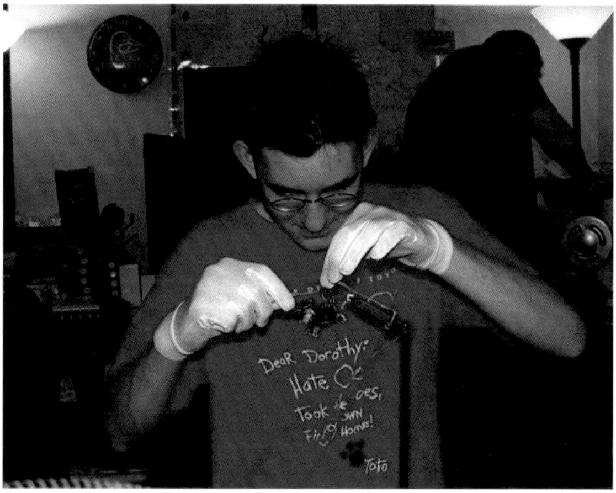

二〇〇四年夏天，愛德溫・瑞斯特在麻吉的指導監督下綁製他的第一根鮭魚毛鉤。

愛德溫綁的第一根鮭魚毛鉤，「達蘭巡查員」，依據一八四〇年喬治・凱爾森的配方所綁製。愛德溫是拿較為便宜的代用羽毛來綁這根毛鉤，但在綁製課程結束之際，麻吉給了他一個小信封，裡面裝著價值二百五十美元的稀有羽毛，同時低聲對他說：「好戲就要上場，看你的了。」

萊諾．沃爾特．羅斯柴爾德勳爵出生於一個深具傳奇色彩的銀行世家，但他的興趣卻是在大自然裡。他到二十歲時，就已經瘋狂收集了超過四萬六千份標本。他的父親在倫敦市郊特陵公園內的家族莊園一角蓋了間私人博物館，當做他的二十一歲生日禮物。他在一九三七年去世後，羅斯柴爾德博物館遺贈給英國自然史博物館。

現在的特陵博物館，擁有當今世上數量名列前茅的鳥類收藏。二〇〇九年六月某天深夜，愛德溫．瑞斯特這名美國長笛演奏高手，同時也是英國皇家音樂學院的學生，從這間博物館的一扇後窗破窗而入，犯下史上最大宗的標本竊案。

特陵博物館內其中一間標本室的走道，就跟竊案當晚愛德溫走過的那條一樣。

特陵博物館某間標本室裡的赤紅山椒鳥（Scarlet Minivet）標本櫃。愛德溫在館裡待了好幾個小時，把行李箱裝滿十六個種和亞種的鳥類標本。他只挑羽色鮮豔的雄成鳥。

特陵博物館在新聞稿上呼籲大眾提供任何跟竊案有關的訊息，包括這些被竊賊盯上的目標鳥種：紅領果傘鳥、鳳尾綠咬鵑、數種藍色傘鳥以及天堂鳥，其中有好幾種天堂鳥是由華萊士所採集的。

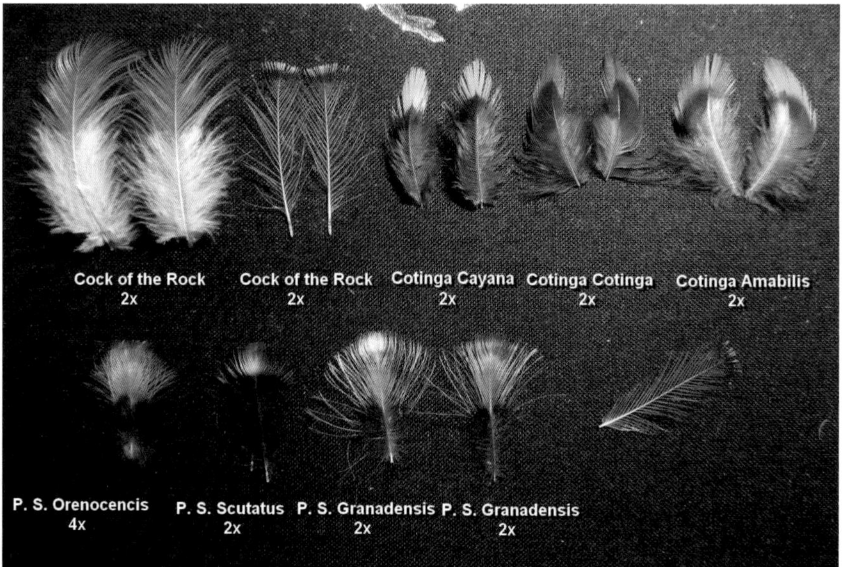


愛德溫透過eBay、個人網站以及「ClassicFlyTying.com」這個廣受毛鉤綁製者歡迎的線上論壇，販售偷來的羽毛及鳥皮長達十六個月以上。照片中這個「綜合包」是從偷來的死鳥身上拔的羽毛，包括好幾個種和亞種的紅領果傘鳥跟藍色傘鳥，而這包羽毛是在他被捕的前一晚才貼到論壇交易大廳待售的。

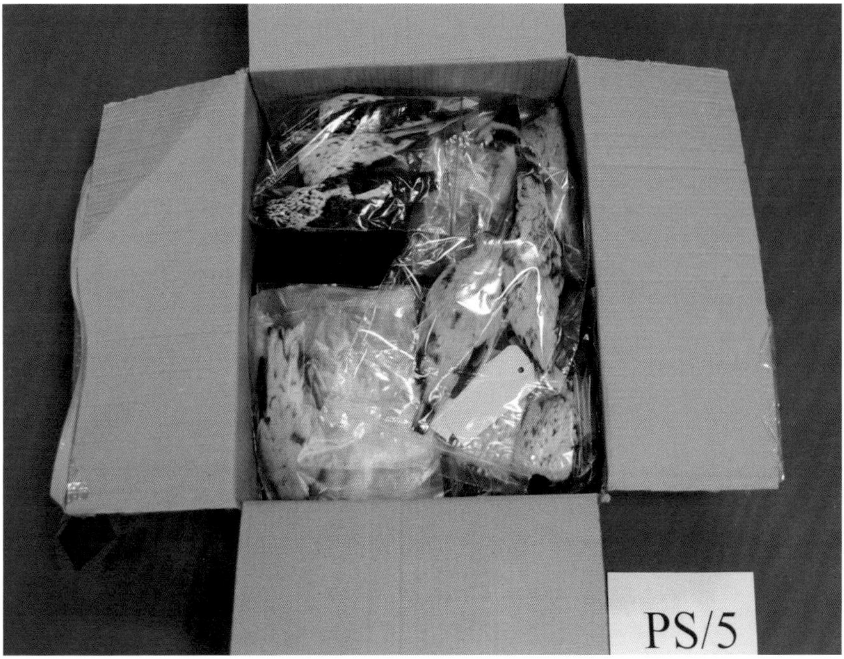


這滿滿一箱裝在封口袋的藍色傘鳥鳥皮，是二〇一〇年十一月十二日早上在愛德溫的公寓房間裡找到的。館方既生氣又失望，因為許多標本的標籤都丟了，失去標籤資訊的標本幾乎沒有什麼科學價值。

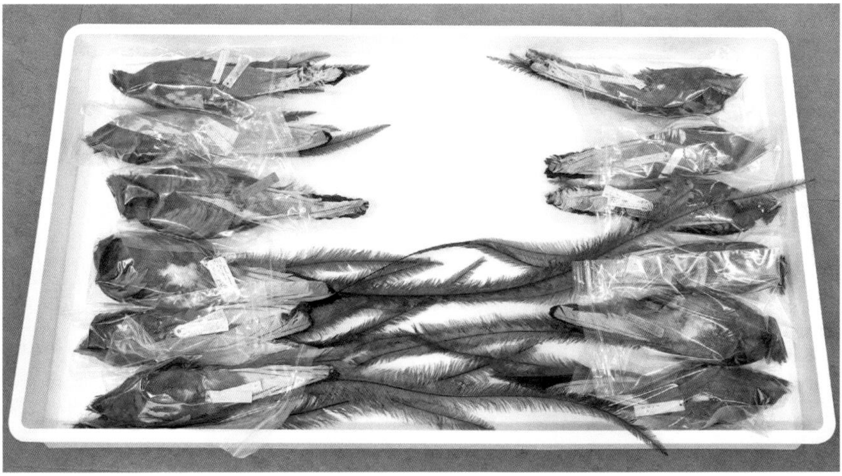

同樣被警方查獲的十二隻鳳尾綠咬鵑標本，有幾隻的尾羽已經不見了。另外，還有好幾包裝著數百枚閃耀著翠綠的鳳尾綠咬鵑羽毛也被查獲，這些原本都是打算放上eBay或論壇出售的。

這三位跟部分失而復得的標本合影，從左到右分別是接獲線報最終逮到愛德溫的艾黛兒・霍普金探長，特陵博物館鳥類學門的資深策展人馬克・亞當斯，以及赫特福郡警隊督察弗雷澤・威利。

時年二十二歲的愛德溫・瑞斯特抵達位於赫麥亨斯提德的裁判法院，出席首次判決聽證會。這件案子隨後被移交到刑事法院，因為檢察官認為裁判法院裁判官的裁量權不足以處理這樁重大犯罪案件。

異國珍禽羽毛奢靡展示的例子，照片中的羽毛來自紅領果傘鳥、藍色傘鳥、鳳尾綠咬鵑、灰原雞、大眼斑雉、紅尾黑鳳頭鸚鵡等等。毛鉤綁製者常會用這種有時被稱作「羽毛情色派」（feather porn）的方式來炫耀自己的材料。

一系列的「印第安烏鴉」毛鉤，每一根毛鉤都放在羽毛被拔掉的紅領果傘鳥喉胸毛片上，被拔掉的羽毛就是用來綁製那根毛鉤。其中有些毛鉤是由路可．庫丘業所綁製，他是出身魁北克的毛鉤大師，也是第一個鼓勵愛德溫前往特陵自然史博物館參觀的人。

一八四九年的一幅「威特利八號毛鉤」彩圖，這是一款發表於一八四九年的鮭魚毛鉤，其綁製配方需要用到王天堂鳥及鳳尾綠咬鵑的羽毛。許多維多利亞古典毛鉤都會用到這類昂貴稀有的材料，所以只要能夠綁出一根，就會被視為達成一項成就。

阮龍綁製的一對威特利八號毛鉤，他是來自挪威的毛鉤綁製頂尖高手。

正在綁製桑戴克毛鉤（Thorndyke Fly）的阮龍，這款毛鉤是專為挪威中部的河川所設計。

「你從哪兒弄到的啊？」他若無其事問著。大約一年前，他曾聽聞特陵竊案的報導，所以當他看到荷蘭人手上這副博物館等級的鳥皮時，腦中閃過一個念頭，隨即起了疑心。

「從一個住英格蘭的年輕人那兒買的，他叫愛德溫．瑞斯特。」[5]

回家後，愛爾蘭人登入ClassicFlyTying.com，然後開始查看論壇交易大廳裡的待售商品。他看到在荷蘭毛鉤博覽會的前一晚，有一則新的貼文：「火紅輝亭鳥雄鳥全皮待售。」[6]這則貼文的點閱數已經有一一一八次了。他還在論壇上發現好幾個eBay天堂鳥清單的連結，有論壇成員們在此提到，這批鳥皮位於英格蘭。愛爾蘭人發現，這些拍賣大部分都出自同一位賣家。

他打電話給赫特福郡警隊，建議他們查看一下eBay上「Fluteplayer1988」這個帳號。

*

消息傳到了艾黛兒那裡，她向eBay提出申請，希望eBay提供Fluteplayer1988這個帳號所有者的本名及住址。

當愛德溫．瑞斯特的名字傳回來時，她在自家的系統中查了一下，發現他是皇家音樂學院的學生。她把這消息告訴特陵博物館的馬克．亞當斯和羅伯特．普萊斯—瓊斯，他們隨後證實竊案發生前的六個月，有人用這個名字到過博物館。

艾黛兒並未因此顯得興奮不已，但這確實是她承辦這件案子以來所得到的最佳線索。

她馬上撥電話給校方，詢問愛德溫在哪兒，沒想到她晚了一步：就在兩個星期前，愛德溫已經搭機回美國放暑假去了，而且也搬出了在eBay註冊時所留下的那個公寓地址。

自竊案發生至今已經過了十三個月，現在他們竟然又晚了十四天？

艾黛兒所屬的部門並沒有太多差旅預算，她之前花了好一段時間才獲准買一張前往倫敦的火車票，所以飛到紐約去審問愛德溫這事根本想都別想[7]。但她相當擔心遭竊標本的下落——時間拖越久，標本上的標籤就越可能被取下，這樣對博物館來說，這些標本的科學價值就喪失殆盡了。他是否把標本也帶回美國了？如果他把它們留在英格蘭，會放在哪呢？

美國當局不太可能同意將愛德溫引渡到英國，因此她只能等他自行返回英國，也只能祈禱他沒有帶著那些鳥皮一起飛來飛去。

皇家音樂學院的秋季學期於九月十三日開始，這個學期將是愛德溫留學的第四年，也是最後一年，此時艾黛兒還沒確定愛德溫到底身在何處。她沒辦法拿到合法授權的搜查令，因為她沒有對方的有效地址。一旦愛德溫註冊了新的校外地址，學校就會立刻通知她，在這之前她所能做的只有等待。

同一時刻，愛德溫回到了英國並準備出貨。在一封寫給客戶群的電子郵件中，他公告二〇一〇年九月要賣的東西，包括一隻「完整無缺」的藍色傘鳥，要價一千美金，不含運費[8]。幾個星期後，他寄信給彥斯．皮爾格，希望賣幾隻天堂鳥給他[9]。

或許是感到一股新的銷售熱潮即將到來，他登入eBay，並且更新帳戶中的地址資料。

在那之後沒多久，eBay回覆了艾黛兒的請求，於是她拿到了嫌犯的新地址：倫敦地鐵威爾斯登綠地站（Willesden Green）旁的一間公寓，從皇家音樂學院搭地鐵過去僅十八分鐘車程。

愛德溫最後一次把羽毛放上ClassicFlyTying.com的日期是二〇一〇年十一月十一號，發文寫著「綜合羽毛一包待售」[10]，還附上一張暗色帆布背景的照片，上頭整齊排列著九對羽毛。每對羽毛的下方，則用白色粗體字打出該羽毛所屬亞種以及可以購買的數量。

當晚，愛德溫跟女友較早就寢，因為隔天早上他要排練，他希望到時能拿出最佳表現[11]。他想成為柏林愛樂樂團的一員，而這個夢想僅有一步之遙。他即將從世界數一數二的音樂學院拿到學位畢業，這讓他有機會前往頂尖的管弦樂隊進行試奏。事實上，他已經收到波士頓交響樂團（Boston Symphony Orchestra）的試奏邀約[12]，而他才剛滿二十二歲呢。

二〇一〇年十一月十二日清晨，艾黛兒跟兩名同事從赫默爾亨斯特德（Hemel Hempstead）警局驅車南下倫敦，他們在全球定位系統輸入了Fluteplayer1988留下的地址[13]。要是她只知道「愛德溫．瑞斯特」這個名字，恐怕不會想到這位來英國學音樂、沒有任何前科的美國留學生會是她要追緝的人。但她已經掌握他在eBay上的行蹤，包括各式珍稀鳥禽的清單，還有樟腦丸、封口袋以及鑽石玻璃切割刀的購買紀錄，也知道他造訪過特陵博物館。她覺得錯不了，就是這傢伙了。

早上接近八點時，愛德溫的門鈴響了。當時他已起床，正安靜地準備前往排練，免得打擾還在睡夢中的女友[14]。起先他沒去應門，一來他沒訂購什麼東西，二來時間有點趕，不過現在有人在用力敲門了。

「哪裡找？」他隔著門問道。

「警察，」艾黛兒回道，「快開門。」

破窗進入博物館後的第五百零七天，愛德溫打開門，看了艾黛兒一眼，問道：「有什麼問題嗎？」[15]

# 第十三章　身陷囹圄

艾黛兒告訴愛德溫，他們要來調查特陵博物館的竊案，而且持有搜查令，可以搜查他的公寓。愛德溫聽完，當下坦承不諱[1]。他知道他們一進去就會找到那些鳥，試圖隱瞞根本毫無意義。

他帶他們到房間，女友才剛睡醒，被眼前的騷動給搞糊塗了[2]。他指向幾個大紙箱，剩下的鳥皮都放在裡面。

「我的心理狀況有點問題，」他說道：「我很沮喪，也很後悔……本來我打算第二天就物歸原主的，實在抱歉。」[3]他又指向放在角落的一台平面電視，告訴他們那是他從皇家音樂學院的國際學生宿舍偷來的[4]——儘管沒人問起。

艾黛兒的同事把愛德溫放在公寓裡的所有鳥皮都拍了照，這裡現在成了犯罪現場。他們把所有完整跟不完整的鳥皮連同分裝好的羽毛全都打包起來，包括某些不是來自博物館的鳥，比如彥斯・皮爾格給他的那隻鳳冠孔雀雉。最後，他們把他的筆電插頭拔掉，連同相機和護照一併拿走。

直到這一刻，愛德溫才總算接受了現實，屈從於剛剛發生的一切，頓時感到一陣空虛。儘管他擬定了全盤的計畫，可卻從未料想過這一刻。

艾黛兒將他逮捕，帶到停放在外的警車上，讓他坐在後座，那堆死鳥則放滿後車廂。接著他們開車前往倫敦跟特陵之間的瓦特福（Watford）警察局，那裡有十六間拘留室。警方給他拍了張大頭照並採集DNA，這可用來比對案發現場發現的血跡，之後再把他單獨關在拘留室裡等候。

鐵柵門上鎖後，他變得極為焦躁不安，他不知道自己要在這地方待多久，甚至沒人知道他在何處[5]。原本他深信自己不會被逮——除了案發後的頭幾天之外，那段期間他因為害怕東窗事發而焦慮爆表。但他現在身陷囹圄，舉目所及只剩下滿滿的不確定。他會被關進監獄嗎？他家人怎麼辦？要去波士頓交響樂團的試奏該怎麼處理？未來還能當一名音樂家嗎？

艾黛兒打電話到特陵，告訴館方這個好消息[6]。她知道這些剝製鳥皮需要特殊處理，便將它們集中放置到警局。此時此刻，是她職業生涯的顛峰。她跟博物館的人已經很熟了，尤其是普萊斯——瓊斯博士，艾黛兒就是透過他的介紹才曉得華萊士的豐功偉業，也因為他的解說才明白這些鳥類標本在科學上的重要性。當她知道這些標本的價值遠超過金錢之後，這一點就成了她追求破案的動機，而她真的辦到了。竊賊現正關在拘留室，她剩下的工作便是進行偵訊，之後就由皇家檢察署接管起訴。由於愛德溫已坦承犯行，因此無需進入審理程序，可逕行判決。

馬克．亞當斯接到消息後前來瓦特福，一抵達便開始鑑定每一張鳥皮。在愛德溫帶走的二百九十九副標本中，有一七四隻原封不動地在他公寓裡被找到，不幸的是，其中只有一百零二隻還留著標籤。

這個打擊有如晴天霹靂，竟然只剩三分之一的標本還保有完整的科學價值，而這數量在某些個別鳥種身上更是令人沮喪。十七隻遭竊的火紅輝亭鳥找回了九隻，但標籤都沒了；四十七隻紅領果傘鳥也是找回九隻，只有四隻有標籤；華萊士採集的天堂鳥則是找回三隻，全都沒有標籤（在愛德溫的公寓裡，只找到兩張已遭取下的標籤上頭有華萊士的字跡）；至於三十七隻失竊的王天堂鳥，僅三隻保有標籤的標本被找回。

而那些只是完整的鳥皮，另外還有一大堆封口袋要檢查，袋中裝滿了羽毛，或是切割下來的胸部、肩部、頭冠和頸部毛片。辨識鳥種跟亞種固然是一大挑戰，但更慘的是，這件事最終毫無意義：這些殘破的鳥在科學上根本沒用。

幾個小時後，艾黛兒把愛德溫帶到偵訊室，問他需不需要找律師。愛德溫覺得只要自己肯合作，事情就會煙消雲散，因此他放棄律師陪同偵訊的權利，一切都坦白招認就是了[7]。他不假思索地說出跟他購買鳥皮者的姓名，彥斯．皮爾格、安迪．柏克霍、戴弗．卡內、莫提瑪，以及其他人，他也交代了這些人付了多少錢。他對指名道姓一事並未感到特別難受[8]——信任他是他們的錯誤。

那時，艾黛兒的同事們已經找遍愛德溫筆電裡的電子郵件、Skype 聊天紀錄和其他檔案，他們想知道還有誰可能參與這樁竊案。

她問愛德溫，有什麼人唆使他這麼做嗎？案發之前曾跟他交換過電郵地址的好幾位毛鉤綁製者，有誰是同夥嗎？不管怎麼盤問，他一次又一次地堅稱自己是單獨行動。

偵訊過程中，有隻蒼蠅從天花板的管線翻落，掉到艾黛兒的筆記本上。

「我的天啊，那是**蒼蠅***嗎？」[9]她一邊驚叫，一邊將牠從頁面上彈開。蒼蠅從桌子那端彈飛過來，落在愛德溫旁邊，他迅速拿一杯水把蒼蠅蓋在杯子下面。

約莫過了一小時，艾黛兒完成偵訊。她給愛德溫一張紙條，上面告知他被拘捕的理由和出庭日期，然後將他釋放。這時愛德溫還是搞不清楚自己在哪裡。他對警方對待他的惡劣態度感到憤怒又困惑。在拘留室裡度過痛苦乏味的一天後，他得到的只有一張寫著下次何時上法院的紙條。

當他在瓦特福街上繞來繞去，想搞清楚東西南北時，不明白為何警方沒有給他上個腳鐐好追蹤去向。此時他腦中靈光一閃：**一走了之不就得了！**

*譯註：蒼蠅的英文跟毛鉤都一樣，都是fly。

# 第十四章 下地獄吧

愛德溫回到威爾斯登綠地的公寓時，知道自己不能就這樣逃走。他沒辦法通過希斯洛機場的安檢，因為霍普金探長已經沒收了他的護照。這時他鼓足勇氣，準備撥出一通他知道非打不可的電話。

接電話的是他母親。當他想到犯下此案將對家人產生什麼樣的影響時，這才覺得要向母親交代一切，感受比待在拘留室裡還要糟糕[1]。安東在秋天時才剛去茱莉亞音樂學院就讀，當他得知竊取特陵博物館鳥類標本的人就是自己的親哥哥時，不禁淚流滿面，愛德溫從電話裡還能聽到他的哭泣聲從背景傳來[2]。這妻子是自己捅的，愛德溫怪不得其他人，跟眾人道歉也於事無補。

初接電話的震驚感消退後，雙方的談話繼而轉向一個更實際的問題：如何使愛德溫免去牢獄之災？他們得找個律師，還得設法籌措打官司的費用。此外，他父親也想要盡可能尋找、買回並歸還先前賣出的鳥皮，希望有助於挽回兒子的名聲[3]。他的母親則會及時飛往倫敦，出席兩週之後的首次開庭。

＊

發生這麼大條的事，任何人應該都希望世界先停止運轉，或起碼先冷靜對這消息做出什麼應變才是吧？但在頭幾天，除了自己的家人外，愛德溫並沒有告知旁人發生什麼事。被捕的隔天早上，他前往排練並和同學演奏了一曲管弦樂，但在練習過程中，他滿腦子都在想自己會被驅逐出境，這樣一來就意味著他沒辦法畢業了[4]。

只剩六個月就要畢業，要是沒拿到學位就離開英國，他的一切努力都將白費，頂尖樂團中最令人嚮往的位置也沒指望了。當然，眼前還有令他更加擔憂的事情，畢竟他所犯下的可不是什麼微罪——那些標本的價值約一百萬美元，而且他把鳥皮跟羽毛賣到世界各地，已經違反各種保護瀕危物種的國際公約了。

要想逃過一劫，他得找名極為出色的辯護律師才行。

＊

二〇一〇年十一月二十六日，愛德溫在赫默爾亨斯特德的裁判法院首次出庭[5]。法庭中央有個以玻璃圍起的空間，被告出庭時就待在裡頭。愛德溫拖著腳走進那個玻璃間，對於破窗竊盜及洗錢等情事一概招認，他的母親則跟幾個朋友待在旁聽席看著。

在英國，所有刑事案件都是由最初級的裁判法院開始審理，該層級的法院通常處理微罪，比如超速、酒醉、行為失序等。但愛德溫一案的檢察官手上握有他的認罪答辯，以及艾黛兒在他公寓中起出的大批證據，因此檢察官認為該法院裁判官的刑罰裁量權不足以處理這樁重大犯罪案件[6]。

為求獲得寬恕，愛德溫的律師安迪·哈曼（Andy Harman）將自己當事人的行為描述為年輕人異想天開，說那是一時衝動才犯下的錯誤。他說愛德溫本人既認真又天真，整天只想綁毛鉤，又崇拜〇〇七詹姆士·龐德，這才讓他有了闖入博物館的「超幼稚幻想」[7]。他說他的當事人只花了幾星期來策劃這起竊案，事後是搭火車逃離，還指出愛德溫並未使用「外來工具」破窗而入。他補充道：「他甚至連手電筒都沒帶，而且據他所述，他還四處走來走去想把手機關掉。」但這根本不是事實。他又說：「這完完全全是個外行人所犯下的竊案。」

裁判官對此不為所動，甚至接受檢方的聲請，將本案移交給相當於美國高等法院層級的刑事法院（又稱皇室法院）審理。

英國媒體對這樁當下最為火紅的新聞大肆報導，相較之下，當初特陵博物館要求協尋失竊標本的呼籲，根本沒什麼版面。ＢＢＣ下了個新聞標題：「長笛手坦承偷竊二百九十九張稀有鳥皮。」[8]《每日郵報》（*Daily Mail*）則寫道：「自以為詹姆士・龐德的音樂家從自然史博物館偷走『價值數百萬』的異國鳥皮。」[9]（在所有講到〇〇七的報導中，這些英國媒體都沒提到〇〇七的作者伊恩・佛萊明〔Ian Fleming〕是因為偶然翻到美國鳥類學家詹姆士・龐德所寫的《西印度群島鳥類》〔*Birds of the West Indies*〕，才給故事主人翁取了那個名字。）

開庭後沒幾個小時，這新聞就上了各個毛鉤論壇。在FlyTyingForum.com上，有人發了一篇關於愛德溫被逮的文章，標題是「驚！稀有羽毛竊賊被逮……他是咱們這圈子的人耶」[10]。而在FlyFishing.co.uk，有人寫道：「如果瑞斯特被判有罪，我希望他先去吃完牢飯，之後再被驅逐出境。他收藏的羽毛跟毛鉤應該要沒收焚毀。」[11]另一人回應表示，愛德溫可能是無辜的：「警方逮到嫌犯固然可喜，但要就此拍板定案，可能言之過早。對這傢伙的指控還沒證實，就急著要在論壇上定他的罪，法院又不是你家開的。」

不過，FlyFishing.co.uk上面有個貼文者相當了解愛德溫。幾年前曾在布里斯托毛鉤綁製協會接待過他的泰瑞寫道，當他聽到愛德溫「毀掉自己人生的消息時，感到非常震驚，因為他不僅是名天才橫溢的世界級毛鉤綁製大師，也是一位極具天賦的音樂家」。

在ClassicFlyTying.com這個最多羽毛玩家出沒的論壇上，有個使用者貼了一則關於愛德溫被逮捕的文章連結。在網站管理員巴德・吉得里刪掉這篇文章之前，下面已經蓋了八十五樓的留言，共四五九六次點閱，是該論壇史上數一數二的紀錄[12]。

那些曾因愛德溫供應這一大批稀有材料而欣喜若狂的毛鉤綁製者們，現在得知這名大學生是如何取得這批羽毛後，無不氣憤填膺。安東很快就上網留言替兄長辯護，說他們的言詞是「不負責任的指控」[13]，但安東越是堅稱那些發文以偏概全，網路上的攻擊反而越來越多。最後，他只得央求吉得里刪掉整個討論串。二〇一〇年十一月二十九日，愛德溫首次出庭的三天後，吉得里貼了一則公告[14]：

> 由於某些因素，所有跟偷鳥有關的文章都已刪除，原因我就不說了。謹感謝所有成員在此時刻遵守這項規定，不再就此議題發布其他文章或留言。管理團隊再次謝謝大家。

以前賣給愛德溫第一根羽毛的底特律退休警探約翰・麥克萊在自己的網站上更新了一些內容，他過去曾在那網站上說：「你之前可能沒聽過瑞斯特兄弟，但將來肯定會耳聞他們的大名。」

「愛德溫的所作所為實在難以饒恕，我也完全搞不懂他怎麼會做出這樣的舉動，」麥克萊此時寫道：「整體來說，在這當下不應該對其他鮭魚毛鉤綁製者落井下石，這群人絕對與此事毫無瓜葛。或許有一兩個人在事發之後曾刻意伸出援手幫他，對此我誠心希望有關當局能加以調查；但在渴求這些羽毛的毛鉤綁製者中，我敢說有九成九都跟我一樣，對這起案件極度震驚。」[15]

麥克萊絕對明白自己是毛鉤圈子裡較為知名的人物，任何記者只要在網路上搜尋「愛德溫・瑞斯特」，都會找到他的網站。

他跟巴德・吉得里一樣，想方設法要使特陵竊案不致於傷害到鮭魚毛鉤綁製者的集體聲譽，而且所有的責任只能由愛德溫一人扛起。

吉得里開始在論壇上刪除所有跟這宗案件有關的內容，此外，或許是預期當局會加強審查，他也把原本在論壇交易大廳上的許多非法販賣貼文刪掉，這表示那些貼文之後便不會出現在Google搜尋上。除非某人擁有每則貼文的URL位址，不然這些被刪的文章全都無法回復。

愛德溫仍然是論壇上的活躍成員，他看到了相識近十年的人對他的惡毒批評。他以前的一些朋友、導師和客戶，都說他應該為自己的所作所為下地獄懺悔[16]。

愛德溫案宣判的日子是二〇一一年一月十四日，地點在倫敦北邊一小時車程的聖奧爾本斯（St. Albans）刑事法院。

法官史蒂芬・古立克（Stephen Gullick）要求愛德溫表明身分，之後連珠炮般向他的其中一名辯護律師彼得・達爾森（Peter Dahlsen）提出一連串問題[17]。

法官參閱辯方提交的文件後，詢問道：「你是打算請審判庭對被告施以某種精神衛生處分嗎？」18

「我當然希望庭上不要做出直接監禁我當事人的判決。」達爾森回應道。

「這不是我問的問題！」史蒂芬．古立克厲聲道。

「我知道您不是問我這個。」

「我明確地問，」法官說道：「你是否想請求包含某種精神衛生強制鑑定之處置，即便可能是社區治療？」

「是的。」達爾森答道。

如果愛德溫的判決得經過精神異常抗辯才能做出來，那麼法院就需要這方面的專業評估。達爾森說他心中已有人選，但可能要花幾週的時間才能安排進行精神分析評估。法官跟律師交換意見完畢後，轉向愛德溫。

「愛德溫．瑞斯特，你再等一下。你必須在二月十一日回到這裡，我希望你的案子能在當天宣判。」

「你的案子我先暫停審理，目的只是想看看有沒有什麼精神衛生處遇方案提報到我這兒來。但本席要先敘明，雖然我給你和你律師這個機會，但這不表示我必定會朝這方向來審判。」

# 第十五章　診斷結果

做精神評估時，愛德溫直直盯著眼前那一疊表格看。其中有一張表格，上面列出一大堆陳述[1]，要求他從1（完全同意）到4（完全不同意）給出自己對該陳述的看法，像是：

**「我喜歡一次又一次照同樣的方法做事情。」**

**「我的生活態度是享受當下，今朝有酒今朝醉，明日愁來明日愁。」**

**「我覺得編造故事很容易。」**

**「我不喜歡承擔風險。」**

**「講電話時，我不確定什麼時候輪到自己說話。」**

對於「**我絕不犯法，無論多麼輕微都一樣**」這一題，他到底該怎麼回答呢？要寫3，不太同意嗎？

對愛德溫進行評估的那個人容貌削瘦、頭髮稀疏，操著一口高雅的倫敦口音。他透過金屬框眼鏡凝視著愛德溫，仔細琢磨愛德溫的習慣動作。「抱歉，我會讓你感到不舒服嗎？」[2]他問道。

「嗯……是吧。」愛德溫回應道。

此人是賽門・拜倫—柯恩（Simon Baron-Cohen）博士，劍橋大學自閉症研究中心主任，他是英國研究自閉症和亞斯伯格症的權威。電影《芭樂特》（Borat）的主角，喜劇演員薩夏・拜倫—柯恩（Sacha Baron-Cohen）正好是他的堂弟。有時候，有些案件的辯護團隊會來找他，請他對他們當事人進行精神評估並草擬專家報告。有個叫蓋瑞・馬敬能（Gary McKinnon）的蘇格蘭人在二〇〇一年時非法入侵美國國防部的電腦系統，後來拜倫—柯恩替他做了精神評估，這才讓英國政府有機會拿這份評估結果，以美國的監獄設備難以照顧他為由，拒絕了美方的引渡訴求[3]。正是因為這起馬敬能案，所以才有了「亞斯伯格辯護」（Asperger's Defense）[4]這個詞彙。

基於愛德溫在講述這樁竊案時的調調——他不覺得從博物館把鳥偷走有什麼大不了，也從沒想過自己會被逮到——他的律師團認為其行為或許可以用某種自閉症來解釋[5]。現在，就是要由拜倫—柯恩來負責判定愛德溫是否患有自閉症。

愛德溫填完調查表後，跟拜倫—柯恩聊了毛鉤綁製、自己的童年、未來的目標，以及網路論壇上關於自己的所有可怕言論[6]。拜倫—柯恩呈給法院的四頁報告寫在劍橋大學的信箋上，裡頭講到愛德溫的嗜好時甚為讚賞，說他「將毛鉤綁製提升到一種藝術形式的最高境界，並以藝術家的身分和歷史的視角深深沉浸在這個主題之中」。[7]

報告書中有一張愛德溫所綁製的毛鉤照片，那款毛鉤叫「蘇格蘭高地人」（Green Highlander）。「他向我說明每根羽毛的差異之處，」拜倫—柯恩寫道：「也跟我提到他對於認識每根羽毛的性質有多麼興味盎然。」根據百年來的配方，該款毛鉤需要的羽毛包括鴕鳥、美洲鴛鴦、天鵝、鴇、孔雀、紅腹錦雞、綠頭鴨、灰原雞、藍黃金剛鸚鵡（Blue and Yellow Macaw），以及最重要的紅領果傘鳥。拜倫—柯恩博士顯然沒有注意到，其中某些鳥類是國內及國際保育法規保護的對象。

「他的動機並不是為了金錢，」拜倫—柯恩向法院強調。愛德溫對這名教授述說了凱爾森及維多利亞時代的光輝歲月，在那個年代，碼頭工人們就是在附近的倫敦港把船上滿載的異國鳥皮給搬到碼頭上來。他說自己之所以拿走這些鳥，「只是想要盡一份力，讓過去的黃金時代重現於世」，而且他還夢想要編撰一本關於毛鉤綁製的書籍，並在書中附上這些遭竊鳥類的照片。根據拜倫—柯恩的看法，驅使愛德溫犯案的動機並非貪婪，而是「對毛鉤綁製這種興趣的『過度迷戀』」，這讓他「太過著重在此種藝術形式（及其種種錯綜複雜的細節上），使得他產生一種典型的『管狀視野』（或稱隧道視野〔tunnel vision」），導致他滿腦子只想到自己渴望製造出來的成品及其材料，而無法顧及（對自己或對他人的）社會後果。」

從這角度來看，「闖進博物館似乎是完全合乎邏輯的，」拜倫—柯恩寫道：「他覺得自己所做的唯一一件壞事是打破窗戶……他並未意識到偷拿標本有什麼不對，也從沒想要惹火綁製毛鉤的高手們，他在那圈子裡原是極受國際尊崇的藝術家。」拜倫—柯恩說愛德溫「現在知道他破壞了他們的信任，讓他們大為光火，但當初他對此毫無警覺」。愛德溫沒有預料到毛鉤綁製同好們會生他的氣，甚至公開譴責他把自己的罪行牽連到他們身上。對這名精神病理學家來說，這種種現象都跟亞斯伯格症若合符節。

詳細介紹完亞斯伯格症患者所面臨的主要考驗後——即他們對於結交朋友或在社交場合看懂別人臉色有很大的障礙——這位教授接著寫道，亞斯伯格症「也會阻礙患者遵守社會規範，並且使患者更容易因為差勁的決策能力或在社交方面過於天真而觸法」。

他告訴法院，「這些問題愛德溫全部都有，」並且補充道，這個學生在那堆診斷表格所拿到的分數「跟診斷結果非常一致，他也表現出該種症狀的所有徵兆：基本上就是太過關注細微末節（但這也是他展現天賦的基礎，比如在綁毛鉤、音樂、攝影等方面），同時對於人情世故的理解頗有困難」。

在報告書的結論處，拜倫—柯恩寫道：「基於以下這幾點，我相信他已經從中學到了深刻的教訓。首先是他遭到逮捕時的震驚；其次，身為一名在毛鉤綁製圈中極其嚴謹的藝術家和世界級的領導者，他的聲譽已然受到嚴重的不良影響，這對他也是一大震撼；第三，毛鉤圈和警方的反應，以及媒體對這起犯罪行為的負面報導。因此，他將來犯下類似罪行的風險可說微乎其微。」[8]他建議提供相關資源及諮商協助給愛德溫，而非讓他入獄服刑。

他也覺得如果能讓愛德溫繼續從事其嗜好，是再好不過了。「就臨床治療來說，」他寫道：「我鼓勵他不要自絕於毛鉤綁製的世界，也別放棄自己想要撰寫一本重要博學著述的夙願。我勉勵他不僅要完成這項寫作計畫，還要在其中加入一章自傳，來說明他先前沒診斷出來的亞斯伯格症，是如何導致他犯下如今後悔不已的罪行。」

在最初的宣判聽證會上，古立克法官已明確表示，對愛德溫的精神狀況進行評估，並不能保證他一定會從輕量刑。但現在既然從這麼一位權威人士手上拿到亞斯伯格症的診斷結果，愛德溫的律師們便開始想辦法，看要如何才能讓法官改變心意[9]。

# 第十六章　亞斯伯格辯護

古立克法官一走進法庭，所有人都同時起立。那天是二〇一一年四月八日，剛好也是皇家音樂學院春季學期的最後一天。愛德溫也許再過幾個月就能參加畢業典禮，也可能當天下午就會被戴上鐐銬關押起來，一切端看法官如何裁決。他犯的這些罪若是判刑，最高可以把時年二十二歲的愛德溫關到三十出頭，才能釋放出去。

檢察官大衛．庫萊姆斯（David Chrimes）已經知道愛德溫的亞斯伯格症診斷結果，但他仍然對自己的論據充滿信心。就他看來，愛德溫似乎完全明白自己所作所為的後果，因此應該依法論處，無需特別考慮拜倫—柯恩的報告書[1]。

拜倫—柯恩認為愛德溫是為了藝術才犯罪，但庫萊姆斯的論點與之相反，他強調這起「犯罪行為是為了經濟利益」[2]，而且不是一時衝動，乃是精心策劃的結果。他舉出二十七項鐵證，內容從竊案的運籌過程到從愛德溫電腦與公寓裡找到的證據等等，包山包海。此外，他也列舉了艾黛兒所揭露的種種事實。在二〇〇八年十一月五日，案發前的七個月，愛德溫扮成一名「要協助另一位研究人員」的攝影師，他拿這個假身分進到特陵博物館參觀，但他拍攝的遠遠不止於標本，「還拍了博物館的周邊區域，包括步道、窗戶和圍牆，顯示被告在那個階段正謀劃進入博物館的方法，當然也包括如何離開。」他們在他電腦裡找到一份文件，建檔日期是二〇〇八年七月四號，檔名是「入侵博物館大作戰」。

檢察官請求法官注意艾黛兒的偵訊紀錄，當時愛德溫說「自己拿賣標本賺來的錢買了一支新長笛」，還有「學貸要繳……在美國的雙親也有財務問題」，因此檢方認為「即便在偵訊時，被告也承認經濟問題」是他犯下此案的「重要因素」。隨後，庫萊姆斯請法官去看愛德溫跟室友在二〇〇八年八月三十日的線上聊天紀錄，「被告在此提及——容我引述——『要擬定一套從英國自然史博物館偷鳥賺錢的計畫』。」[3]像這類訴訟並不需要在法庭上耍花招，只要不斷丟出證據確鑿的資訊就行了。

庫萊姆斯必然料到這起案件的離奇之處——一個長笛手從一間老博物館把死鳥偷走，然後賣給一群沉迷於這種過時維多利亞藝術形式的人們——可能會讓法官忽視其嚴重性，因此他當庭朗讀一份由特陵博物館科學主任李察·連恩博士所提交的報告。該報告書說這件事是「一樁慘案……不僅是英國的損失」，也是我們這個地球的「知識及襲產」之損失[4]。

連恩博士在報告中也提到失而復得的標本所遭受的損害，還有那些被剪掉的標籤，以及仍然流落在外的鳥皮。他解釋道，研究人員沒辦法進到叢林中採集新標本來取代兩百年歷史的老標本——老標本的科學價值有很大一部分是出於採集的年代，它們是一個消逝年代的檔案遺跡。愛德溫拿走這些東西，是在「竊取全人類的知識」[5]。

曾在英國自然史博物館任職超過四十二年的連恩，在過去幾個月裡一直等待訴訟程序有所進展，盼望正義得到伸張，然而看到的只是量刑聽審一再拖延。現在終於到了判決的時刻，儘管檢方曾事先聲明，在法庭上「事情並不總是如你期盼的那樣依照自然公正（natural justice）原則來發展」，[6]他仍然相當樂觀。

愛德溫坐在被告席上，試圖保住一絲尊嚴。畢竟，他跟他父親都曾經試著找回某些賣出去的鳥皮，他們曾發訊息給好幾個買家，但都石沉大海。眼見庫萊姆斯的持續攻勢，對他不利的證據也越來越多，愛德溫感到他最基本的自我意識也受到了嚴厲打擊。在檢方的口中，他成了一個魔頭[7]。

「關於被告的判決，還有一件事要列入考慮。」[8]庫萊姆斯說道，他指的是這項額外的訊息，希望法官在判決時納入考量：愛德溫曾經從皇家音樂學院的宿舍交誼廳偷了一台電視。

由於愛德溫已經認罪，法官同意將之考慮在內，檢方的陳述至此才告一段落。

開庭很有效率的古立克法官繼而轉向愛德溫的大律師並說道：「達爾森先生，我已經看過很多報告了。」

達爾森先前就已提交一疊文件供法官參閱。由於他的當事人已經坦承犯行，因此他的期望目標是要把懲處的嚴重程度給降低。除了拜倫—柯恩的評估報告外，他還弄到了這些人替這年輕長笛手所寫的品格推薦函，包括：大衛．迪奇，這位美國自然史博物館的學者，是愛德溫童年時期的家教；艾德．馬傑羅，最早帶他進入維多利亞鮭魚毛鉤之門的師父；FeathersMc.com網站站長約翰．麥克萊，他是第一個教愛德溫如何找尋稀有羽毛的人；以及路可．庫丘業，最初鼓勵愛德溫去特陵博物館參觀的就是他。

但法官似乎對這些文件不太感興趣。他想談談從英國判例法裡頭，有哪些判例可指引公平判決，並由辯方律師替當事人找出來給他看。當檢方拿出一大堆無可辯駁的證據時——全都指向預謀犯案，動機是出於經濟利益——辯方律師卻僅用九十秒的時間跟一個判例，便奪下這場聽審的掌控權：把吉布森案（Crown v. Gibson）提出來就行了。

「在我們進一步討論之前，」法官問道：「如你所知，吉布森案大概是現行制度裡唯一涉及亞斯伯格症的案例吧？」

「是的。」達爾森回道。

「嗯，在我看來，這兩件案子似乎沒有什麼不同。」法官道。

「沒錯，」達爾森附和，「我可以就此詳述一番，閣下……」

「這我相信。」

「如果閣下希望由我講述，或者閣下……」

「哦，」法官打斷他的話，「這麼說吧，我不曉得有沒有什麼報紙刊出任何意見，覺得這名年輕人應該要被關一輩子，要是真有哪份報紙抱持這種觀點的話……我想上訴法院可能會有不同的看法吧。」

「是的閣下，我完全同意。」達爾森勝券在握地微笑回道，他當天在踏進法庭之前就知道自己可以打贏這場官司。

「從某個角度來說，」古立克評述道，「吉布森這個人的所作所為可說是更加駭人聽聞。」

*

十年多前的二〇〇〇年十二月，二十一歲的賽門．吉布森（Simon Gibson）夥同兩名友人潛入位於布里斯托的雅諾斯山谷公墓（Arnos Vale Cemetery）。這處公墓建於十九世紀初期，就在雅芳河（River Avon）南岸附近。在公墓入口處，有座拱型的紀念碑赫然聳現，這是一九二一年時，為了紀念在第一次世界大戰犧牲的五百位阿兵哥所豎立的。用來建造這座紀念碑的巴斯石灰岩（Bath stone）上深深刻寫著「公元一九一四年至一九一八年間光榮犧牲」[9]。

吉布森跟朋友躡手躡腳走過紀念碑，在一座宏大的地下墓室前停了下來。墓門上有個掛鎖，吉布森拿鐵鎚把鎖敲掉。墓室裡有三十四具可溯自十九世紀的棺木，每具都掛著記載死者姓名的銘牌。

他們原本只是想要四處看看就好，但卻發現一座已被破壞的墳墓，於是他們把石塊清掉、棺木撬開，然後偷走一顆頭骨跟一些脊椎骨[10]。離開時，他們拿個新的掛鎖鎖上墓室門，這掛鎖是吉布森為了此行而事先購買的。回到公寓後，他們用漂白水漂白那顆骷髏頭，並在花園裡拿水管沖洗，還用那些脊椎骨做成項鍊。

他們帶了根撬棍再次回到墓地，打開另一口棺材後，發現那屍體還沒完全腐爛，便棄之不理，但在離去時卻偷走了一支紀念花瓶。

第三次造訪時，他們帶了酒、蠟燭跟相機，在裡頭開起派對。他們一邊喝酒，一邊給死人擺姿勢，然後在墓室裡拍照。在一張照片裡，吉布森舉著一顆骷髏頭，就像《哈姆雷》（Hamlet）劇中可憐的約利克（Yorick）一樣。

他們把底片帶去布里斯托的購物中心沖洗，離開時不小心掉了幾張照片在路上。有位保全人員發現這些照片，便通知警方處理。當警方迅雷不及掩耳地進入吉布森的住所時，在屋內發現了屍體遺骸跟花瓶，那花瓶還放在餐桌的中央。

刑事法院法官將首謀吉布森判處十八個月徒刑，並表示其行為「不僅使大眾感到不快，也對死者無禮」。[11]而吉布森的友人則獲得較輕的判決。

愛德溫的律師看上這宗案件的原因，並非在於審判過程中發生了什麼，而是吉布森在上訴過程所揭露的事情。

後來人們才發現，原來吉布森被診斷出患有亞斯伯格症。上訴法院的法官表示，吉布森對骨骼的迷戀幾乎是無法控制的——他一看到敞開的棺材，就像「放任一個嗜吃巧克力的人在吉百利（Cadbury）巧克力工廠內隨意走動一樣」[12]——因此他認為刑事法院法官在對這年輕人量刑時，沒有把亞斯伯格症的診斷結果納入考量，這是不對的。

兩天後，吉布森跟他朋友都被裁定釋放。

*

古立克法官在休庭時，待在自己辦公室裡決定要如何審判。

當他在下午四點五分快步回到法庭時，愛德溫馬上起立站好。

「愛德溫．瑞斯特，你可以坐下了。」[13]他以此開場。

「你今年二十二歲，沒有犯罪前科，是個天資聰穎的音樂家，目前就讀於皇家音樂學院。十幾歲的時候，就已經是個很有才華而且名滿天下的毛鉤綁製者。在二〇〇八年十一月，你以詐術騙得在特陵自然史博物館內拍攝物品的許可。之後你利用自己對該博物館的了解，在二〇〇九年六月二十三至二十四日的夜晚闖入館內某一區，偷走了兩百九十九件鳥皮標本。毫無疑問，它們被你拿走是因為經濟利益，但主要原因還是為了讓你可以用這些羽毛來綁製毛鉤。

「這些鳥類標本的遺失，可說是世界性的博物學災難。無論是從經濟價值或從科學價值來看，它們都是無價之寶，在諸多情況下，它們確實都是無可取代的。」

法官接著引用拜倫—柯恩的報告，報告中說愛德溫「在本案發生期間患有亞斯伯格症，這是他做出這種行為的背景因素」。

「社會大眾可能會認為，像這麼嚴重的犯罪行為應該要判處長期監禁才是，」古立克繼續說道：「但是大約在十年前，我曾接到上訴法院對一宗稱作吉布森案的裁定，這對我評估法院該如何處理亞斯伯格症的診斷有很大的幫助。」

然後，這法官一字不漏地唸出吉布森案判決書的其中五段。「我從那個案例中唸了這麼多，除了想協助你，也希望能夠協助公眾人士，以及……協助那些可能會讀報的人，幫他們理解為什麼我現在會以這種方式來處理。」

「吉布森先生的案子呢，」他繼續說道：「就他所表現出的強迫行為而言，從某個角度來說跟你的情況沒有兩樣。」古立克即將宣判之際，說明了吉布森案曾讓他面臨的困境：「要是我判你重刑，即便你偷的東西並非無價之寶，那也稱得上罪有應得，就此而言毫無疑問大眾肯定會拍手叫好。但在另一方面，上訴法院也會嚴詞批評我的判決，因為他們在吉布森案的態度已經表明，審判法官在面對這種症狀的患者時應該採取何種作為才恰當。」

他轉向愛德溫，說道：「我們所能做的就是設法支持你，並盡力確保這類行為不再發生。」[14]

接著便是宣判：有期徒刑十二個月，暫緩執行。只要愛德溫在緩刑期間沒有再犯，他就無需再到牢籠裡過夜。

# 第十七章　失蹤的鳥皮

對於愛德溫的判決結果，毛鉤界反應不一，有的憤慨不已，有的一臉困惑，也有人沉默異常。有人寫道：「拿亞斯伯格症來辯護？去他的咧……這根本是精心策劃好的。」[1]有個澳洲毛鉤綁製者對於愛德溫能夠在法院之間如此迅速脫身感到震驚，並說：「如果我能得到館方的信任，搶了博物館然後再把東西賣掉，這樣我肯定要在牢裡蹲的。」——認為愛德溫應該入監。「即便他沒被關進牢裡，也應該罰他一大筆錢然後驅逐出境吧。」英國知名毛鉤綁製者泰瑞則對亞斯伯格症的診斷結果表示懷疑。泰瑞寫道，當這名年輕毛鉤綁製者在布里斯托毛鉤綁製協會上示範綁毛鉤時，「他絕對沒有表現出任何跟亞斯伯格有關的症狀。」[2]

相較之下，愛德溫的母校皇家音樂學院倒是沒有太大反應。會讓皇家音樂學院這種菁英學校氣到開除學生的不當舉止，如果按照嚴重程度排起來，即便竊取的是深具科學價值的鳥皮，也排不上他們的「開除榜」。愛德溫不僅能夠畢業，他在七月六號還能飛往德國參加管弦樂團的試奏會。他不敢相信自己如此好運。

到六月三十日那天，他跟其他同學一起拿到了畢業證書。唯一懸在心頭還沒解決的是《犯罪利得法》（Proceeds of Crime Act）的沒收令，這是量刑程序的最後步驟，將會決定罰款金額。七月二十九號便是這道沒收令下來的日子。

當天開庭訴訟的時間很短，檢方基於倫敦一名拍賣商的估計，粗略算出被偷走的鳥皮價值為二十五萬零三百英鎊。後來大家才明白，這估價根本太保守了。為了計算愛德溫的罰款，他們決定將其減半，這使得沒收令上要求的罰款成為十二萬五千一百五十英鎊。根據庫萊姆斯的說法，愛德溫當下還有一萬三千三百七十一英鎊在銀行帳戶「可以支付」[3]罰款，但他提議以六個月為繳納期限，理由是刑事法院不會希望被告「用他的短笛和長笛」支付[4]。

法官同意了。

「要是他日後有更多錢，」赫特福郡警隊經濟犯罪組的喬・昆立凡（Joe Quinlivan）探長告訴記者：「警方會從他身上追討回來，直到他繳完所有的罰款為止。」[5]

「對我們來說，這樣的結果合乎期待，而且也能讓大眾清楚知道，為非作歹賺黑心錢絕對是無利可圖的。」他補充道。

儘管愛德溫在偵訊期間曾主動提交一些客戶姓名，但就警方來說，這樁案子已經結案了。由於缺乏資源，他們沒辦法從各個論壇以及eBay和PayPal的交易紀錄去尋找更多標本的下落，而且那些鳥皮很可能都已經被拿掉標籤，如此一來，對特陵博物館而言也就失去價值了。

不過，這件事在毛鉤圈裡仍然餘波盪漾。愛德溫的好幾位顧客，包括美國牙醫莫提瑪以及戴弗．卡內，都把損害程度不一的鳥皮寄還給博物館。有些寄還鳥皮的人打算對愛德溫提起個人訴訟，尋求賠償。

丹麥鐵匠彥斯．皮爾格歸還了幾副從愛德溫那兒買來的鳥皮。他本來已經把火紅輝亭鳥賣給另一個毛鉤綁製者了，但當他發現那是特陵竊案的贓物時，他堅持要把它買回來，以便送回博物館。他問艾黛兒，他跟愛德溫交易的那隻價值四千五百美元的鳳冠孔雀雉能否歸還給他，並且在電子郵件中副本寄給愛德溫的父親柯提斯[6]。柯提斯已經聯絡過好幾位快要氣炸的買家，他想透過他們亡羊補牢。「如果你能給我完整的帳目——美元帳目——那我就可以寄給你，」他如此回覆彥斯，但同時也講明了，要是彥斯打算對他兒子提告的話，那他就不會寄過去，「只能二選一，無法兩全其美，我相信你能理解。」[7]柯提斯發現自己現在有籌碼阻止其他人對愛德溫提出詐欺索賠。彥斯歸還了鳥皮，但卻沒有拿到柯提斯的賠償。

曾跟老媽借幾千美元來買紅領果傘鳥喉胸部毛片的戴弗．卡內，最初發現愛德溫被逮是因為柯提斯「出乎意料地」[8]寄信給他，問他知不知道有誰曾跟愛德溫購買過整副全皮。他這五年來一直想方設法取得鳥皮，這會兒原本以為可以到手的鳥皮卻失之交臂，大失所望之際不禁悲從中來。

卡內回憶道，柯提斯說要是他不把他買的毛片歸還給博物館的話，可能會「被警察找上門查抄一番」——想到就讓人不寒而慄。「一大票本地警察擠進我家，這肯定是場悲劇，因為這些啥都不懂的人，一定會把我毛鉤上的每根羽毛都帶走，之後我就得花好幾個月的時間證明這些羽毛不是跟愛德溫買的——說不定到最後都還拿不回那些羽毛。」[9]

卡內氣到不行。當他把紅領果傘鳥羽毛寄回博物館後，館方告知他可以控告愛德溫以詐欺手段騙取了他的金錢。而在柯提斯勸說他不要提出訴訟的幾個月後，卡內總算是拿到了賠償。

先前曾預言愛德溫可將「毛鉤綁製發揚光大」的《毛鉤綁製者》雜誌，在二〇一一年春季號特別推出了全新的「毛鉤綁製犯罪報導」專題[10]。該雜誌的長期專欄作家迪克・塔勒（Dick Talleur）在一篇對該起竊案的簡要報導中，告訴記者他先前在麻州一場毛鉤展上看到兩個人被逮捕的經歷：「我們跟法界人士已經有好一段時間沒有什麼摩擦了，但我現在擔心那些一切照規矩走的好人會備感壓力。」

而在ClassicFlyTying.com網站上，巴德・吉得里依然堅持執行他的「禁止討論特陵事件」政策。要是有新手無知犯錯，提到了愛德溫．瑞斯特這個名字或特陵竊案，他馬上就會刪文。過沒多久，毛鉤圈就恢復正常了。幾個月後，論壇成員們又開始張貼紅領果傘鳥和藍色傘鳥羽毛的出售訊息；而天堂鳥跟鳳尾綠咬鵑的羽毛經常在eBay上短暫出現——意味著它們很快就被搶購一空。沒人知道這些羽毛是不是從遭竊的特陵鳥皮上拔下來的，但毛鉤圈對羽毛的渴求有增無減。

回到特陵，艾黛兒對這宗案件的結局百感交集。她很自豪自己逮到竊賊，並且在過程中替博物館找回相當多的標本，但對於愛德溫免去牢獄之災感到相當失望[11]。儘管如此，她對司法體系依然保持信心，因為這只是該名法官自己一人做出的決定。

檢察官庫萊姆斯相信，這件案子的結局是因為被拜倫—柯恩博士的亞斯伯格症診斷報告所扭轉的。「要是沒有那份報告，」他說道：「愛德溫先生很有可能被判立即入獄服刑。」[12]

而在自然史博物館方面，普萊斯—瓊斯博士仍然被前一年發生的事件搞到暈頭轉向。「整件事對我來說是徹底的打擊，」他說道：「讓人失望透頂。」[13]縱使博物館的職員們私下感到沮喪氣餒，但館方在公眾面前仍然得保持較為中立的姿態。四月八日，也就是愛德溫案判決那天，特陵博物館的科學主任李察．連恩在一份新聞稿中說道：「我們很高興這件事有了結果。我們要感謝警方、媒體、社會大眾以及毛鉤綁製社群，感謝你們協助找回許多無價的標本，但這起事件仍然對我國的博物收藏造成極為不良的影響。」14

儘管如此，還是有很多標本不知去向。兩百九十九件被偷的鳥皮中，僅一百零二件連同標籤毫髮無傷地回到博物館，而七十二件從愛德溫公寓中沒收的標本則沒有任何標籤；另有十九件也是標籤全沒的鳥皮，是由當初購買的顧客寄回博物館的，這些人有的是因為被愛德溫點到名，有的則是出於良心的驅使而這麼做。雖然館方手上還有很多裝著一根根羽毛的封口袋，但仍有一百零六副鳥皮下落不明。

光是那些優質的紅領果傘鳥、藍色傘鳥、王天堂鳥和鳳尾綠咬鵑鳥皮，總價值就超過四十萬美金，但這並不適用於估算失蹤的緋紅果傘鳥（Crimson Fruitcrows）、火紅輝亭鳥、麗色裙天堂鳥、華美天堂鳥以及藍天堂鳥，因為這些鳥種很少在市場上出現，因此很難斷定它們到底值多少。

這還只是假設這些鳥是一次性批發賣出，要是有人採下羽毛並單根出售，總價格還會再往上攀升。

愛德溫是不是已經把那些下落不明的鳥也賣了，並將獲利藏在英國當局無法觸及之處？他把那些剝製鳥皮藏在其他地方嗎？他把它們交給信任的人保管嗎？

但在這當下，沒有人在找尋失蹤的鳥，也沒有人在問這些問題。

只有一個傢伙例外，他那時正在新墨西哥州涉溪而上。

# 第三部　真相與後果

# 第十八章　國際毛鉤綁製專題研討會

史賓瑟．賽姆跟我提到特陵竊案的兩週後，也就是愛德溫接受判決的四個月之後，我從新墨西哥州陶斯的靜居處參加了一場國家安全委員會的電話會議。包括「清單計畫」在內的一些難民團體，受到國安會邀請，在會議上跟美國總統的高級顧問們交換意見。然而那場電話會議並不順利，我火氣很大，同時感到相當沮喪，對於同樣毫無作為的官方藉口，我實在是聽膩了。一掛掉電話，我立刻收拾釣魚裝備，趕往灑上白雪的桑格雷克里斯托山脈，期待手機訊號再次消失的那一刻。

我把車停到格蘭德河谷東側，然後從小亞斯尼克（Little Arsenic）步行走下峽谷。河水怒擊著卡車般大的巨石，響聲迴盪在峽谷間，淹沒了我的思緒。過了大約一個小時，總算抵達河邊，我開始組裝起毛鉤釣竿。涉水褲在冰冷河水中緊貼在我腿上，我開始拋投，呼吸逐漸緩和下來。

我拋出的那枚毛鉤是以馬鹿毛綁成，外型像隻石蛾，它落水後很快地漂過河面。當我踽踽獨行涉著水尋找鱒魚時，內心思索著該如何將那場戰爭完全拋到九霄雲外。我曾花了一年時間想把一個不希望在自己國境內看到美國人的國家重建起來，再花一年從瀕臨死亡的經歷和創傷後壓力中恢復過來，接下來的五年，我代表了一群沒人想見到的難民，奮力對抗著我自己的政府。如果不是因為這一則羽毛怪盜的奇特故事，我可能會因此繼續抑鬱消沉下去。

自從我聽到這故事之後，滿腦子都在想愛德溫・瑞斯特的犯行。這件事實在太詭異，我整個人就這麼被吸了進去。史賓瑟跟我提到ClassicFlyTying.com這個論壇，我便上網登入然後查詢「愛德溫」，找到兩篇他在二〇〇九年十一月的貼文，內容是說他為了買新長笛，所以要賣紅領果傘鳥的羽毛籌錢[1]。我把貼文印出，再把所有回應者的名字記下來。另外，我還找到巴德・吉得里那篇要把所有跟特陵竊案相關的討論都刪掉的公告。我也在eBay看到買家對「Fluteplayer1988」這個帳號的評價，以及愛德溫在YouTube上的影片。

至於再來要做些什麼，我其實沒有什麼想法。我沒有追蹤竊賊的經驗，對於鳥類或鮭魚毛鉤也毫無所悉。閒暇時，我反覆敲著鍵盤，打出某種奇特次文化的對話，而正是這樣的次文化，催生出這起令人難以置信的犯罪案件。

我不斷請史賓瑟告訴我論壇上那些行話術語到底在講什麼。此外，只要我們一起去釣魚，我就會一直問他關於維多利亞時代毛鉤綁製者的事情，還有他們使用哪些羽毛來綁毛鉤。為了搞清楚這種藝術形式的魅力何在，我還到他家花了六個小時學習綁製「赤紅漫遊者」（Red Rover），這是凱爾森在《鮭魚毛鉤》所記載的一款紅、橙、黃色毛鉤。史賓瑟向我解釋把羽毛繫在鉤子上所需的玄妙技巧，耐心回答我的連串提問。不知放在他家何處的收音機傳來湯斯・範・贊德（Townes Van Zandt）的歌聲，而他的茶色拉布拉多犬布瑪，則靠在他的腳上打盹。

我說，有篇英國媒體的文章認為，特陵博物館仍有一百多隻據稱價值數十萬美元的鳥類標本沒找回來[2]。我問他是否認為那些鳥還在毛鉤綁製圈子裡。

「你要是真想查個水落石出，」他眼神閃爍著光芒說道：「就親自跑一趟薩莫薛特吧。」

過了兩個禮拜，當我發現自己被國安會從未來開會的邀請名單上給剔除後，便上網找機票，打算前往在紐澤西州薩莫薛特逸林酒店舉辦的第二十一屆國際毛鉤綁製專題研討會。我意識到自己在逃避自己的問題，但當時我有個瘋狂的念頭：要是我出現在那會場上，或許能在無意間發現特陵的失竊鳥兒。

逸林酒店外，二八七號州際公路跨越拉里坦河（Raritan River），聯結車在公路上高速行駛著。在十一月底的襲人寒氣中，我穿越停車場，看到約翰・麥克萊在旅館側門附近抽菸，好像只吸了三口就抽掉一根。我曾在論壇上看過他的照片，所以馬上就認出他來。這位FeathersMc.com的經營者有一道新鮮的傷口劃過額頭，臉上則掛著一副「不要問」的表情。我想問他一些有關愛德溫的事，但是當他冷眼掃視過我時，我竟緊張地從他身旁匆匆走過。

酒店內，上百名毛鉤綁製者四處閒逛，當他們漫步到大廳時，手上裝著豔麗羽毛的購物袋全都像散發著光芒一般。附近的某個攤位上，有位買家將染成萊姆綠的雞頸毛皮舉到燈光下，瞇起眼睛細看，彷彿在檢查鑽石的透明度一般。在他身後有好幾百副剝製鳥皮、毛片和一包包羽毛，有的堆在箱子裡，有些掛在架子上。會場上一排排走道兩旁，盡是叫賣魚鉤、書籍、閃光飾線跟皮毛的賣家。有一小群穿著會員專屬外套、留著翹八字鬍的男士，安靜聚在毛鉤綁製大師的攤位旁，這些名士低著頭弓著背，如同僧侶般專注在眼前的綁製鉗，透過頭戴式放大鏡費力端詳，慢慢將羽毛纏繞到鉤子上。

我到底在這裡做什麼啊？

瀏覽線上論壇是一回事，但跑來參加他們的會議根本是越級打怪。我突然覺得自己實在荒唐可笑，不知道自己在幹嘛。除了從電腦印出一小疊跟特陵竊案有關的資料外，我到底知道些什麼呢？既分不出不同亞種，也不知道哪個是華盛頓公約保護的鳥類，講到綁毛鉤更是近乎一無所知。此時此刻，被這群奇人異士和他們的死鳥團團包圍，只覺得自己格格不入。

我躡手躡腳走近羅傑・普洛德（Roger Plourde）的攤位，之前在論壇上曾看過他的名字，他正在一群觀眾面前綁鮭魚毛鉤。綁製過程中有個步驟特別具有挑戰性，綁製線若有些微顫動或失去張力，就可能會使整個線軸鬆脫。當羅傑・普洛德進行到這步驟時，有個小巧結實、戴著眼鏡的五十歲男子屏住呼吸，鼓起臉頰，然後吹起了長長的讚美哨音，聽起來像一顆炸彈從高空墜落地面。其他人紛紛點頭致意，然後靠得更近了。

我最早之所以會注意到普洛德，是因為偶然看到一款他為回應九一一襲擊事件而設計的毛鉤。為了紀念罹難者，這款名為「美國」的毛鉤使用金色閃光飾線以及紅、白和寶藍色絲線，另外採用了七種鳥類的羽毛，包括翠鳥、肯亞冠珠雞（Kenya Crested Guinea Fowl）和藍黃金剛鸚鵡[3]。這款「美國」毛鉤曾在拍賣會賣到三百五十美元，但從普洛德的攤位上，我可以看出真正讓他賺錢的倒不是毛鉤。有個高度及腰的貨箱，裝滿鳥兒的各部位，包括翅膀、尾巴、肩部、胸部、頸部等等，全都在他攤位上展售，另外還有個箱子放滿封口袋，袋中裝著被砍下來、嘴喙半開的冷凍鸚哥頭。

「有印第安烏鴉或是噪噪鳥嗎？」我試著以輕鬆隨性的口氣問道。

普洛德從綁製鉗上抬起頭瞥了一眼，用嚴厲的目光看著我。片刻之後，他從桌子下面拿出一個大活頁夾交給我。當我翻過一頁又一頁光彩奪目的藍色羽毛和小片的黑橙雙色羽毛時，我的心跳怦然加速。他為何要把這個藏在桌下？這些羽毛來自特陵的失竊鳥嗎？他能合法販賣這些羽毛嗎？要是有魚類及野生動物管理局的人看到我們現在的舉動，又該作何解釋？

「這組怎麼賣？」我指著一組八枚的紅領果傘鳥羽毛，聲音發顫地問道。

「這些九十。」

「喔，好。」

普洛德轉眼間就發現我不是個內行的客戶，於是又回過頭去看他的毛鉤。不知哪來一股衝動，我脫口說出我想寫些關於特陵鳥類標本失竊的事。當他拿起活頁夾放回它原本的藏身處、繼續綁毛鉤時，臉上閃過一陣怒意。不安的沉默延續片刻，直到他總算再次開口，但他並未抬起頭，而是繼續盯著他的毛鉤：「我不認為你會想寫那件事。」

「為什麼？」

「因為毛鉤綁製者彼此之間的關係很緊密，」他回道，雙眼直盯著我瞧：「而你絕不會希望把我們全給惹毛。」

我嚇了一跳，看了看四周圍觀的群眾，發現剛剛那名吹口哨的人正對我怒目而視。在伊拉克的費盧傑奔走以及對抗美國政府的過程中，我對各式各樣的威脅早就習以為常，但現在被一個手裡拿著一小撮羽毛的男人威脅，竟讓我感到興奮莫名。我覺得自己好像找到了什麼。

「告訴你吧，」普洛德低聲碎唸道：「那些鳥我一隻也沒買。」

過沒多久，其他與會者就都知道我不是圈內人了。我沒擬定任何計畫就來這裡，結果才剛進來不到幾分鐘，查明其餘特陵失竊鳥的機會似乎就這麼告吹了。我在當天剩下的時間四處遊走，期間差不多有兩百個壯漢都給我難看的臉色；要是我跟人問起天堂鳥或紅領果傘鳥，得到的只是輕蔑的微笑和一副硬擠出來的驚訝表情。

我不想就這麼空手而歸，決定破釜沉舟，走到那個人的攤位，那個我在酒店外見到、也是賣給愛德溫第一根羽毛的人。

約翰．麥克萊穿著吊帶褲和寬鬆的黑色保暖襯衫，一頭剪短的白髮，眼神顯得疲憊。當我看著他在自己的FeathersMc.com攤位上跟一個顧客互動時，感覺這位退役警探身上似乎有什麼東西不合時宜，彷彿他不敢相信退休之後變成了什麼樣子。當我問他能否跟我談談特陵竊案時，他想了好一會兒，然後穿上他的冬季大衣。「好吧，反正我也該出去抽根菸休息一下。」[4]我跟著他走出側門，步入停車場。

「好了，你想知道啥？」他邊問，邊點菸。

「是這樣，首先呢，我需要嚇到躲起來嗎？」我跟他提起普洛德的警告，以此開了個玩笑。

「要喔，黑道角頭會去找你喔！」麥克萊搖著頭輕聲笑道。「他們會讓你閉嘴……丟進紐約的東河（East River）裡！」

當我向他問起愛德溫，他說他從沒想過愛德溫會做出闖入博物館這種蠢事，但與此同時，他也知道這些鳥對整個毛鉤圈而言具有何等魔力：「所有人都超想要真正的紅領果傘鳥！你看看眼前這些大男人，哪個不是看到羽毛就跪了，渾身都是一堆愚蠢的小羽毛！我意思是，你想想看那個畫面，不覺得一整個不協調嗎？」但他對於愛德溫竊案的後果並不太關注。「那影響不大，」他說道，除了這件事之外：「可能再也沒有哪間博物館肯讓毛鉤綁製者進去後台的收藏庫了。」

「假設我重操舊業，以一個職業警察的身分來談吧，他偷了什麼？羽毛？是啊，但這終究只是侵犯財產罪。」他又點了一根菸。「對我來說，暴力犯罪才需要關起來。」

我倆彼此沉默地坐了一會兒。沒錯，愛德溫在偷竊特陵鳥皮的行動中並未對任何人造成身體上的傷害，但就我看來，這件案子的影響比侵犯財產罪還要嚴重。

「不過，約翰，」我說，「他拿走兩百九十九隻鳥耶！而且還有一大堆仍然下落不明！那些鳥在哪？」

麥克萊似乎早就預知我會問這個問題。「去問問特陵那邊，看他們最後一次清點所有鳥類標本是什麼時候！」他說道。

「什麼意思？」

「他們有收藏品的目錄清單對吧，好，那麼現在東西變少了，他們是怎麼確定被拿走的是什麼？」他問道。「他們大可花個十年的時間慢慢去找出來！也許有人借了一隻拿去學校解說展示，你懂吧，有人把它放錯抽屜了。你知道的，反正有很多理由能解釋啦！」

他停頓了一下，好讓我搞懂他的想法。「我現在說的這些都是根據我所知道的……他們**認為**有兩百九十九隻鳥被拿走，但他們根本不確定，因為他們不知道最初有多少！因為沒人去算過！」

我不知該說什麼才好。

「他們之前就沒有算過！」他站起身來，大聲說道。「愛德溫去的前一天他們沒數過，他們也沒有每年清點一次，他們就是沒有清點過！」

說完，他把香菸踩熄，回到會場裡。

我往停車處走，只覺暈頭轉向。會不會這個謎團其實根本沒有什麼懸疑？會不會有人在愛德溫之前就先下手偷走一些鳥了？會不會只是特陵博物館的數字弄錯了——面對成千上萬的館藏，他們不可能掌握精確的數量？會不會其實愛德溫被逮捕的那一天，從他公寓裡找到的就是全部的東西了？會不會根本沒有什麼下落不明的鳥？

能夠回答這些問題的人並不多。從薩莫薛特回來後不久，我寄了封電子郵件給愛德溫，問他是否願意告訴我他的故事，但他婉拒了。由於他還在緩刑期間，因此對這樣的回覆我並不感到意外。

這樣就只剩下特陵博物館的館員了。但我每次寫信去博物館想要安排採訪時，他們總是含糊其辭地回信，並附上我已經看過的新聞稿。

除非我能確定館方是否掌握確切的失竊標本數量，不然我就陷入僵局了。最後，我放棄等待，買了張飛往倫敦的機票，然後通知館方我帶著一張問題清單過去找他們了。

# 第十九章 大海失去的回憶

時序進入元月中旬，我搭上西米德蘭列車前往特陵。火車在覆著白雪的田地間滑過，烏鴉在冬葉落盡的樹梢顫動一身黑羽。我一下車進到這個小鎮車站，心中便想著，愛德溫當時帶著裝滿鳥的行李箱焦慮在此等車時，是坐在哪張長椅上？有張長椅上方掛了一幅英國國家芭蕾舞團《天鵝湖》的海報，首席舞者穿的正是由羽毛製成的芭蕾舞短蓬裙。

我躍下車站的台階，輕快走了三公里多來到特陵鎮上。跟愛德溫一樣，我來之前就已經多次研究過這裡的大街小巷，根本不需要看地圖。那兒是大聯合運河，有艘船屋繫停在下游百米處的冰冷河水中。接下來一路經過貝加斯小路（Beggar's Lane）、潘得力農場（Pendley Farm）、羅賓漢酒吧，然後我像幼時在這裡長大般自然而然地轉進阿克曼街，並在前往博物館的路上經過警察局。我出發前最一刻曾向霍普金探長提出訪問請求，但還沒收到回覆。

雖然我隔天跟特陵博物館的館員有約，但走了這麼遠，我已經迫不及待要四處打探一番了。我在博物館陳列室裡隨意走動，對著展示超過百年的鳥類及熊類標本拍了幾張照。走過轉角時，碰巧看到兩名中學生在犀牛展一旁親熱。他倆急忙跑開後，我不禁注意到牆上架設了一台小型監視攝影機。我走近犀牛展前的標語牌，上頭寫著：

**假犀角**

這些犀牛的角是贗品。由於真正的犀角被認為具有藥效，因而在此展出極可能會遭偷竊。雖然假犀角沒有價值，但現今對於真犀角的市場需求已對野生犀牛的生存造成威脅。

我猜博物館會設置這樣的標語和監視器，是跟二〇一一年八月二十七日所發生的事件有關[1]。愛德溫案宣判後沒幾個月，有個名叫達倫·貝內特（Darren Bennett）的四十二歲英國人從博物館前側破窗而入，把印度犀牛跟白犀牛標本上的角全部敲下帶走。目前，北方白犀牛已被宣告功能性滅絕，這是因為有人認為犀牛角具有藥用價值，牠們就這樣被獵殺了好幾百年，至今世上僅存六頭[2]。過去幾十年來，相信犀角能夠壯陽的中國人和喜歡上夜店把犀角粉當藥來嗑的越南人推升了這種需求[3]。儘管犀角的成分跟指甲或馬蹄一樣，都是角蛋白，但貝內特所偷走的四公斤犀角在黑市上可賣到三十五萬美金以上。

如果他偷的是真犀角，就真能賣到那些價錢了。幸好，在那起事件的幾個月前，歐洲刑警組織曾發布警報，說有個偷犀角的組織犯罪集團犯下數十起博物館竊案，隨後特陵博物館就以石膏複製品取代了館內的真犀角[4]。

但達倫・貝內特就不像愛德溫一樣全身而退了，他因為偷走了一公斤的石膏犀角模型而被判了十個月徒刑[5]。

*

隔天，我再次來到博物館準備跟對方會面，我的目的很簡單：在著手展開未竟全功的追尋失鳥任務前，我希望直接聽到館方跟我說他們的數字是正確的——亦即確實還有鳥沒找回來。麥克萊曾對這間博物館的能力提出質疑，加上愛德溫案之後沒多久就發生貝內特案，我不禁思索麥克萊的說法有沒有道理：偷、搶這間博物館到底是有多容易？

我從鳥類學大樓的前門進入，聽到安全警報狂響，但入口處的保全若無其事地笑著，要我拿護照出來查驗。我在訪客簽到簿上簽名時，問保全那個警報聲是怎麼回事。

「我實在不想理它。」她眨著眼說道，然後跟我解釋那是例行清理灑水系統的煙霧感測器時不慎觸發所引起的。

我開始翻閱早期的訪客簽到紀錄，試圖找尋愛德溫的名字，但很快就被一位年輕的媒體發言人打斷，她把我帶進一間點著日光燈的會議室。等待館方負責人前來時，我透過一扇窗望著愛德溫爬過的磚牆，心想不知那是否就是他打破的那扇窗。

角落有不少奶油色的塑膠托盤，裡頭裝著許多從愛德溫公寓處尋回的剝製鳥皮，其中絕大部分仍然封存在犯罪證物袋中。有個托盤上有幾個封口袋，袋中裝著紅領果傘鳥的羽毛，有些封口袋還有愛德溫用奇異筆畫上的笑臉。

羅伯特．普萊斯─瓊斯博士和馬克．亞當斯到會議室後，敘述了二〇〇九年六月二十三日發生的那些事。他們的語氣平淡，一絲興奮也沒有，尤其是在跟一個難民維權人士兼業餘鳥類竊案調查者交談時。

一開始，我先提到一些在薩莫薛特會場上所聽到關於自然史博物館角色的奇怪論點。有些毛鉤綁製者會問，為什麼擁有成千上萬副鳥皮標本的博物館需要這麼多同一種鳥的「備份」──拿來賣不是更好嗎？為了得到一些回應，我跟他們說有些綁製者認為，「把這些鳥的羽毛綁在毛鉤上來彰顯鳥羽之美，比起把它們鎖在博物館地下室好多了。」

「我們英國可不會在這間自然史博物館耗費數百萬英鎊卻只是讓這些東西擺著不用……它是在承保一項科學上極其重要的資源！」普萊斯─瓊斯透過眼鏡盯著我，眉頭深鎖地說道：「對於那些荒謬的說法，我實在無法給出什麼滿意的回應。」[6]

他跟他的同事對我解釋道，這些標本幫助人類增進了不少知識，因此全世界對這些標本都有所虧欠。華萊士跟達爾文都利用它們來闡述其自然選擇演化論。在二十世紀中葉，科學家還用博物館歷年收藏的鳥蛋加以比較，發現自從DDT殺蟲劑問世後，蛋殼不僅變薄，也更難孵出小鳥，這項發現最終導致DDT被禁用[7]。前些年有人檢驗了一百五十年來海鳥標本上的羽毛後，發現海洋中的汞含量一直在上升，這不僅導致動物的族群量減少，當含汞魚類被人吃了之後，也可能會引起公衛問題[8]。研究人員把這些羽毛稱作「大海的記憶」[9]。

在「科學家」這個詞被創造出來之前，許多這樣的鳥就已經被收藏在博物館裡了。數百年來，舉凡發現細胞核、病毒、自然選擇、基因遺傳、DNA革命等等，每一項科學進步都奠基在以新的方法檢視同一批鳥：十九世紀早期的研究人員是用簡單的顯微鏡來觀察鳥皮，他們想必無法理解二十世紀用質譜儀或二十一世紀以核磁共振或高效液相層析法來研究標本是怎麼回事。英國自然史博物館每年都提供館藏鳥類標本給數百名科學家做研究，這些科學家們來自日益專業化的不同研究領域，像是生物化學、胚胎學、流行病學、骨科學和族群生態學等等。

科學家如果今天從特陵博物館內收藏的十八世紀鳥類標本拔下一根羽毛，依據羽毛上碳和氮同位素的濃度，就能知道這隻鳥吃了什麼。[10]用這方法可讓學者重建各個歷史時期的食物網，並觀察當食物來源消失時，物種會產生什麼變化，或是遷移到何方。

博物館收藏的標本在當代也能協助保護瀕危的加州神鷲（California Condor），其方法是透過古代的骨骼樣本萃取DNA[11]。「物種返生」（de-extinction，或譯「去除滅絕」）也被稱作復活生物學（resurrection biology），這門新興領域在方法上有個技術是仰賴從博物館標本萃取ＤＮＡ，藉此讓旅鴿之類的已滅絕鳥種重現於世。

至此，我意識到對這些鳥類標本的保存，代表了人類的樂觀願景：一代又一代的館藏負責人保護它們免於蟲蛀、日曬、德軍轟炸、火災以及盜賊之害，並堅信它們對於人類追求知識的過程至關重要。他們知道，那些甚至還沒被人提出的問題，未來可能從這些鳥兒身上找得到答案。

但他們的使命有很大一部分是取決於相信來此學習、研究的人也有相同的信念，而愛德溫正是利用這樣的信任來策劃他的竊案。如今，隨著這麼多標本失蹤或沒了標籤，科學紀錄也因此出現了災難性的大破口。要想縮小破口的差距，唯一的希望在於盡可能連同標籤找回失鳥，越多越好。

為了強調他的論點，普萊斯—瓊斯走到那些裝著殘餘鳥皮的托盤處，拿出一隻封在塑膠袋裡、標籤已經遺失的火紅輝亭鳥。他以此對我說明，愛德溫偷走的十七隻火紅輝亭鳥不僅是特陵博物館內這種鳥的全部館藏，更占了全球所有博物館中火紅輝亭鳥標本的一半以上：這對當代的科學研究來說是個嚴重的打擊。

另一個托盤裡，裝的是特陵博物館僅存的一批鳳尾綠咬鵑，這種鳥是華盛頓公約保護的物種。在遭竊的三十九隻裡，博物館找回了二十九隻，而且標籤也都還在——但愛德溫從好幾隻身上取下了長達六十公分的翠綠尾羽。在完整的鳥皮旁邊，有幾個裝滿數百枚細羽的大封口袋，這些羽毛的末端都帶著綠色金屬光澤，大概是從尚未被尋回的標本身上拔下來的。

一隻完好如初的鳳尾綠咬鵑公鳥，從嘴尖到尾端，全長將近一百二十公分。早先在媒體對這起竊案的報導中，警方推測這些鳥可能裝滿六個大垃圾袋，但愛德溫的律師後來表示，他只用到一個行李箱而已。

「你有沒有想過他是用什麼辦法把這些鳥弄出去的？」我問道。

「我想了**很多**好不好！」霎時流露出情緒的普萊斯—瓊斯大聲說道，但隨即噤聲，陷入沉默。

「除了他跟警察陳述的那些外，我們沒有證據、也不清楚他是怎麼做的。」亞當斯說道。這時，博物館的媒體發言人在她的座位上動了動身子。

「但你認為他有同夥嗎？」

「如你所知，」普萊斯—瓊斯主動說道：「瑞斯特已經認罪了。這表示這件案子不會有進一步調查，否則警方還會繼續查下去。」

這樣一來，愛德溫其實就不用再去找尋其他遺失的標本。當館員們因為三分之一的遭竊標本連同標籤失而復得而鬆一口氣時，仍然遺失的標本卻再也得不到艾黛兒的協尋了。或者，「可能」遺失。

如果麥克萊是對的呢？會不會根本世界上所有的警探都找不到那些遺失的標本，因為一開始特陵博物館就不知道被偷了幾隻鳥？當我們站在那些他們原本負責保護的受損標本旁邊時，我覺得自己像個蠢蛋一樣在發問，但我就是不想大老遠跑來，結果不知道真相就離開。我跟他們說，有些毛鉤綁製者相信特陵博物館根本沒有遺失什麼剝製鳥皮，所有東西在愛德溫被捕的那個早上就全找回來了。

「他們之所以認為數字有矛盾，全是因為紀錄管理不良所造成……你們只是用猜的。」我說道，然後皺著眉，連同麥克萊的建議也說了：「你們應該要『檢查看看別的抽屜』。」

普萊斯—瓊斯生氣地瞪著我，好像被我打臉一樣。「他對特陵博物館是知道多少？根本什麼都不懂！」

「這剛好說明他不清楚博物館的收藏作業是怎麼回事。」亞當斯低聲抱怨道。

說著，普萊斯—瓊斯遞給我一張他為這次訪談所帶來的表格，上頭鉅細靡遺記載著愛德溫被捕的那天早上，從他公寓裡起出的標本數量（一百七十四），標籤還在（一百零二）跟遺失的（七十二），以及後來郵寄回到博物館的數量（十九）。

「要是我能幫你找回失蹤的標本呢？」我脫口而出，自己都嚇了一跳。

亞當斯指著那堆封口袋，裡面裝滿已失去科學價值的羽毛，告訴我標本需要連同標籤都完好無缺找回來才行。

當那位媒體發言人插話表示我的訪談時間已經結束時，我發現在訪談期間我又活過來了，重啟調查這個念頭大大激勵了我，而原本此案的調查工作在愛德溫被捕的那個早上就已經結束了。我面帶微笑說道，要是我處在普萊斯—瓊斯和亞當斯的位置，我很難像自己可以那般自我克制。

「我們是英國人，不是美國人。」普萊斯—瓊斯說道。

「但他沒去坐牢，而且還是拿到了皇家音樂學院的學位，這你作何感想？」

「就算他入獄，從科學上來說，對我們目前的處境又有什麼實質的改變呢？」他回應道。

「情感上，這多少會讓人安慰一點，不是嗎？」

「個人的情緒反應又能包含什麼整體的利益？」普萊斯—瓊斯厲聲道。一陣沉默後，他才承認，「這是種完全讓人絕望的感覺。我們之所以在這裡工作，是為了永久看守這些研究收藏並讓人能夠加以利用。一旦發現它們有部分遭到肆意破壞，這實在令人非常沮喪。」

「我們接下來會繼續為此努力幾十年，」他繼續說道：「看看我們能夠在那些標本上找回什麼資訊。這不一定會成功，因此這項工作可能會虛擲數十年的光陰。」

他搖了搖頭道：「像這種由一心痴迷、滿腦妄想的人所犯下的案件，根本毫無道理、愚蠢至極。」

訪談結束時，普萊斯—瓊斯給我一小疊電腦印出來的資料，上面幾張是館方的新聞稿。因為我之前已經看過很多遍了，所以我把它們折起來塞進我的後口袋。

當天晚上稍晚的時候，我跑去阿克曼街的酒吧點了一大杯特陵紅艾爾啤酒，那喝起來有點像沒氣的健怡可樂，甚至更像完全沒氣的啤酒。街道對面是特陵的觀光局辦公室，旁邊就是警局。觀光局裡擺滿宣傳當地名勝及歷史的小冊子，其中有張卡片誇稱喬治・華盛頓的曾祖父——約翰——來自特陵。他在一六五六年搭船前往維吉尼亞經商，但在波多馬克河（Potomac）遇到船難，因而留在那裡。

我一邊逼自己喝下那杯艾爾啤酒，一邊試著把許多毛鉤圈子的說法跟普萊斯—瓊斯博士和亞當斯對我說的事情加以調和。毛鉤綁製者宣稱館方對愛德溫偷竊標本的數量只不過是猜測，這樣講明顯有個好處：如果沒有剝製鳥皮流落在外，就不會有犯罪行為持續進行，因此特陵竊案的惡果就能完全限縮在一個人身上，那就是愛德溫・瑞斯特。

館方聲稱愛德溫在偵訊時曾看過遺失標本清單，他也承認該清單正確無誤。館方給我看的那張表格，不僅讓我對他們提出的數字有了信心，也顯示「愛德溫是毛鉤圈中唯一一個害群之馬」這說法是有問題的。愛德溫被捕的新聞發布後，只有十九隻鳥被他的顧客寄回博物館，佔總數的百分之六。還有多少流落在毛鉤圈內呢？持有者知道這些鳥是贓物嗎？

我去特陵之前，在破案相關報導中我唯一看到的數字是一百九十一副剝製鳥皮已被尋回[12]。根據那張表格記載，在那之後又有兩副被寄回，因此找回的數量變成一百九十三。既然總共有二百九十九件標本被偷，那就表示我要找回的標本還有一百零六件。

但那些從愛德溫公寓裡找到，裝滿一根根羽毛及不同部位的封口袋又該怎麼解釋呢？我在一篇文章裡看過警方的一張證據照，照片中有五份紅領果傘鳥的喉胸毛片和一份取自火紅輝亭鳥背面的肩頸毛片[13]。愛德溫曾經從完好的鳥皮上把最令人嚮往的羽毛部位整塊取下，其餘的可能已經被扔掉，現在大概在倫敦外面的某處掩埋場了。想必這會讓失蹤的標本數量變少吧？

幸好特陵博物館給的表格上有一欄，寫出每種鳥「以羽毛及毛片所代表的約略標本數量」。我很同情館方，他們在百般無奈下只能做出這樣的評估。他們的專業訓練並沒有讓他們得以回答擺在眼前的問題：得要多少根羽毛才能湊出一隻鳳尾綠咬鵑？要是他們手上有一對天堂鳥的翅膀，這能代表一份標本嗎？在仔細檢查過封口袋的內容物後，他們得出的結論是，還有六十四件標本流落在外。

擁有這張表格，就像擁有一幅畫了不明國家海岸線的地圖。描寫失落鳥皮種類及數量的欄位微微發光，宛如一條小徑的起點，而這小徑最終消失在一個未知領域內，一個有犯罪正在發生的未知領域。

為了找出失落的標本，我的心緒急馳，衝過層層阻礙。想要查明愛德溫的客戶，我得弄清楚如何在已刪除的論壇上挖出他的銷售證據；我必須說服他跟我談談；我要確定他是自己一個人犯案，還是有同夥幫忙；我得設法突破毛鉤圈對於特陵竊案的沉默高牆，並獲取圈內人的足夠信任，繼而讓他們願意開始分享祕密。

我心煩意亂地翻著普萊斯─瓊斯給我的那疊新聞稿，不指望能夠從中找到什麼新發現。但最下面有張紙，標題寫著「警方詢問愛德溫．瑞斯特的相關資訊」。

瞬間，愛德溫的律師們當初提出的官方說法清楚呈現在我眼前。根據幾篇引用他們在法庭所言的文章，他們把愛德溫的所作所為講得像是一時衝動跟生疏不熟練，聲稱他策劃此事只花了「幾週的時間」[14]而已。但在偵訊紀錄中，愛德溫預謀犯案的時間軸顯示著，他首次編造理由寫信給博物館的時間是二〇〇八年二月，亦即竊案發生前整整十五個月。他承認，在他第一次到博物館拍攝標本的三個月前，曾透過Skype跟一位室友討論過他的計畫，而在竊案發生前一個月，他買了玻璃切割刀跟一盒樟腦丸。他在偵訊時也坦承自己在門上多裝了一道鎖來保護偷來的鳥，並買了一千五百個封口袋以便銷售羽毛。

該份文件的後半段包含愛德溫列出的客戶清單，以及他所收取的價格。清單並不長，只有四位買家跟九隻鳥，總價一萬七千美元。值得注意的是，我先前在ClassicFlyTying.com上看到愛德溫自列表單上的紅領果傘鳥羽毛卻不見了。如果他在偵訊期間沒有主動提到那些羽毛，那他還隱藏了什麼？還有誰跟他買過東西？上頭這四名買家有將鳥皮寄還給特陵博物館嗎？

我不知道館方是否打算把這份文件交給我，但這是我能掌握最有力的證據，它指出了幾條新的線索。

走出酒吧，四周寒氣逼人，此時我的手機響起，霍普金探長跟我說她答應隔天跟我見面。我現已決定要解決的這個謎團，犯罪現場近在咫尺，讓我興奮不已，於是我走進一三七號公共人行道，找尋愛德溫翻過的圍牆。夜色漆黑無光，遠方聖彼得與聖保羅教堂（St. Peter and St. Paul Church）的中世紀古鐘在冷冽空氣中開始如幽靈般響起。人行道的磚牆放大了每個拖曳的腳步聲，當我加快腳步時，回聲也跟在背後急馳。我被自己急促怦然的心跳嚇了一跳，當我總算來到鳥類學大樓的後面時，我瞪大雙眼四處張望。沒有人會看到他來到這裡，而且除非有人剛好經過，否則也沒人能聽到打破窗戶的聲音。此外，雖然高個子的人能爬上這道牆，但我肯定我會希望有人待在那裡幫忙。我踮起腳來找尋那扇窗，想知道愛德溫那個能塞過窗戶的行李箱有多大，但我看不清楚。

我有一度打算試著把自己撐高一點，但想到要是博物館的保全剛好從圍牆另一邊經過，那我們接下來的對話可就尷尬了。

*

「我查過你，覺得你像個多疑的警察。」[15]隔天一早，艾黛兒帶我走在博物館後方的人行道上，得意地笑道。我到訪時，鳥類學大樓的外部正在翻新，外面搭了鷹架、藍色圍網和警示旗幟，以防外牆覆面的碎片掉落打傷工人。鷹架上掛著大大的工地安全維護公司標示，上面有個怒視的白頭海鵰頭像標誌。

她的說話風格簡潔，常把代名詞省略，只講重要的訊息。「顯然曾來過，之後又獨自前來。」她的手指著博物館後面的一堵牆，口中所說的是愛德溫。「跳到上面，在這裡破窗。」日光下，我可以看到愛德溫打破的窗戶現在裝了柵欄，但鐵絲網上仍有一道缺口，館方相信那是被他剪掉的。她指了指她發現乳膠手套碎片、玻璃切割刀和他血跡的地方。

「妳覺得他是獨自行動的嗎？」我盯著鐵絲網上的空隙問道。

「是否還有另一個人，我要打個問號。」她說道，同一時間警用無線電對講機在她腰際輕聲響著。「我沒辦法證實他只靠自己一個人，也沒辦法證實他不是只靠自己。我只能就客觀上得到的資訊這麼說。所以……」

「妳有沒有詢問他那些失蹤的標本？」我問道。

她跟我說，他有給她幾個名字——跟館方給我的文件裡所出現的名字一樣——但他「想不起來」自己賣過什麼。警方對失蹤標本的搜尋工作，僅僅只是向大眾公開呼籲，讓幾個人事後說要歸還鳥皮，但「問題在於他們人在世界各地，因此後續的調查工作並不容易進行」。

她覺得我對她的回答沒有太大的反應，於是重複了普萊斯—瓊斯博士對我說過的話：愛德溫一認罪，基本上調查就結束了。她告訴我警方已經查過一個加拿大人跟幾個美國人，他們的名字曾在偵查過程中出現過，但她沒有時間也沒有資源去追剩下的標本。她被指派調查這起案件，而她確實也破案了。

「但妳不覺得正義沒有得到伸張嗎？」我追問道，因為愛德溫並未入監服刑。

「身為警察，把自己的分內工作做好，接下來就是皇家檢察署的事。……那些律師什麼的所有協商談判，我都沒有必要參與，也沒必要贊同哪一方，那些都與我無關。」

我從宣判聽證會的報告中得知，拜倫—柯恩博士做出的亞斯伯格症診斷對他免於入獄具有關鍵作用。但是當我詢問那些認識愛德溫的毛鉤綁製者是否認為他有亞斯伯格症時，他們卻都笑而不語，好像不敢相信我竟如此天真。既然當初偵訊愛德溫的就是艾黛兒本人，那我便來問問她的意見。

「這就是你最關心的問題了，對吧！不過我無法回答你。」她停頓了一會兒，思考著接下來要怎麼回應：「但要是我有亞斯伯格症，聽到有人說『因為他有亞斯伯格症所以成為罪犯』會讓我很火大……難道每個有亞斯伯格症的人都一定會犯罪嗎？」

此時她兒子打了通電話過來，中斷了我們的談話。她講完電話後，我問她，要是我發現有人持有特陵失竊鳥皮的話，她願意重啟調查嗎？

她說她得在指揮系統內依規定辦理，而且看那隻鳥的所在地，可能還得聯繫歐洲刑警組織或國際刑警組織，「不過，我的答案是肯定的——要是能找到證據的話，那是再好不過了。我們會想辦法拿回那些標本。」

我帶著兩個結論離開英格蘭。第一，與毛鉤綁製圈的說法相反，特陵博物館的清單是對的：它們起碼還有六十四隻標本消失無蹤，價值可達數十萬美元。我不知道這些鳥是否已經都被扯掉標籤然後拔到變成一堆羽毛，又或者是完好如初地收藏在共犯的閣樓裡。喔，天哪，愛德溫可能自己還收著這些鳥，藏在某個能長期保存的地方。

第二，現在除了我之外，沒有其他人要去追尋這批遺失的標本。

# 第二十章　在時光機裡追逐線索

在特陵竊案的故事裡，充斥了各種元素，包括痴迷的怪咖、奇特的鳥禽、積滿灰塵的博物館、古老的毛鉤綁製配方、維多利亞女帽、羽毛走私船、盜墓者，以及最重要的，一名吹長笛的小偷。我在從事難民援助工作的過程中，長期面對巨大的壓力，最初聽到特陵竊案時，這故事轉移了我的注意力，讓我得以喘一口氣。

我本來只是把它當成一個好玩的謎題，在閒暇時四處做點功課並接觸毛鉤綁製圈的人。但在我參觀特陵博物館後，情況就發生了變化。我認識到失竊標本的真實數量以及這在科學知識上所代表的損失，而且仍有那麼多標本下落不明。業餘興趣於是成了使命——在一樁沒有人坐牢的犯罪活動中尋求正義的使命。

我一回到波士頓的公寓，就立刻把特陵博物館給我的表格以及艾黛兒的偵訊筆記貼在我電腦後邊的牆上。

不久，我便心生一計，要是愛德溫繼續無視我三不五時寄出的訪談要求，那我便用迂迴戰術，先跟那些向他買過鳥的人交流，釐清其他客戶的姓名，誘使他們轉寄可定他罪的電子郵件給我，並探查他是否有同夥共犯。要是愛德溫認為我掌握了他的把柄，我想，他可能會改變心意，覺得全盤托出對他才有好處。

在此之前，毛鉤綁製圈裡曾經買過特陵鳥皮的那些人，並沒有理由跟我這樣的圈外人交談。但是現在，我可以拿警方偵訊紀錄中的證據來質問他們，有些人可能會開始吐露實情。

愛德溫提到的四個人中，有兩個馬上就如實告知了。他們把愛德溫的電子郵件以及他們購得的標本照片寄給我看，還提供了特陵博物館館方的郵件，證明已歸還給博物館的十九件標本中，有部分就是同一批鳥。他們還透露了其他買家的名字。

第三個人是莫堤瑪，就是之前過境倫敦時跟愛德溫碰面，查看過好幾副鳥皮接著下了七千美元訂單的那位牙醫。他勉為其難回答我幾個問題後，就不再多說了。

愛德溫在偵訊中提到的最後一人是荷蘭人安迪．柏克霍，就是他在無意中讓案情曝光，導致愛德溫被逮。在二〇一〇年於荷蘭茲沃勒舉辦的荷蘭毛鉤博覽會上，柏克霍曾拿著購自愛德溫的藍色傘鳥向「愛爾蘭人」炫耀，而愛爾蘭人是個正在休假的探員。不過，安迪·柏克霍從未回覆我的訊息。

但我還是繼續努力，跟前兩個人提到的其他買家對質，他們也陸陸續續提供了更多證據和人名。

其中有一人叫魯漢·內特陵（Ruhan Neethling），他是一間堅果果乾公司的財務長，該公司位於南非西開普省（Western Cape）的一個小鎮上。我一聽說他在愛德溫那兒買過價值三萬美元的天堂鳥後，很快就跟這名南非人通了電話。

打電話過去時，南非的當地時間已經不早了，但內特陵並不吝於花時間跟我通話。他跟我說，他曾是個狩獵嚮導，專門帶領美國人跟其他外國人在南非各地尋找跳羚、高角羚、牛羚和扭角林羚。二〇〇〇年代初期，他在卡魯國家公園（Karoo National Park）附近協助設立了兩座狩獵農場，離海邊好幾百公里遠，獵人可以到那兒獵殺被放牧在裡頭的野生動物。前幾年，他則是在巴布亞紐幾內亞的可口可樂公司擔任財務主管。

相較於愛德溫，內特陵很晚才對綁製鮭魚毛鉤產生興趣，但他很快就迷上了。二〇〇九年是他投入這項嗜好的第一年，他在那年綁了五十五根毛鉤[1]。（一根普通的鮭魚毛鉤要綁十個小時，這表示他當年花了將近二十三天埋首於綁製鉗上。）他並不喜歡依循傳統的維多利亞配方來綁毛鉤，卻擅於「自由創作」新款毛鉤。他有一款「貓王不在了」（Elvis Has Left the Building），上面就綁著一枚王天堂鳥的翠綠硬幣狀尾羽[2]；另一款「藍色不迷人」（Blue Uncharmed）的靈感則是來自藍天堂鳥的求偶展示[3]。這兩種天堂鳥都在特陵的失蹤標本清單上。

大部分的毛鉤綁製者對我都相當提防且充滿戒心，他們要不堅稱自己跟愛德溫的案子毫無關聯，要不就是要求匿名才願意開講，但內特陵似乎一點也不在意。當我提到他似乎曾跟愛德溫買過價值數萬美元的天堂鳥皮時，他和善地笑了。

「不不不，怎麼會是我呢？我那時就住在巴布亞紐幾內亞耶，這也太逗了吧！」[4]他如此說道，就像個被兒子的迷糊問題給逗樂的父親。

他說那些天堂鳥羽毛是來自獵人跟巴布亞部落居民的頭飾。他在沿岸幾個小島四處尋找鳥皮，並跟巴布亞社群搏感情、建立人脈才能拿到。「事實上，我得費盡心力找人才行，找那些知道有誰能替我打獵的人！」他說道。

但這並不表示他沒有購買來自特陵的鳥，他欣然承認愛德溫曾以三千美元的價格賣給他一片紅領果傘鳥毛片，以及一張六百美元的藍色傘鳥全皮。他告訴我，在二〇一〇年底的時候他曾下了一筆訂單打算購買羽毛，但卻從未收到貨——他認為這是因為愛德溫已遭到逮捕，因而沒有機會將羽毛寄出。

「當你發現這件事的時候，一定很震驚吧？」我指的是這起竊案。

「其實這事情會發生，我一點也不意外，」他說道：「人們在稀缺匱乏的情境下，往往都很有創造力。」

當我問他是否認為這是令人難以忍受的行為，很明顯地，在他看來這件案子其實還好。「對就是對，錯就是錯，」他說道，但是「這件事的嚴重性跟有人走進店裡偷了條褲子差不多」。

我問他怎麼處理跟愛德溫買來的紅領果傘鳥跟藍色傘鳥，他漠然回道：「我大概還留一些吧。」

但他說既然他已經把羽毛從標本上拔了下來，覺得這標本對特陵博物館而言應該沒什麼用了。

我以彼之道還施彼身，問他一句：「既然對就是對，錯就是錯，難道你不該把它們歸還給博物館嗎？」

「我會的，如果館方能跟我說他們打算利用這些來做什麼，而這麼做又將如何造福科學界的話，我會把它們還給博物館。」

停了許久，他又說：「我希望他們能非常清楚地解釋他們要用這些羽毛做什麼。」

這說法真是嚇到我了，為什麼物品的合法所有者要向贓物持有者證明他們有權討回來呢？

先前為了這個電訪，我花了點時間瀏覽內特陵的臉書頁面，知道他經常從一個奇怪的千禧年主義團體「Second 8th Week Ministries」轉貼訊息。當我問到他的宗教信仰是否形塑了他跟自然世界的關係時，他熱切答道：「喔，沒錯！那是當然！」

「那麼，物種滅絕這個概念會讓你感到憂心不安嗎？」

「不，完全不會。」

「為什麼不會啊？」

「世間萬物無論如何終究是會滅絕的。」

「這不就是虛無主義嗎？」我進一步追問道：「你是覺得我們這星球反正最後會在『被提』（rapture）*時被摧毀，所以我們就沒有責任去照顧上帝交付的東西了喔？」

「沒錯，一點責任也沒有！」他大聲喊道，好像我終於頓悟了一樣。

「而你對此問心無愧？」

「你的責任是要讓你的世界跟神的國度一致。祂的旨意不在使這個世間永存；祂的旨意也不是要讓這世間再存續個五十年、一百年什麼的。」

這個答案在我意料之中，於是我問他是否相信演化。「不信，完全不信。化石紀錄並未證實演化。你要跟我聊信仰體系嗎？演化就是宗教，如此而已。它是變出來的戲法！是墮落的看守天使傳授給人類的知識庫，那是一群挑戰上帝權威的天使。」

我問他，如果不是藉由演化，他覺得這些鳥是怎麼變得如此獨特的？

對他而言，答案不言自明：「上帝就是這樣把牠們創造出來的啊！」此時已經過了西

＊譯註：基督教末世論中一種得救的概念。

開普省的午夜時分，電話那頭傳來南非的蟋蟀唧唧聲。我最後一次替特陵的鳥兒說情，試著讓他相信博物館的收藏對人類有諸多幫助，比如證實了海洋中汞含量的上升等等。

「人類不可能拯救這個地球，」他插嘴道：「人類沒有機會拯救地球，因為上帝早已把劇本寫好，地球註定要毀滅。這些科學家們在做的事情就是在扮演上帝，他們拒絕承認其實是上帝的本領在保全這個地球，而非人類讀取汞含量的能力。」

所以這名獵人兼果乾公司的主管是不肯把任何東西歸還給特陵博物館了，因為這個星球已經完蛋了，而館方正在幹著墮落天使的活兒。我把他的名字加進特陵的那張表格中，並從失蹤鳥皮的欄位上劃掉兩隻鳥：還剩六十二隻要去找。

在找到另一個承認買過一隻藍色傘鳥的丹麥綁製者弗列明．安德森（Flemming Andersen）後，我想我會先把表格中的數量減到六十一——除非他能提出證據，證明那隻鳥已經在歸還給特陵的十九隻鳥之中[5]。我繼續追查，深信有人正躲在失踪標本的主要藏匿處。我在書桌一角留了一疊抄本，包括訪談內容、論壇發文和其他雜七雜八的訊息，儘管偶有收穫，但我知道線索越來越少了。

畢竟，愛德溫已經設法刪除他在網路上的足跡。我知道ClassicFlyTying.com曾是眾人向他購買鳥皮的熱門網站，但這論壇自從愛德溫被捕後就厲行「禁止談論特陵案」的政策，把任何沾上邊的訊息都給刪得一乾二淨。

日子一天天過去，在追尋失落標本的過程中，我逐漸發展出一種分離、隱藏的身分。白天，我不僅得努力設法讓美國繼續對伊拉克難民敞開大門，還要管理一小群員工，並跟數百位代表我名單上難民的公益律師們一起奮鬥。到了夜晚，我就在臉書上找一些毛鉤綁製圈的愛好者並加他們好友，瀏覽他們的相簿，尋找任何關於特陵標本的蛛絲馬跡。我也在臉書上想辦法加入了一些專門買賣稀有羽毛的私密社團，並開始在螢幕上擷圖。等到收集而來的證據在桌上堆積如山時，我便將那些文件分門別類放進牛皮紙文件夾裡；當文件夾太多時，我又買了個多層式文件夾來放。

那個多層式文件夾不知從何時開始就被我塞到爆開，現在裡頭又多了一些關於華萊士、凱爾森、羅斯柴爾德以及維多利亞時代的筆記，我會開始去閱讀這些資料，都是為了能更加了解這種奇特的癮頭是怎麼一回事。到最後，我得買一個檔案櫃才放得下。但即便我把愛德溫身旁的資訊都找遍了，卻依然抓不到他的把柄，這令我灰心不已。我極其熱切地收集各種關於他背景以及他偷的每種鳥要價多少錢的有關細節，也越來越熟知那些買賣羽毛的地下社團成員身分，但除了內特陵，我還是沒有找到任何失蹤的剝製鳥皮。

甚至連愛德溫是不是獨自行動的，我也不知道。

每當線索枯竭之際，我就會掛在論壇上。愛德溫被捕的消息在二〇一〇年十一月公開後，多數牽連到案情的貼文，在一團混亂的頭幾天過後就被刪除，雖然如此，我仍然在網上掛了幾十個小時，搜尋管理員可能沒注意到的漏網之魚。我還真的找過一些讓我眼睛為之一亮的東西，比如一篇二〇一〇年七月二十六日的貼文[6]——這是在竊案發生的一年後、逮捕訊息被公開的整整四個月前。在那篇文章裡，論壇管理員巴德．吉得里上傳了一張他剛買到的紅領果傘鳥羽毛照片，說道：「這張照片總是讓我心跳加速。」吉得里聲稱那些羽毛最初的擁有者是一位世紀之交的毛鉤綁製者，對此，一個叫做亞倫．奧斯托伊（Aaron Ostoj）的知名羽毛商打趣道：「好喔，也可能是從自然史博物館裡摸出來再以三十倍利潤賣掉的喔（笑）。」

「比那利潤還要多『一咪咪』呢亞倫，」吉得里回道：「就多那一點。」

我覺得自己像是闖入一間已經被通風報信的地下酒吧：他們已經清掉跟特陵竊案有關的任何線索了，真是幹得好又令人沮喪啊。

但後來，我發現了一台時光機。

二〇〇一年十月時，網際網路檔案館（Internet Archive）推出了一項稱作網站時光機（Wayback Machine）的計畫，它利用網頁蜘蛛（web spiders）在網際網路上爬取並儲存快照網頁，以供後人查詢利用。到特陵竊案發生的二〇〇九年時，網頁蜘蛛已經從日新月異的網站中抓了三千兆位元組的擷圖，如果用 iMac 來存的話，這些圖至少可以存滿三千台。

二〇一三年七月某天深夜，我在網際網路檔案館查看《大英博物館鳥類館藏目錄》

（Catalogue of Birds in the British Museum）的掃描檔時，無意中發現了網站時光機。該目錄出版於一八七四年，共有二十七卷。我很興奮地在網站時光機上輸入「EdwinRist.com」，希望能挖到那個我耳聞已久的網站，但卻一無所獲：「網站時光機並無該網頁之存檔。」

但是當我把ClassicFlyTying.com交易大廳的連結放上去時，嘿，走運了：在二〇一〇年的四個不同日期裡，網站時光機的蜘蛛在該論壇四處蒐集了交易頁面的擷圖[7]。

我點開十一月二十九日的網頁擷圖，眼睛整個亮了起來，感覺就像挖開一層厚土之後找到一副保存完好的骨骼化石一般。上頭有幾十則紅領果傘鳥、藍色傘鳥和鳳尾綠咬鵑鳥皮待售的貼文，我還可以看到每一篇的標題、作者以及瀏覽量。

二〇〇九年十一月二十八日有一則藍色傘鳥全皮待售，二〇一〇年四月十九日則是一副紅領果傘鳥喉胸毛片、五月七日火紅輝亭鳥全皮、五月八日有幾包鳳尾綠咬鵑羽毛、七月十七日「賣異國珍禽鳥皮」、二十日則有「羽毛及鳥皮數包」。八月三十一日則出現更多紅領果傘鳥鳥皮，還有一副是紫胸傘鳥的鳥皮[8]。

我的心臟狂跳，隨便點了其中一則二〇一〇年四月二十一日的貼文，標題是「有人要印第安烏鴉嗎？」

一看，我就知道為什麼這一則貼文會被刪掉了。這篇的最上面是一串eBay拍賣的連結：「經典款毛鉤綁製用羽毛——印第安烏鴉鳥皮——非華盛頓公約保護」。這批羽毛要價超過一千美元，這樣的高價讓論壇的會員們不大開心，他們哀嘆羽毛的價格不斷上升：

「全是因為我們自己創造出需求所產生的後果。」[9]

我本來不確定那是不是特陵的鳥，但往下拉到頁面底部時，我找到了有力的證據，確認了賣家的身分。「這不是愛德溫那個騙子啦，」有個會員寫道：「有錢沒腦的土豪才會花錢去買。」我跑到掛在我牆上的案情時間軸，把這筆交易訊息加了上去。接下來的一個小時內，在網站時光機的協助之下，我又挖出了十五筆買賣。

當我注意到這所有貼文都是由同一個人發布，而且他似乎是替愛德溫工作時，我的情緒更加激動了。這人的網名是「悟空」（Goku），他在論壇上不只發文，還上傳待售鳥皮的照片並接受訂單，而且看來像是在處理金融交易。

「有個缺錢的朋友含淚拋售他的印第安烏鴉，因為他家裡實在需要這筆錢，所以無法再繼續收藏這些羽毛，」悟空在二〇一〇年八月底時寫道，並指出這些羽毛是出自某個特定的亞種，「這組肩頸毛片是頂級貨，在我自己親眼看過的毛片中算是數一數二的，上面的羽毛仍然非常濃密。售價請來信詢問。」[10]

悟空也在其他地方貼了愛德溫在「eBay.co.uk」上的拍賣連結，希望在拍賣時間截止前招徠買家出價競標。

悟空的貼文有時還會出現愛德溫的評論。二〇一〇年十月六日，愛德溫被捕的一個月前，悟空貼出一筆新貨待售，那是一副藍色傘鳥皮，但他不肯透露價格，堅持只有「認真的買家才能詢問」。當一些會員對他的專橫語氣有所抱怨時，愛德溫跳出來護航，「我自已倒不覺得悟空的語氣很嗆，也不認為他不想公開售價有什麼問題，」他寫道：「大家都知道這些東西不便宜啊。」[11]

十一月十一日，悟空貼出一連串待售的羽毛「綜合包」，綜合包裡頭包括三種藍色傘鳥跟三個亞種的紅領果傘鳥。一名叫做紀爾特・韋爾布洛克（Geert Werbrouck）的比利時人下單後，悟空回道：「非常感謝！這筆錢會轉到我一個朋友那兒，他也是學生。我需要你的信箱，可以私訊給我嗎？」[12]

隔天早上，艾黛兒跟她手下的警員突然出現在愛德溫的公寓。此後，悟空再沒貼過羽毛的訊息。

這個「悟空」，到底是誰？

# 第二十一章　普蘭博士的隨身碟

二〇一三年九月，我出版了我的戰爭回憶錄。同一個月，我離開了自己創辦的非營利組織，因為它的資金狀況長期低迷不振。此外，雖然有兩千多名難民在計畫的協助下來到美國，但還有更多人永遠到不了，所以我覺得自己失敗了。

我開始巡迴打書，在校園發表演說並鼓勵學生解決全球性的問題，順便掩飾我的疲憊無力。當他們問我，我的下一步是什麼時——前往阿富汗？改去救援敘利亞難民？——我不知道該怎麼跟他們說我已經迷上另一件事，我要去實現另一種正義，我想去追查一名羽毛賊。

有次到耶魯大學，我前往皮博迪自然史博物館（Peabody Museum of Natural History）拜訪理查・O・普蘭博士（Dr. Richard O. Prum），他是該校的威廉・羅勃森・柯伊鳥類學講座教授（William Robertson Coe Professor of Ornithology），也是博物館的脊椎動物學策展組長。我知道普蘭曾拿過麥克阿瑟「天才獎」（MacArthur genius）及古根漢獎（Guggenheim fellow），帶領一間聲譽卓著的研究室，也知道他是全世界研究傘鳥的領導者，特陵博物館遭竊的標本中有近三分之一是屬於這一科的鳥類。但在踏進他那凌亂的辦公室前，我並不知道他也一直在試著解開失蹤標本之謎。

在二〇一〇年，也就是我去紐澤西州薩莫薛特國際毛鉤綁製專題研討會的那一年，普蘭也從耶魯大學所在地紐哈芬（New Haven）開車南下前往該場活動。他在場內四處走動，跟賣家交談、收集名片，並在現場辨識各種待價而沽的異國鳥禽。

「那時候我是想找魚類及野生動物管理局來抄這些敗類！」[1]他說道。魚野局這個單位的任務之一，是負責遏止非法販運動物，普蘭本來打電話要他們派人前來，但該機構有名探員先前在蓋茨堡（Gettysburg）執勤時被喝醉的獵鹿人殺害，因此該地區的其他探員在那個週末全都去參加喪禮了。

「我心急如焚地四處奔走，希望有人能夠注意到野生動物犯罪就在你我周遭發生，」他說道：「他們從各個大陸弄來一堆熱帶鳥種在紐澤西州販賣，但似乎沒有任何人做出反應。」

他一度非常在意愛德溫．瑞斯特，後來是為了顧及自己的學術生活才收手。當時他曾敦促特陵博物館提供更多關於失竊鳥種的細節，還曾找過願意深度報導這項嗜好的記者，讓這種嗜好「見光死」。

「我已恭候多時啦！」他邊說邊在書桌上翻找，只見桌上放著堆積多年的便條紙跟日誌、一台停用的電腦螢幕、數個公文信封和裝著金鸚哥（Golden Parrot）羽毛的大封口袋，至少七個咖啡杯，還有一個黑武士達斯・維達（Darth Vader）的搖頭公仔。最後，他打開了一份參加那次研討會時所做的筆記。

筆記上絕大多數賣家的名字我都認得——包括FeathersMc.com的約翰・麥克萊以及城堡軍備釣具行的菲爾・凱索曼。普蘭寫道：「有九攤或十攤展示的毛鉤用了中南美洲、亞洲或歐洲鳥種的羽毛來綁。三、四攤在賣非美國的熱帶鳥種全皮、棍棒狀標本以及立姿標本。」[2]這名鳥類學家看到的鳥皮包括黑領擬鴷（Black-Collared Barbet）、金唐加拉雀（Golden Tanager）、黑背白斑翅雀（Black-Backed Grosbeak）、青銅長尾花蜜鳥（Bronzed Sunbird）、竹雞（Bamboo Partridge）、棕胸佛法僧（Indian Roller）、西方寒鴉（Eurasian Jackdaw）、暗色鸚哥（Dusky Parrot）、黃尾黑鳳頭鸚鵡（Yellow-Tailed Black Cockatoo）以及紅䴉（Scarlet Ibis）。

「但他們都說他們的鳥來自維多利亞時代，」我說道：「在華盛頓公約生效之前就有了。」

「這些鳥都受到法律保護！」普蘭一臉怒氣大喝道。「要是沒有特殊許可，它們全都不准進口。看這些鳥皮的剝製方式就知道，它們絕大多數都不是從阿嬤那個年代傳下來的十九世紀標本。」在他看來，這些鳥皮顯然是遭到非法買賣的，他窮盡一生研究的鳥兒就這樣被毫無節制地炫耀與消耗。

「這材料是違法的，」他一個字一個字堅決地說道：「你要是持有，就會觸犯一堆法律。」

「這些鳥皮有生物數據標籤嗎？」我問道。

「沒有。標籤沒有，但標價卻有！馬的咧，豈有此理！」他怒吼道。

「即便過了這麼久，」我以自己看過那麼多保育類動物買賣的經驗說道：「我還是不懂他們為何甘冒如此大的風險去追求自己的嗜好。」

「他們根本就不會拿這些垃圾玩意兒來釣魚啊，對吧？」普蘭說道：「所以這到底在幹嘛？是種執著於原創性的怪癖？但這世上根本就沒有什麼他馬的原創性好不好。這些傢伙是何方神聖？不就一票俄亥俄州的牙醫嘛！他們對哪件事提出過什麼原創性的看法了？」

我跟他說愛德溫的客戶裡還真有一個是牙醫時，普蘭笑了出來。稍稍平靜下來後，他繼續說道：「我想看到的，是個奮力追求真理的故事……試圖讓人們所做的事情變得有意義。而他們呢？他們所做的是把那個時期當成神主牌一樣供起來拜。那是個殖民勢力掌控全球、從中強取豪奪各種迷人東西然後賣到商業市場上的時期，而英國釣客也是殖民勢力的一分子。」

「但是那樣的美好時光已經消逝，」他說道：「那個世界已經不復存在了。」

「當我在研究羽毛時，」他補充道：「知識是得來的結論。我拔下一根羽毛，讓它脫離標本，我們便能發現一些先前在這世上無人知曉的新事物。」相較之下，愛德溫和其他暗地裡玩羽毛的人全是一群歷史戀物癖，整天在那邊玩著「荒謬窩囊的寄生活動」，普蘭巴不得這種活動成為歷史的灰燼。

在我離開之前，他跟我說有東西要給我。他翻遍書桌的抽屜，取出了一個小隨身碟。走到停車場後，我從車上拿出筆電，把那個隨身碟插入。當我看到普蘭從愛德溫的網站上細心擷取了一堆畫面，而這似乎是該網站現存的唯一紀錄時，我不禁倒吸了一口氣。我點進每個檔案查看，這才明白愛德溫為什麼要把這些東西從網路上給清掉。在「珍稀材料相簿及銷售頁面」[3]上，有三十一個不同鳥種或亞種的拉丁學名，每個名稱都是一個連結。

連結一點開，只見一張該鳥種的高解析度照片，雖然這些鳥的標籤被藏了起來，但眼窩裡的棉花以及獨特的博物館標本剝製手法已經說明了一切。為了做研究而剝製的鳥皮，會把翅膀跟雙腳往身體收攏，但要安裝在仕女帽上的鳥皮則會張開雙翅。

在每個清單上，愛德溫都附加了一些展銷描述，比如：「印第安烏鴉的『*Masoni*』亞種是最稀有的，在博物館藏中也非常罕見。羽毛深褐色、尖端帶血紅，並有明顯的蜷曲。」[4]在介紹一種藍色傘鳥時，他寫道：「黃眼傘鳥（*Cotinga maynana*）是藍色喋喋鳥中最多彩的一種。牠非常稀有，不過羽色格外明亮。」有個頁面呈現的是一百四十五年前由華萊士所採集的標本，愛德溫寫道：「王天堂鳥是羽色鮮明的小型天堂鳥，帶有醒目閃亮的翼下覆羽。欲購全皮及詢價者請跟我聯絡。」他對手上那批火紅輝亭鳥「卓越特出」的頸羽大為讚嘆：「這閃亮剔透的性質真是無與倫比。」

他還在自己的網站上補充說明：「我也賣別人寄賣的鳥，如果你有鳥想賣，我可以幫你！」

「別擔心，」他向買家打包票：「除非你有交代，不然我不會說哪隻鳥是打哪兒來的。」

在刑事法院的審判聽證會上，檢察官曾經想讓法官把重點放在這起竊案背後的經濟動機：這些鳥是被偷來賣的。但獲勝的卻是愛德溫的辯護律師，這得感謝賽門．拜倫—柯恩博士的報告，因為在診斷出愛德溫有亞斯伯格症之後，該報告認定愛德溫的「動機並不是為了金錢」[5]。

雖然我先前從未看過他的網站，但我知道他在特陵竊案發生後只過十五天就註冊了EdwinRist.com，而這個網站顯然是為了賣鳥而架設的。在網站的「關於」頁面裡，他甚至這麼寫：「我之所以對零售毛鉤綁製材料有興趣，最初是為了籌錢買新長笛，但這很快就成了越陷越深的嗜好。」

頁面往下拉，我看到愛德溫用自己的話列出了他最愛的毛鉤綁製書籍和友人，並提供一篇簡短的自傳。「我正在寫一本關於鮭魚毛鉤的書，現代跟古典毛鉤都有涉及，」他寫道：「這本書將會包含數十款毛鉤的綁製細節。此外，還會介紹各式各樣的珍奇羽毛和鳥類，以及由挪威的阮龍（Long Nguyen）所創作的精美作品。請隨時注意進度的更新及照片！」[6]

阮龍是誰？我還以為我已經聽過愛德溫同溫層裡的所有人了。

停車場這邊還能收到微弱的校園無線網路訊號，於是我問愛德溫的臉友史賓瑟・賽姆，看我能否登入他的臉書帳號瀏覽一下愛德溫的頁面，愛德溫並沒有將檔案設為公開。我發現阮龍真是無處不在，有幾張照片是阮龍跟愛德溫在挪威的合照，他們在屋頂上模仿孟克（Edvard Munch）的《吶喊》，並互相稱讚對方的毛鉤。阮龍在一本臉書相簿裡標記了愛德溫，那是二〇一〇年春天去日本旅遊時拍的，他們一同造訪淺草寺，漫步在公園盛開的櫻花下，在餐廳點生魚片吃，也去了原宿的市集購物。

然後我發現了畫作。阮龍曾經上傳過一張油畫的照片，上面畫了三隻鳥，說是要送愛德溫的禮物，這三隻鳥分別是：紅尾黑鳳頭鸚鵡（Banksian Cockatoo）、鳳冠孔雀雉和火紅輝亭鳥。愛德溫在照片下方的留言處先寫日文回道：「嘿！阮先生！超讚的！」然後改用英文問：「你的包裹到了嗎？」[7]

「我今天要去信箱看看，愛德溫大哥，」阮龍答覆道：「我太興奮了！」

一年前的某天深夜，我在論壇找資訊時曾見過這幅畫，但當時並沒有多想。這時我立刻回到論壇上，尋找貼出這幅畫的人。

正是悟空。

悟空這個網名其實就是阮龍本人，他之前曾經貼過一大堆eBay連結來拍賣愛德溫偷出的標本，包括好幾包紅領果傘鳥的羽毛跟喉胸毛片，他的「火紅輝亭鳥雄鳥全皮」[8]販賣紀錄則被刪除了。

我怎麼會漏掉這號人物呢？阮龍根本無所不在啊！

我跳上車，一路飆著九十五號州際公路回到波士頓，這個意外發現讓我整個人茅塞頓開。阮龍就是共犯啊！發生竊案的當天晚上，可能是阮龍幫忙抬起愛德溫讓他進入博物館的。

又或者，阮龍才是主謀？也許我一開始就被蒙蔽了，愛德溫其實只是個替死鬼，一個容易被風向帶著走的無知孩子，他跟某些事情扯上關係，然後就成了代罪羔羊。

普蘭給我隨身碟後過了沒幾週，我便登上前往芝加哥的飛機，展開另一段新書宣傳之旅。當空服員索然無味地進行安全示範時，我打開我的臉書，點進一個維多利亞鮭魚毛鉤的私密社團。

有個社團網友在上面貼了一篇關於愛德溫被逮捕的舊文章，然後就戰起來了。他說：「我知道這發生在二〇一〇年，但我從沒聽說過，也太讓人震驚了吧？」[9]他不知道把特陵竊案拿出來講，已經踩到地雷了。

網友間的對話，很快就談到失蹤的標本。「他的伙伴還在外頭咧！」回這句的是個英國毛鉤綁製者，名字叫麥克．湯恩（Mike Townend）。

彥斯．皮爾格問道：「有人知道那些羽毛可能會落在誰手上嗎？」

我擷了一些圖，希望這討論串要是之後被刪了，起碼我還能留點紀錄。飛機開始在跑道上滑行，空服員廣播請乘客關掉手機，但我可不想放過這個機會。

「我相信他的同夥是這起案子的主謀……他以為他可以逍遙法外。」湯恩寫道。「他叫阮龍。這傢伙的好日子就快結束了。」

就我所知，這是阮龍首次被公開點到名字。接著，他加入討論串，否認跟這件事有任何關聯。「我聽到一些跟我有關的流言蜚語，但我毫不在乎，」他寫道：「我又不靠綁毛鉤維生，這對我來說就是個他馬的一項嗜好而已。」

這時，一名空服員滿臉怒意地站在我旁邊，我只得內疚地關掉手機。等過幾個小時飛機降落時，整個討論串已經被管理員刪掉了。

我傳了個訊息給阮龍，看他是否願意告訴我他所知的狀況，但他拒絕了。

我相信那些沒找回來的鳥皮就是在阮龍手上。

隨後，正在德國各大樂團演出的愛德溫，終於打破沉默。這是從他被逮捕後，首次回到論壇上發文，標題寫著：「阮龍」[10]。

「毛鉤綁製圈的女士先生們，」他寫道：「你們絕大部分都聽過我的名字，也都知道我為什麼選擇離開這個圈子的核心。然而，我發現有些困擾我好一段時間的問題必須說明一下。

「有些人公然中傷我的挪威朋友阮龍，說他涉嫌參與我在二〇〇九年獨自犯下的博物館竊案。有個丹麥人跟一個英國人甚至透過謠言散播仇恨，說阮龍是『幕後主腦』。

「這圈子講我一些五四三的事，我已經覺得很超過了，想不到對待阮龍的嘴臉更讓我不滿。」他如此說道。

巴德・吉得里對此很不爽，他先前曾把關於「特陵事件」的所有討論都禁掉。「我受夠這些幹話了。多年來我極力避免論壇成員牽扯到這件事，但你還是像棵雜草一樣，甩掉之後又長回來，而且還更茂密。」

「你為了替阮龍辯解，」他補充道，「無所不用其極……但我怕這只會適得其反，害他更難洗脫嫌疑。」他把話題轉回網路社群，寫道：「你不知道我這幾年費了多少時間和心力不讓論壇討論這件事，過程之艱辛，說是在拚生盡死都不為過。」

*

三年來，我不斷向愛德溫提出訪談的請求，卻都無功而返。現在他自己第一次公開談論案情的細節，我想我得再試一次。我寫信給他，說現在可以跟我談談了吧？

結果他回信了，真是出乎我意料之外。「要我公開談論我的故事以及案情，有點像是在傷口上撒鹽，希望你能理解這點，因此我需要時間考慮你的要求。」[11]他寫道。

我興奮地回信問他我們哪天可以碰面，然後度日如年般等候他的回應。等了二十四小時，沒回；過一星期，沒回；然後過了兩週，還是遲遲等不到回信。我再三查看我的電子信箱，心想，我是不是太急了？是我說什麼嚇到他了嗎？他會不會成了驚弓之鳥？

等他總算答應我的請求時，我能準備的時間剩不到一週。我覺得自己即將揭開謎底，因此毫不猶豫訂了一張貴得離譜的機票飛往德國的杜塞道夫（Düsseldorf）。

「這有沒有什麼安全顧慮啊？」打包行李時，我太太瑪麗—裘瑟（Marie-Josée）問道。我們剛結婚。她之前是在一家跟「清單計畫」合作的公司擔任律師，協助十二名伊拉克人前來美國避難。我們是透過電子郵件認識的，原本素未謀面，直到有次她來我在洛杉磯辦的新書宣傳活動，這才見了面。十天後我搬到洛杉磯，不到兩個月就買了戒指，在第四個月向她求婚，最後在見面滿週年時完婚。

要是這次跟愛德溫的會面早幾年發生，我壓根不會擔心什麼安全問題，但婚後可就大不同了。我們才剛買了人生第一間房，打算開始建立家業，因此這些日子以來我對風險的計算已經不同於以往。

我不想去討論什麼安全問題。「他是個長笛演奏家！」我說道：「他之前偷了羽毛，現在可安分了！」其實，剩不到幾天就要去訪談了，我也懷疑自己是不是太過魯莽。愛德溫到底是哪種人？我花那麼久的時間在追查這件案子，但對他這個人根本所知甚少。從一個人的網路形象來看，能真正了解他多少呢？我這之前也從未親耳聽過他說話，他對我的問題會不會惜話如金？他動不動就會發火嗎？當我把收集到的證據攤在他眼前時，他將作何反應呢？

我可以僱一名保鏢，但我不知道這麼做的話，會不會把這次的訪談搞砸。有沒有可能在愛德溫進房之前先給他搜身呢？我能放一個保鏢在一旁而不跟愛德溫解釋這名手持武器的練家子是誰嗎？

透過Yelp這個商家點評網，我找到杜塞道夫評分最高的保全公司，並在線上聯繫了他們一位合作伙伴，「阿彥」。他就是一副典型德國人的樣子——單調低沉的嗓音，不帶個人情緒專注在自己的工作上。一名貼身保鏢可服務六小時，每小時收費五十二歐元。我覺得跟一個你僱來保護自己的人討價還價似乎滿蠢的，於是同意了這個報價。

「跟我講一下那個傢伙的狀況。」阿彥說道，網路那端傳來按壓式原子筆的咔噠聲。

「他出生於紐約，幾年前搬到倫敦，然後到杜塞道夫演奏長笛⋯⋯」

「不是個人生平，」阿彥打斷我的話：「他多大隻啊？」

我費了好幾年追查這個人，卻不知道他的身高。「一百八十公分吧⋯⋯也許？」

「多大年紀？」

「二十六。」

「嗯哼，」阿彥問：「你跟他碰過面嗎？」

「沒有。老實說，我連他會不會赴約都不知道。」

「會面的時間跟地點是？」

「五月二十六號，在杜塞道夫的第四十七舞台飯店。」

「他叫什麼名字？」

「愛德溫·瑞斯特。」

「他偷了什麼？再跟我說一次。」

「羽毛。」

一陣安靜之後，他說，如果保鏢待在房裡，愛德溫可能會被嚇到，最好是拿著房間鑰匙在走廊上待命。我可以帶一支對講機，需要他的時候立刻求援。

我同意這個計畫。

「很好，」阿彥說道：「我們會派克勞斯過去，他會在瑞斯特先生抵達飯店大廳前就先到。帶現金。」

要去訪談的前幾天，我極其焦躁地準備了一份鉅細靡遺的訪綱。我知道我不能一開始就問他失蹤的鳥皮在哪裡，但我也不知道他會給我多少時間來問他。我把問題照順序排列，希望能夠逐漸逼他說出來。我會假裝對案情的某些部分一無所知，看他是會對我講實話還是撒謊。我要找出阮龍到底扮演什麼樣的角色。

事前排練時，有個煩人的問題揮之不去：要是愛德溫沒出現該怎麼辦？會不會他只是在戲弄我，引我飛過大半個地球跑去坐在一個空無一人的飯店房間裡？我才剛花了幾千美元買機票，去到一個我從來都沒特別想去的德國城市，又花了幾百美元請一名德國保鏢，但我竟然連愛德溫的手機號碼都沒有。我這幾步棋實在是思慮不周啊。

出發當天，當我們拉著行李緩慢通過洛杉磯國際機場的安檢線時，瑪麗—裘瑟問了一個我答不出來的問題：「能不能跟我講一下為什麼他會同意跟你面談？」

# 第二十二章 「我不是小偷」

訪談的前一晚，時差和焦慮一直讓我繃緊神經。瑪麗—裘瑟睡著時，我開靜音看著德國版的家庭購物電視網，螢幕上的家庭主婦正在推銷一件像是美國品牌Spanx的「Schlankstütz」塑身衣。我花了好幾年的時間，才總算讓愛德溫願意前來跟我會談，但我現在卻是要以這種半夢半醒的昏沉狀態去訪談。要是我沒注意到某些關鍵爆點，或是我忘了拿出重要證據跟他正面對決，那該怎麼辦？

當北國的太陽升起，陽光穿出魚肚白的天空時，我依然醒著。瑪麗—裘瑟還在睡，我躡手躡腳走進那間已經在咖啡桌上架好槍型麥克風的獨立起居室。除了那支麥克風外，我還在一旁的椅凳下方藏了第二支錄音機，電視後面還有第三支。我希望做到滴水不漏、萬無一失。

我聘的保鏢克勞斯在十點抵達，比愛德溫預計前來的時間還要早一個小時。幾乎不會說英語的他，有一百九十三公分高、一百一十三公斤重，從各方面來看都像是硬被塞進運動衣褲裡的龐然大物。他留著三分頭，看上去像是用刀子剃過一樣。克勞斯指著房外走廊上暗黑角落裡的一張椅子，從外套掏出兩支對講機，在遞給我一支的同時，還使了個要我放心的眼色。

回到房間，我全身躺在沙發上，把對講機藏在其中一片沙發墊的後面。當我正仔細閱讀事先準備好的那疊訪綱時，調查過程中看過的好幾個愛德溫．瑞斯特形象閃過我的腦海：犯下博物學界的世紀大罪；是個天才，策劃出一宗竊案並因而賺了幾十萬美元；長笛演奏好手；只是幹了蠢事，跟許多年輕人沒啥兩樣；有某種精神問題，可能是亞斯伯格症；為了養活困頓的家庭，只得鋌而走險設法籌錢；是毛鉤綁製這門技藝的未來希望；毛鉤綁製社群的老鼠屎；個性衝動；毛鉤圈裡公認萬中無一的頂尖高手；自戀狂；曾犯下重罪；並非單獨犯案；被人利用的棋子；仍留著許多贓物，今後還能賣個幾十年；被他鑽了漏洞……

電話鈴聲把我從睡夢中驚醒。「愛德溫．瑞斯特已經在大廳等你了。」飯店櫃檯人員通知我。瑪麗──裘瑟軟綿綿地走進起居室，我則緊張地開啟錄音機。我先向她示範如何操作對講機，再放回藏匿處，然後親自下去見他。

我在外面的走廊上朝克勞斯瞥了一眼，當我轉身走下樓時，他也退回了暗處。

時值五月，但天氣還是冷得讓愛德溫穿上厚呢短大衣。他身高超過一百八，比我預期的還高，臉上蓄著短鬍渣，戴著設計師眼鏡，脖子掛了一條細銀鍊。他伸出了手，面帶蒼白疲憊的微笑。

自從他犯案以來，已經過了五個冬天，從被捕算起是四個，判決出爐後也過了三冬，我不曉得他知不知道這些日子以來，我對他的所作所為是如何日益著迷。當我們走進房間時，我想知道他為何願意出面赴約。他跟我會談能得到什麼好處嗎？莫非他覺得自己的聰明才智高過於我？果真是如此嗎？

「這是我內人，瑪麗—裘瑟。」我們進房時，她跟他打了個招呼，我看到他的眼睛盯在帶著壓迫感的麥克風及錄音設備上。我說：「她會負責錄音。」儘管我們先前從未討論過這次訪談是否會錄音，但好消息是，他同意了。遠處響起警笛聲，我主動幫他拿了外套，在帶他走到座位時輕拍了外套幾下。瑪麗—裘瑟先給他倒了一杯茶，接著在沙發上坐下來，並戴上一副超大的耳機來監控錄音機的聲頻位準。

「我們可以聊多久呢？」我問道。

「我們可以在兩個小時內結束，或是一直待到晚上，」他笑著說道：「由你決定。」[1]

我低頭看看訪綱，在兩百八十四個問題中，讓我一定得飛來杜塞道夫尋找答案的，其實只有兩個最重要的問題。第一個是：他真的有亞斯伯格症嗎？正是因為這份診斷，才讓他免於牢獄之災。

第二個則是：下落不明的標本是否在阮龍手上？

頭兩個小時，我問了許多跟他生活有關的問題。他相當開心地談了他的童年、長笛、德國，以及學綁毛鉤。我還挺喜歡這傢伙的——他有種嘲諷式的幽默感，而且很有自己的想法，常會停下來整理自己的思緒，然後再完整表達出他對問題的回應。如果有平行宇宙的話，我們倆應該會是好朋友。

當我覺得他差不多可以坦然談論二〇〇九年六月二十三日所發生的事件時，我問他：「對於那些你拿走的標本在歷史上的重要性，你到底了解多少？」

他說，他知道特陵博物館收藏了華萊士採集的鳥類標本，但他直到行竊的隔天早上回到自己房間安全無虞後，才發現帶走的標本裡竟然有那些鳥。

「那你怎麼處理標籤？」我隨口問道。

「看情況，」他說：「有些我會弄掉。我沒有把全部的標籤都拿掉。」要是他當時知道那是華萊士採集的，他「應該會對它們多點尊重吧！」他如是說。

我盡量輕描淡寫地提出這幾年來從許多毛鉤綁製者那兒聽到的看法——博物館其實根本不需要收集那麼多隻鳥來研究，他們應該把鳥賣給毛鉤圈子的人，這樣人們才能真正欣賞到這些鳥。

「這些漂亮的鳥兒全是特陵博物館所有，你會對此感到不滿嗎？」我問道。

「呃……」他的咬字發音反映出待在國外多年的影響——比如「呃」從美國腔變成英國腔，還有英語的「and」現在聽來像是德語的「und」。「我不會說我對此不滿啦。我是指，這是件憾事。」

他啜了一口茶，然後說道，關於博物館的標本，「從技術上來說，要是已經過了一段時間——我想大約一百年吧——所有能從中取得的科學資料早都已經拿到了。你不能再使用DNA，因為你想做的是保護現存鳥類，讓牠們能夠延續下去，但這並沒有發揮作用啊，牠們還是在滅絕，或是走向滅絕，這要視雨林的狀況而定。」

這種說法當然很荒謬，但我沒有打斷他——科學家幾年前才在鹽沉積物裡抽到四億一千九百萬年前的細菌DNA，而那鹽沉積物是從一副出自密西根盆地的古老美洲野牛皮上所取得的[2]。

「至於測量數據之類的，」他說道：「那都是很久以前就記下來了。」他相信它們唯一、真正的價值是歷史價值。「我知道它們被收藏起來，因為如果不這麼做，可能過了五十年就會因為日曬之類的原因而分崩離析，但可以這麼說，它們放著只是在積灰塵。我對此沒有意見，因為我知道那就是博物館的運作方式。我確實認為這樣搞真的很可惜。」

「我得再次聲明，我不是科學家，」他承認，「但它們被放在一個不見天日的箱子裡，結果某個拿著石頭的白痴就能闖入並拿走，我覺得這實在令人遺憾。」

這是個奇妙的立場：看起來他幾乎是在責怪特陵博物館。我把普蘭跟館方曾經表達過的沉痛心情對他說了一遍，他們認為這些標本身上可能潛藏了答案，一些還沒被人問過的問題與解答。但是愛德溫對此說法無動於衷。

他跟我說，如果這是真的，他會很難受，「但同時我也想要說，『要是你還沒做出什麼突破性的研究，那你是打算什麼時候才要動手呢？』因為就『保存』來考量的話，呃，我們是不是有點快沒時間了？你懂我意思吧？」

「我不知道耶，」他暗笑道：「我認為像盜獵之類的事情可能傷害更大。我是認為，技術上來說，要是特陵博物館能把所有的館藏都拿出來賣，不就少了五十隻紅領果傘鳥的需求？那就意味著有五十隻紅領果傘鳥有機會在野外繼續生存。」

「嘿，慢點慢點，」我說道，我的撲克臉頓時垮掉片刻，「你是想要說服我，正因為你拿走了特陵的死鳥，所以拯救了在野外的活鳥？」

「講這樣是浮誇了點，但我希望真的能夠這樣。」他咧嘴一笑，接著說道：「也許從某種意義上來說，在技術上是真的。」

我看了瑪麗—裘瑟一眼，她雖然眼皮沉重，但仍奮力保持警醒。我不知道克勞斯在外面走廊的黑暗之中是否仍然醒著。其實我一見到愛德溫，就知道保鏢派不上用場了，但我並不想為了把克勞斯請走而打斷這場面談。

愛德溫一直保持完美的姿勢，很有耐心地坐在那兒。雖然他因為自利而對現代科學研究所產生的曲解讓我頗為惱火，但我並未跟他爭辯，起碼現在還沒有。接著我把話題引到他的判決上。

如果說，「找尋失蹤的特陵博物館鳥皮」出乎意料地成為我人生的使命，那麼「正義遭受到挫敗」這種感覺就是在給這項使命增添柴火：事先策劃了十八個月，至少帶來數萬美元的收益，對特陵的館藏和未來的研究造成無可挽回的傷害，而犯案者竟可免於牢獄之災。之所以如此，全拜布里斯托那名亞斯伯格盜墓者的判例以及拜倫—柯恩博士的診斷所賜。

在提交給法庭的報告書裡，拜倫—柯恩的診斷有部分是基於愛德溫在「成人亞斯伯格症評估」中所得到的分數，那是他發展出來的一套診斷工具。這項評估是律師建議愛德溫去做的，其內容是要尋找一些特定的症狀，像是眼神接觸的「明顯障礙」，不斷絞扭雙手等「刻板而重複的運動性作態身體動作」，以及無法跟人發展出友誼關係[3]。評估過程中所提出的問題意在梳理患者是否缺乏「心智理論」（theory of mind）[4]——亦即能夠類推他人之信念、情感和欲望的能力。患有亞斯伯格症的人通常難以理解社交情境或預測他人的想法。

多年來，我跟一些認識愛德溫的人交談過，他們認為愛德溫的亞斯伯格診斷根本是鬼扯。他被捕之前，在皇家音樂學院已經跟他女友交往三年了。不管從校園生活或是從毛鉤綁製圈來看，他似乎都不缺朋友，而且那些在他學綁毛鉤頭幾年指導過他的人，全都認為他很有魅力。我向來都很敬重臨床專家，但我倆的面談已經進入第四個小時了，現在的我對於專家的判斷不免有些嚴重懷疑。

愛德溫是個令人欽佩但也難搞的受訪者。他似乎沒有表現出亞斯伯格的典型症狀，事實上，在我看來他相當直觀，也頗為善解人意，好像總能對我要問的問題洞燭機先。要是我在他回應時因質疑而皺起眉頭，哪怕只有皺那麼一點點，他也會即時變換新的套路來回應。他是那種會讓人放下戒心並討人喜歡的類型；但他很懂我要什麼，因此甚少卸下心防。「我只是想到你的策劃藍圖，其實你在闖空門之前的幾個月內就考量了所有可能面臨的情況，」我說道：「而如今你能安坐在此，全是看拜倫—柯恩的說法。」

「我是覺得喔，這種事不能亂編啦！」他笑道。「別逗了，不可能啦！最好是有人會信。在那當下你根本不會把那當成『主演芭樂特演員的堂哥正在跟我晤談，看我是不是個低能』。」

「那你是怎麼看的？」

他把聲調抬高到鼻腔，好像是在調侃診斷期間的心情：「噢……也許我有問題，這傢伙可是個專家耶，好吧。

「這你同意吧。」他的聲音回復到正常聲調：「我意思是，就這種方法來說，這並不是真正的科學或醫學。」

「在你面前這樣講有點怪，」我大膽說道：「但你看起來並不像有亞斯伯格症。比方說，你跟人的眼神接觸就沒問題啊。」

「呃……」他嚇了一跳，在位子上動了一下，「是說，有個問題我放在心裡很久了。由於我被人這樣診斷，然後那個做出診斷的人是這方面超有名、超博學的專家大教授……

「我是不想說我對此很感謝啦，」他繼續說道：「但我真的要感謝一下，要是沒有這個診斷，我可能會在牢裡起碼蹲個兩年。因為我覺得我有亞斯伯格，所以我花了不少時間試圖從中恢復。嗯，或許我有，但我有段時間以為我的精神是真的、真的有問題，而當你這麼想時，就真的有問題了。」

「什麼意思？」

他告訴我，在被捕之前，他從來都沒有什麼目光接觸的問題。現在，事隔多年後他說：「我的眼神交流沒問題。那根本不是個問題啊，我原來就不會主動去想到眼睛！根本做不到啊！」但在他的宣判聽證會上，「我開始去想到眼睛了！我發現自己沒辦法看到那裡！」他瞪大眼睛，滑稽地揮動著雙手。

我還來不及講什麼，他又說了：「呃……另一種是自閉症患者，他們的臉會有點抽搐，所以我試圖坐在椅子上，搓著雙手。」

他發出一種奇怪的喘氣聲，並開始在座位上搖晃起來。「就是一些反覆、自閉的身體動作，在你意識到之前，你就只是坐在椅子上前後搖晃，沒有眼神交流，因為這些都是症狀。」

他微微笑著。我靠在椅背上，想掩藏自己對這番陳述的反應。他是在說，眼看就要入獄服刑了，於是他就變成了他所需要成為的那種樣子。

我的眼神快速掃過筆記本，然後看向瑪麗—裘瑟，她已經不敵時差，正在酣睡。對講機的天線從沙發墊後頭伸了出來，我不知道愛德溫有沒有看到，從他的位置要看到是很容易的。要是她的手不小心弄響了接收器，克勞斯就會衝進來，然後這訪談就毀了。

「在亞斯伯格症的診斷中，」我大聲問道，希望把她吵醒，「你有沒有覺得自己的是非之心沒那麼強烈？」

「呃……」愛德溫回道，此時瑪麗—裘瑟勉強張開一隻眼睛，注意到露出來的對講機。「問題是，每當我說我的是非感不強時，聽起就好像是我在逃避什麼事情一樣，呃，我那時還小啦。」

他突然發現自己講錯了，轉口說道：「當然，很多人的是非對錯意識都很強烈，即便年紀輕輕也一樣，但其他人則需要在這方面多加努力。我認為……我之前從來沒有經歷過這種情況。」他把矛頭指向在家自學，因為自學時要是他不守規矩，只有他媽媽會被他惹毛。「我們得承認，大家都會跟自己的家長起衝突，然後就沒事了。」

我把訪綱上頭其他跟亞斯伯格症有關的問題一筆劃掉。我已經有答案了。

「這就是法律體系運作的方式，」他察覺到我對其診斷結果的討論有點不悅，便如此說道：「這就是司法制度運作的方式。有時這對受害者或犯罪者來說都是非常不公平的。」

我們停下來吃我跟飯店點的三明治。我不希望有任何離開房間的理由，我不想讓他撞見克勞斯，或是當他承認什麼的時候一旁卻沒有錄音機。我等了三年才把他找來這房間，我要盡我所能讓他待著，直到我搞清楚阮龍的事情為止。

約莫下午三點的時候，濃霧遮掩了太陽跟路燈的所有光線。我把筆戳進大腿好讓自己清醒過來，決定是時候談談他的挪威朋友了。

我劈頭便說，有許多人認為你不是單獨犯案的。

「在你想說什麼之前，」他插嘴道：「我已經講過很多很多次了，阮龍並沒有參與在其中。無論什麼樣的方式，全都沒有。我是有送他一些鳥啦，而他就是在毛鉤博覽會上展示那些鳥的人，可能是因為這樣才會有人認為他也涉案。他沒有賣出什麼東西，我也沒有賣什麼給他。他沒有參與策劃，不是主謀。」

他好像看透了我的心思。「你送給他幾隻鳥？」

「三隻。」

「多少？」我開始在一疊厚厚的頁面中翻找，想把列出失蹤鳥皮數目的那張特陵博物館表格找出來。「三隻。兩隻或三隻。」他全神貫注地看著我。「我不記得是兩隻還是三隻。」

「你自己賣掉多少呢？」

「我只賣了兩隻紅領果傘鳥跟兩隻藍色傘鳥。」他的答案開始變得反覆。他更正道：「三隻紅領果傘鳥和兩隻藍色傘鳥，所以總共是五隻，連同羽毛。」

這個答案顯然大錯特錯：他在偵訊時承認賣了九隻鳥。而他被捕之後，他的客戶歸還給博物館的就有十九隻。

「英國自然史博物館說有兩百九十九隻鳥被偷走，」我翻閱著我的資料說道：「目前仍有六十四副鳥皮下落不明。」

「無論館方的盤點紀錄做得多好，我都不相信他們無時無刻都知道他們到底收藏了幾隻鳥！」他插話道。「也許達爾文雀……跟華萊士採集的鳥沒問題。但其他的鳥在科學上沒那麼有趣，我不相信他們那麼關注那些鳥！」

「但這不就是它們存在的全部理由嗎？為什麼很難相信他們沒有這張清單呢？」

「你一旦做好了清單，為什麼要更新呢？」

「什麼意思？」我一時感到困惑，問道。

「你幹嘛在你被偷之前更新呢？」他問。

「要是他們在二〇〇五年時知道自己有十七隻火紅輝亭鳥，到了二〇〇九年時一隻都沒有，這數字還有什麼好懷疑的呢？還是你覺得有其他人拿走了？」

「我沒證據，所以我不能這麼說，但我認為以前沒有人拿走東西是不可能的，」他告訴我：「任何在裡頭工作的人都有機會。他們可能知道我在那裡的唯一原因是因為我打破了窗戶。……要是我每種鳥都各拿走兩副標本，我想他們根本就不會注意到。」

我知道愛德溫在警局接受偵訊時，面對這張清單上的數字並未提出異議。我舉起特陵博物館的清單，看到他臉上閃過一抹認同的表情。

「我想這張表還沒有雜亂到我看不下去。」我說道，然後大聲念出表格的欄位標題：「『二〇〇九年七月遺失的標本數量』、『有／無標籤的完好標本』、『郵寄歸還的數量』、『未結案總數』，他們似乎很確定丟了哪些東西。」我嚴肅說道。

他剛才還在高談闊論，現在卻啞然失聲。「我得說這份資料看起來非常、非常詳盡，也經過非常、非常仔細地計算，我猜啦。」

現在我們可以不用在數字堆裡打泥巴仗了，於是我開始秀出我對阮龍的所有證據。之前我就把他們倆的臉書對話跟論壇貼文給印出來，阮龍在論壇上曾經親自對某些鳥皮的品質打包票，我把這些全都唸給他聽。我還把這起案件的時間軸拿給他看，上頭顯示他們倆從日本回來不久之後，鳥皮的銷量就出現了高峰。

「關於阮龍有沒有涉入這件事，你知道我為什麼不相信你跟我講的嗎？」

「我明白你的意思。」他有氣無力地說著。「還有以及……嗯……我……你知道……這看起來不妙……基本上。」

「所以是這樣，」我繼續說道：「如果還有六十四副遺失的鳥皮，難道不該把它們歸還嗎？它們在哪？」

「要是有人持有，這我真的不知道。問題是，有哪個人有那些鳥呢？」

「但」——我被他的回應給激怒了，頓了一下——「你不就是最有資格回答這個問題的人嗎？」

「這話怎麼說？」

「你就是拿走它們的人，就是這麼說！」

愛德溫跟我說，他從來沒有花太多時間去想那些失蹤的鳥兒。「不在我手上，」他堅稱：「阮龍也沒有。我不知道誰擁有那些鳥。」

我顯然火大了。怎麼可能啦！

「我想那個女警探是在找我的同夥或司機，」他繼續說道：「因為他不相信我會搭火車。」他邊說邊玩著茶包。「一個帶著行李箱跟石頭的十八歲白痴從自然史博物館偷出整箱的鳥，逃出之後走了四十五分鐘再搭上火車離開，他們很難相信這個事實。

「這件事喔，」他補充道：「即便我自己想起來也覺得太荒謬！」

「你覺得阮龍會想跟我談談嗎？」我問他。

「你可以試試。我可以跟他說一聲，建議他跟你碰個面。」

我低頭看一下錄音機——上頭的計時器顯示快要錄滿八個小時了。瑪麗—裘瑟看起來快睡著，該是結束訪談的時候了。雖然愛德溫似乎一樣機警，但我已經筋疲力盡。

他在收拾東西時，我們閒聊了一下他在德國的生活。我開玩笑地問他，他的朋友有沒有笑他是個偷羽毛的竊賊，但他一聽到「賊」這個字，臉色瞬間沉了下去。

「我會盡量避免使用某些字眼，」他說道：「比方說賊。這聽起來很詭異，但我不覺得自己像個小偷。你知道，對我來說，小偷是在萊茵河畔等你望向另一邊時摸走你口袋的東西，然後隔天又回到現場尋找下一個受害者的那種人。或是那些專以破門行竊維生的人，或是在學校四處走動偷東西的人。」

想了想，我決定不提醒他也曾從學校裡偷走電視。

「就我個人來說，我不認為自己是小偷。……我不是小偷。就這方面來說。人們可以把錢包留給我，但我不會去拿。我可以尋獲別人的錢包，要是裡面有身分證的話，我會把它交給能照管的人後再離開。」

他走出門時，跟我說之後都可以隨時發電郵給他，但我們似乎都知道這是我們第一次、也是最後一次交談。

他走後，我把錢付給克勞斯，然後睡得不省人事。

隔天清早，我拖著腳步下樓去吃飯店的自助式早餐，外頭正下著細雨。街道對面那間「Dene & Gör」土耳其烤肉餐廳的老闆已經準備好迎接早晨的人群，不過人潮一直沒有出現。他把肉層層堆到烤肉叉上，我看著肉串旋轉，直到顏色從蒼白變成鏽紅為止。打滿雨水的窗戶上有句標語寫著：比你想像的更美味！

我帶著懷疑的心情反覆看著訪談的重點內容，心想他是不是真的騙過了拜倫—柯恩博士。他有騙我嗎？有些事情愛德溫有老實講，但有些則否。他似乎不是非常懊悔，儘管他一直坐在那兒聽我講館方認為這對科學研究是個慘重的打擊，但他仍然對特陵博物館的使命抱持著懷疑的態度，甚至一度嘲笑那是個「滿是灰塵的老舊垃圾場」。對他來說，偷別人的東西跟搶博物館之類的機構是兩回事。

他說話的樣子像是知道自己躲過了懲處，也知道是誰幫了他這個忙。

這時我的手機收到一封郵件，在那邊嗡嗡叫。

「嗨柯克。我剛收到愛德溫的訊息。這個跟我有關的案子跟故事相當有趣啊！如果你想跟我面談，這個夏天我有空。謹致問候，阮龍。」

# 第二十三章 挪威三日行

「我一直在想愛德溫給的其中一個答案。」我們回到洛杉磯家中後，瑪麗─裘瑟說道。

「一個而已？」

「你在問他行李箱是什麼顏色的時候，他說不記得。」

我翻看他回答的相關紀錄寫道：「我不知道。行李箱一般是黑色的吧。」看起來確實有點不對勁。

「警方不是說那些鳥可以裝滿六個大垃圾袋嗎？」瑪麗─裘瑟問道。

「哪有人會忘記自己行李箱的顏色呢？」我就站在她身後大聲說道。

「你覺得一個行李箱能裝下兩百九十九隻鳥嗎？」她繼續問道。

她問到了關鍵點──多個行李箱意味著不只一人──於是我拿出一個中型行李箱。當時在特陵博物館，我看過那扇窗戶，所以我知道他如果要穿過窗戶的話，行李箱不可能會比我這個大多少。我跟太太合作，花了一個小時做出一堆假鳥：把一雙捲起來的紳士襪當做藍色傘鳥，然後她把幾十件T恤跟碗盤擦巾折成紅領果傘鳥的大小，再拿她的內搭褲模擬鳳尾綠咬鵑。

接著我們就開始裝箱，瑪麗—裘瑟先查看特陵博物館的表格清單，清點各鳥種的數量。行李箱裝到半滿時，已經放了八十隻鳥。當然，我們這實驗並不怎麼科學——我用浴巾做成的火紅輝亭鳥可能大了點——但好像很難把清單上的所有鳥全都塞進一個行李箱裡。據說愛德溫當時也有用背包裝鳥，但我在訪談時忘了問他，後來他也不再回應我的訊息。

我抬頭看著瑪麗—裘瑟。

「你覺得那一晚阮龍也在場嗎？」她問道。

*

我從來沒那麼著急想要飛機趕快降落。當挪威航空的班機緩緩越過大西洋前往挪威首都奧斯陸時，我心中已經不耐煩到極點——馬上就要跟阮龍碰面了。打從第一次聽到這樁竊案四年後，我總算能追到那些失蹤的小鳥。

在我發現他就是悟空的這兩年來，他在特陵竊案中所扮演的角色，使我一直對他有種暗黑的印象。我覺得我在面訪愛德溫時，他對阮龍的辯護根本乏善可陳，之後我基本上就認定阮龍是幕後主謀，也讓我重新思考竊案中的關鍵時刻，並把這名神祕的挪威人放進這團迷霧之中。是阮龍舉起愛德溫好讓他爬過高牆的嗎？他有拿另一個行李箱跟著愛德溫闖進博物館嗎？他是不是帶著對講機蹲在灌叢中，隨時向愛德溫通報保全人員的動靜呢？他會不會開一輛名貴的轎車逛大街？或住在挪威鄉間的某座莊園裡發號施令呢？

艾黛兒知道我懷疑一個挪威人，而她正在等我的報告。我在這趟行程出發前的幾個星期匯集了更多問題，每一道都是精心設計過的，能夠拆穿任何騙局。我準備了一個細心整理的資料夾，裡頭的東西絕對能把阮龍逼問到毫無招架之力——從網站時光機找到的論壇貼文影本、他賣東西的螢幕擷圖、愛德溫的訪談紀錄，以及臉書上可以把他跟案情時間軸的關鍵點聯繫起來的評論和照片。

當機上其他乘客都在睡覺時，我在腦中幻想自己讓他露出了馬腳，逼他承認擁有那些失蹤的鳥皮，然後揮手把國際刑警組織的探員從林子裡招過來。

我的資料夾裡還有另一張圖：超音波圖。就在班機起飛的前幾天，我得知瑪麗—裘瑟懷孕了。

在飛機上，坐我隔壁的是一位四十多歲的美國女士，脖子掛著一個粉桃紅的頸枕。當飛機飛越格陵蘭某處時，她面帶熱切的微笑轉向我，問道：「你住在瑞典嗎？」

「不是。」我盯著機上的飛行地圖尋找適當的回答，圖上畫出一條從洛杉磯到奧斯陸的紅線。「我住洛杉磯。」

她點點頭說道：「我開心死了！」

漆成番茄紅的穀倉、入冬前捆得整整齊齊的乾草堆、大片耶誕綠的雲杉林綴著一簇簇金黃的樺樹——挪威的鄉村景色對我這個出身美國中西部的人來說，真是再熟悉不過了。在我的強力要求下，阮龍允許我到他家裡訪談，他住在阿斯克（Asker）這個小鎮上，從首都搭火車沿著奧斯陸峽灣（Oslofjord）往西南約三十分鐘便可抵達。我不想在擁擠的咖啡館跟他碰面，而且我有個古怪的想法，就是希望他能在毫不起眼的地方留下明顯的罪證——比如從櫥櫃的盒子裡伸出一支翅膀，或是在沙發椅下閃過一抹斑斕的色彩什麼的。

列車長在日上三竿時廣播我們已經抵達邦迪萬（Bondivann），這是個僻靜的車站，位於一片樹林跟一座淚滴狀湖泊之間。

手機嗡嗡震動，我哥傳簡訊說：「你現在是在暢銷犯罪小說家尤．奈斯博（Jo Nesbø）的故鄉喔……當心點！」

阮龍向我打招呼時，臉上露出燦爛的笑容，兩眼炯炯有神。他留著凌亂的瓜皮頭，但髮色烏黑亮麗。由於挪威盛產石油之故，愛德溫曾跟我說阮龍跟其他挪威人一樣，「基本上是個百萬富翁」[1]，但當我跟他握手時，我看到的卻是個穿著樸素的學生：帆布膠底鞋、破洞牛仔褲、法蘭絨襯衫和一件薄冬衣。今年，是他在景觀設計研究所的最後一年；除此之外，我對他所知甚少。

他帶我穿過林間小路去他家時，我們倆緊張地隨口聊了天氣、我住的旅館，以及挪威的物價有多高。我想到我哥的簡訊，差點以為愛德溫會從後面的松樹林中跳出來。最後，我們走進一棟四層樓的複合公寓，這公寓看起來像是上個世紀六〇年代的建築，陽台上塗著厚厚一層鮭紅色的油漆。

他在前門緊張地拿著鑰匙準備開門時，我聽到裡面有隻鳥因為主人回家而開心地叫著。趁他背對著我時，我在手機的谷歌地圖上放上圖釘，然後寄給瑪麗—裘瑟，以防萬一。

我看了看這間燈光昏暗的公寓，這是他跟妹妹共住的地方。牆上掛著各種未裱框的鳥類繪畫及炭筆素描，書架上塞著擺滿孔雀羽毛的瓶瓶罐罐，還有五顏六色的小魚在水族箱裡游來游去。

我的眼睛還沒完全適應，另一間房裡就閃出一抹明亮的翠綠色，直撲我的面門而來。一隻綠頰鸚哥（Green-Cheeked Conure）像一枚追熱飛彈般飛到我的肩頭上，接著就開始在我耳邊尖叫。

「這是小琳。」阮龍一邊笑道，一邊走到廚房去沖茶。

我撫摸著這隻鸚哥的臉頰，牠像小貓一樣閉上眼然後蹭我的手指。小琳跟我晃到書架前，我在書架下層找到一堆漫畫，上面則是阮龍精心整理過的藏書——各個毛鉤綁製流派經典書刊的早期版本。書架上放著一個竹製小相框，上面有張他跟愛德溫在日本的合照。

我走過轉角，眼前赫然發現一幅我曾在他臉書頁面上看過的外國鳥類畫作，正是這幅畫讓我認出他就是悟空。他之前在網上說那是送給愛德溫的禮物[2]，但顯然後來他改變了心意。

「我猜你會想看看我的毛鉤綁製桌吧。」[3]一個聲音從我背後傳來。

走進他那比櫥櫃大沒多少的臥房時，我的心跳怦然加速。他的床並沒有床架，只是個窄小的雙人床墊。這個小房間扣掉那張床，其他的空間主要被一張大書桌給占據了，他就在這桌上綁毛鉤。我之前看過許多工作台，但從沒見過這麼凌亂的。

「你這樣是要怎麼找到要用的東西啊？」我問道。

「每根毛鉤多花一倍的時間就行了。」他答得很慢，我知道他正在看我掃視他的房間。我突然覺得自己像個不速之客。這個人因為顯而易見的理由對我頗為提防，在我不遠千里到來之前，我才說服他讓我進入他的密室，不僅如此，他也同意我使用錄音設備，這樣我就能捕捉到會談之間每個不自在的時刻。

我們決定在廚房進行訪談，裡面有個冰箱大小的鳥籠占了三分之一的空間，那是小琳的籠舍。我讓小琳站在我肩上，然後在桌子旁找到一個位子，桌面堆滿好幾張不同毛鉤綁製者的名片以及好幾卷天蠶絲。流理台上放了另一個魚缸，這個幾乎沒水的魚缸，裡頭濕濕涼涼的，缸壁上長滿了霉。如果阮龍是個百萬富翁，那他的生活型態顯然沒有因為有錢而產生變化。

阮龍倒了一些茶，拿出一條麵包、一點奶油、幾片焦糖風味的挪威棕色起司，然後開始講述他的生平。

他跟愛德溫同年，一九八八年出生於挪威維京時代的首都特隆赫姆（Trondheim）。他的雙親在一九七〇年代中期的「船民危機」（Boat People Crisis）期間逃離越南，在馬來西亞待了一段時間後來到挪威。阮龍在四個孩子裡排行老三。他的父親在餐廳裡長時間工作，喜歡在停工時間去釣鮭魚——他父親的釣具箱裡裝滿了色彩鮮豔的路亞（lure），也就是釣魚用的擬餌鉤。

阮龍在三歲時就開始畫鳥。除了素描那些在頭上飛來飛去的小鳥，還有把書上的東西照描下來，其他的他幾乎都不感興趣。六歲時，他的母親因肺癌而去世。母親臨終之前，全家都守在床邊，但那時的阮龍並不明白到底出了什麼事。他的父親在喪妻之後一蹶不振，把自己封閉起來，不但越來越少跟子女互動，甚至沉溺於賭博。過沒多久，社工人員就經常前來探望孩子，帶他們去看醫生、參加學校的活動。

十歲時，阮龍跟哥哥被送到他稱之為「那個機構」的地方生活，這是替出身脆弱家庭的男孩所設置的中途之家。他還是去同一間學校上學，但因為他從不喜歡邀請同學到自己住處，因此未跟同學發展出深厚的友誼。

身處孤獨之中的他開始綁起了毛鉤，希望複製出他記憶中父親的釣具箱。他找到一本介紹鮭魚毛鉤的雜誌，自此沉浸其中，放學一回去就開始綁，有時連晚餐都忘了吃，直到睡前都與綁製鉗為伍，其他事情一概不管。有時候，一枚毛鉤得花他好幾個月才能綁好；他會在完成了三分之一時，才發現該款毛鉤需要一根他手上沒有或是買不起的羽毛。於是，他放學後在當地一家寵物店找了份工作，開始攢錢以便添購他需要的材料。

學校裡有位體貼的女老師叫葛莉塔，她發現這早熟的男孩相當需要他人的關注和肯定。對阮龍及他兄弟姊妹來說，這位老師還有師丈，就像他們的父母一樣。後來當葛莉塔知道阮龍有綁毛鉤的天賦時，還跟她先生特地帶他去丹麥參觀，阮龍就是在彥斯・皮爾格的店裡認識對方的。那是阮龍第一次看到紅領果傘鳥、藍色傘鳥和其他異國鳥禽的全皮。彥斯保證這些材料都是擁有華盛頓公約許可的合法來源，他很照顧阮龍，不僅親自指導他綁毛鉤的技巧，有時還送他羽毛。幾年下來，他們的交情越來越好。等到阮龍十八、十九歲時，他已經是挪威數一數二的毛鉤綁製高手了。

他註冊加入ClassicFlyTying.com，從這論壇上結交世界各地的朋友，也累積了不少粉絲。大人們會向他討教一些技巧，也會稱讚他偶爾貼上網分享的毛鉤照片和鳥類繪畫。

但他最為自傲的，是引起了偉大的愛德溫・瑞斯特的注意。阮龍之前曾在雜誌上看過這位美國毛鉤高手，對他綁出來的毛鉤讚嘆不已，完全不敢相信現在自己竟能跟「毛鉤界的未來之星」本人交換訊息。

阮龍顯然有個誠摯卻破碎的靈魂，這麼一個人在他的小廚房裡倒茶給我喝，我不禁試著讓自己鐵石心腸些，希望待會兒不要因此動搖。但阮龍顯然不是我想像的那個樣子。

「他送什麼鳥過來給你？」我脫口問道。

「我有一些剝製鳥皮是他寄給我的，」他平靜地答道：「其實，我想把那幅畫賣掉……」他聲音越來越小。

「什麼的鳥皮？」

「一些藍色傘鳥，我想他還曾給過我一隻金……什麼來著？」他突然想不起來那叫什麼。「啊，火紅輝亭鳥。」

「他不想讓我知道這些鳥背後的真相，不想讓我知道它們是偷來的。」他繼續說道，而我則在背包裡翻找那個證據資料夾。

「他總共寄了多少鳥過來？」

「我真的不記得了，但我印象中是三隻，或許四隻吧。」

這說法聽起來跟愛德溫講的非常接近。對他們來說，雙方事先套好相同的說法並不難——但話說回來，他們也可能各自說的是實話。

我把那些悟空在網路上活動的擷圖全拿出來，開始唸出每一則貼文的確切日期和時問：「火紅輝亭鳥雄鳥全皮」、「紅領果傘鳥肩頸毛片待售」、「紫胸傘鳥鳥皮待售」。阮龍插嘴道，他其實並未真的持有這些鳥——他只是代愛德溫發了這些文，但我提醒他，愛德溫自己已經有eBay帳號跟一個網站，也知道怎麼在論壇上貼文章。

「他到底是為什麼需要你幫他發文啊？」我問道。

「這沒什麼道理，我覺得。」他改口說道。

我接連對每筆交易提出問題，問他是誰買了什麼，但阮龍說他什麼都記不得了，就連是他還是愛德溫收到錢的也全忘了。

「可是你會記起來，對吧？我不是想惹人厭，但你要記起來啊。這些東西要價數千美元耶！你不覺得你應該要記得嗎？」

小琳仍然停在我的肩膀上，但開始躁動不安。

「我不認為我有賣到幾千美元，」他說道：「我記得最清楚的是賣小份量的東西，例如一包一包的羽毛。」

「他有沒有把那些寄給你，然後你再轉寄給買家？」

「我忘了。」

小琳開始放聲尖叫，我也跟著耳鳴，然後開始產生挫敗感。阮龍的名譽已經因為跟愛德溫的交往而一敗塗地了。阮龍過去的導師彥斯跟我分享過一封電郵內容，他原本是把阮龍當成兒子看待，但在那封信裡，他跟阮龍斷絕了聯繫，因為阮龍跟那些被偷的標本扯上了關係。從幫愛德溫銷贓的助手到竊案背後的策劃者，各種身分都被冠到阮龍頭上，他怎麼會忘掉這件事情的細節呢？這可是讓他付出沉重代價的一件大事啊！

「我花了四年想要忘記這一切。」他察覺到我的心思，如此說道。「你想把它全翻出來，但這很難，因為我試了很久的時間才將它拋在腦後。細節我自己也不大清楚，因為我想要把這樁案子給了結掉。」

「對，我也是。」我低聲喃喃道。

「愛道溫跟我說，他被捕之後最先聯絡的人就包括你。」我想換個方式突破，便如此問道：「他當時跟你說了些什麼？」

「他全都跟我說了，我才知道我幹了什麼好事。……我以為我在幫朋友，哪知是在拿石頭砸自己的腳！我本來是想，應該要對愛德溫好一點的，我真是太天真了。這完全就像從背後捅朋友一刀一樣……惡劣至極。他的所作所為太可怕了。」

阮龍告訴我，他了解事態不久後就把持有的幾副鳥皮寄還給特陵博物館，之後想到自己的網路發文可能會被人拿來做文章，便驚慌失措地開始刪除相關訊息。「這就是我為什麼把論壇上所有貼文都刪了，因為那些訊息讓我看起來像是幕後藏鏡人一樣。」他如此說道，但他現在知道這麼做只會讓他更加可疑。他的神情看起來有點淒涼。「實在是蠢到不行。」

隨後幾個小時的訪談中，他的回憶一點一滴地證實了一些事實：他記得自己從PayPal收過貨款，然後再把錢轉給愛德溫。我問他，愛德溫有沒有因為他的幫忙而給他酬勞？他承認自己拿過一些羽毛當作報酬。而在毛鉤圈瘋狂搶標那批異國鳥禽之際，他也深陷其中不可自拔，他太想要藍色傘鳥跟紅領果傘鳥的羽毛了，致使他沒有冷靜想清楚一個學生長笛手怎麼會擁有這麼多珍稀的鳥皮。

我把之前訪談愛德溫的文字紀錄唸了出來，他當時責怪阮龍害他被逮，責怪阮龍大肆談論收到的鳥。我本來還沒發現是愛德溫搞錯了——不是阮龍害他曝光的，而是荷蘭人安迪・柏克霍，是他把有問題的鳥拿出來炫耀給愛爾蘭人看的。我抬頭瞥了一眼，發現阮龍臉上有種受傷的神情。

「你要我怎麼說？我到現在才知道這回事。他從沒提過是因為我他才……」他越說越小聲。「我是不會難過啦，」他好像在說服自己一樣，「我替他感到遺憾。雖然我不贊同他的行為，但以朋友的身分我還是會支持他。」[4]他的情緒就這麼時而憤怒、時而受傷地反覆著。

他內心已然受到創傷，這時我又把失蹤鳥皮的話題帶了上來。

「可能有很多人以為那些鳥在我這邊。」他平靜說道。

「為什麼呢？」

「因為我跟愛德溫的關係很密切。……會有這樣的假設是很自然的。」

「那你有那些鳥嗎？」

「沒有。」

「你怎麼證明沒有？」

「我沒辦法證明。」

「這樣問題就會變成，那些鳥在哪裡？」

「我不知道。」

「這怎麼可能呢？」我爆氣嗆道：「你們怎麼會都不知道呢？你跟愛德溫兩個。」

「我不知道，是因為我只經手一小部分。……其他的，他並沒有讓我經手去賣。」

我倆默不作聲地坐著。太陽幾個小時之前就下山了，他買的一些食品雜貨還放在購物袋裡——義大利麵、一瓶紅酒、蔬菜，還有用來熬煮挪威風調味醬的原料。回奧斯陸的末班火車就要開了。

我來到這邊已經十個小時，我們拖著沉重的腳步走到車站，我不僅頭痛、喉嚨沙啞，肚子也餓得難受。火車隆隆進站時，他表情嚴肅地對著我說：「你聽好，我知道自己在玩什麼牌。」我還沒來得及問，車門就砰一聲關上了，我不知道是否還有機會見到他。

返回奧斯陸旅館的路上，我反覆思索他說的話。如果他是在承認自己有罪，那麼那句話就不是宣洩，無論對他或對我來說都不是；但如果那是無罪的聲明，就不是很有說服力。

旅館房間迷你吧的食物實在少得可憐，就幾罐辣豆子、巧克力棒跟酸醋口味洋芋片而已。我隨便填一下肚子，再吃顆安眠藥來對付隨之而來的胃痛，然後就睡著了。我睡夢中，我被櫃檯一大清早打來的電話吵醒，說有位阮先生在大廳等我。我睡眼惺忪睡眼惺忪地走下樓，看到他坐在沙發扶手上，臉上帶著擔憂的表情。

走出旅館找咖啡店時，我發現他被這次面訪嚇到了。他說他在想要不要放棄綁毛鉤，卻又擔心因為這項興趣而結交的朋友從此再也不喜歡他。他不斷問我日子要怎麼過，才能合乎倫理道德的標準，也問我在當代社會中，是否有可能成為一名確實對環境負責的公民。我會不會因為搭飛機到奧斯陸就否定終生奉行的環保價值呢？他不斷問道。那些被剝皮製成我腰上皮帶的動物，難道就沒有受到折磨嗎？吃肉這件事又該怎麼看待？

「阮龍，我不確定這是動物福利的問題。……我們談的是一件關於死鳥的重大竊案。」

他嚴肅地點點頭。

在奧斯陸閒晃的期間，我感覺到，他覺得既然訪談已經結束，我們便能四處走走逛逛，甚至可以交個朋友。

由於我們在談動物跟毛皮，這讓我忍不住急忙走進一間裡頭展示奢靡毛皮的店面。店裡有隻碩大的北極熊標本，像是下半身定住一般擺出一副威嚇的動作，旁邊的桌子上則是躺著一隻海豹寶寶的標本。店老闆是個擁有一頭黑髮的優雅婦人，帶著懷疑的眼神看著我們倆：我們看起來就一副買不起這店裡東西的樣子。

商店的角落處有八個架子，總共堆著十張北極熊皮。體型較小的母熊每張兩萬五千美元，較大的公熊則從五萬美元起跳。我站在最大張的熊皮前，那頭熊張著大口露出利牙，要是拿來當作地毯，可以蓋住將近一張塌塌米的面積。當我跟那女人說我是美國人時，她嘲笑我，說現在我不可能把北極熊帶回家。這全要感謝華特．帕馬（Walter Palmer）這位美國牙醫師[5]，他在辛巴威花了五萬四千美元請一名嚮導幫他找了一頭獅子，他把這頭名為塞西爾（Cecil）的獅子引誘出保護區外，射殺、斬首然後剝皮。這事上了新聞之後，他就成了全世界最令人痛恨的牙醫。「你永遠過不了海關。」她說到「海關」時還語帶嘲諷。

回到街上時，我覺得有點氣惱。從阮龍問我搭飛機所造成的環境衝擊乃至帕馬事件所引起的討論，好像總有無數方法可以替這些不良行為辯解。帕馬曾責怪那名嚮導把原本在保護區內受到保護的獅子誘進他能合法拿弓箭射擊的範圍；愛德溫說他是偷機關團體而不是偷個人財物，而且他認為該機關團體已經不再參與任何有意義的科學研究；阮龍說他只是信任朋友，從未懷疑過一名學生為何會突然持有這些無價的鳥皮；而他現在則是好奇吃葷的人對生態造成的傷害是否比毛鉤綁製者來得更多。要是有毛鉤綁製者懷疑他們手上的羽毛或鳥皮是否來自特陵博物館，他們則會認定該博物館宣稱的失蹤標本數只是估計罷了，而且還是錯誤的估計，從而讓自己的良心好過一點。

我真希望有人能站出來承擔責任，對其行為負責。

我們在熱鬧的阿克爾碼頭（Aker Brygge）一帶閒晃，「盜賊酒店」（Thief Hotel）就坐落在該地區的中心位置。儘管他顯然是希望我結束對他的訊問，但我還是忍不住重開這個話題。

「為什麼你跟愛德溫的交情好到讓你在發生這些事情之後還是照樣挺他？這件事對你的名聲不是很傷嗎？」我是指臉書上的那些公開指控。

他悲痛地看了我一眼，道：「我以為這就叫做為朋友兩肋插刀。」

與此同時，阮龍也承認他並不是很瞭解愛德溫。當我問他為何要替一個並非如此親近的人冒這麼大的風險時，他大聲說道：「因為我崇拜他啊！他是我們這一代綁製者裡最強的，所以當他請我幫忙籌錢買新長笛時，我可驕傲得很。」

「你把它當成榮譽。」我說道。

「完全沒錯。」

當天晚上，我們跟其他四位挪威毛鉤綁製者一起共進晚餐，享用著現宰鹿肉、蚌蛤及北歐烈酒。我跟阮龍相處得越久，就越替他感到難過，也越氣愛德溫，因為他一定是察覺到這個朋友的脆弱面並加以利用。長期以來，愛德溫在阮龍不知情的情況下把他扯進犯罪活動裡，要他處理贓物、收受並轉交銷贓貨款，而當時愛德溫已經知道英國的檢調單位正在追查他們了。甚至我去杜塞道夫面訪愛德溫時——即便他不再受法律拘束已經有好一段時間——卻好像還是樂見自己的朋友揹了黑鍋。

＊

在挪威的最後一天，我起床時心情很差，想找人吵架。不知怎地，這個週末前來此處的目的，似乎已經超出我的掌控了。在大約二十個小時的詰問過程中，阮龍從特陵竊案的主謀，變成了不知情的受害者，這個曾被遺棄的脆弱孩子，他所犯下最大的錯誤就是相信一個他不該相信的人。而我在失蹤標本的問題上，並未取得任何進展。即便阮龍之前曾天真到相信愛德溫對鳥皮來源的各種說法，但他好像沮喪到記不得他經手過的鳥皮跟羽毛到底有多少了。

我被耍了嗎？他會不會是在利用我的同情心，給了我一個已經準備好讓我信服的版本呢？我喜歡這傢伙，希望他能好好生活，走出困境、脫穎而出，當一個更好的人。我不想讓艾黛兒或國際刑警組織的探員找上他，但我總有一種揮之不去的感覺，好像他有什麼東西沒說出來，除非我知道那是什麼，不然我是不會滿足的。

阮龍約我在挪威國家美術館前的台階上見面。二十一年前，在一九九四年冬季奧運會的第一天，當挪威全國上下的目光都集中在主辦城市利勒漢瑪（Lillehammer）時，竊賊們拿了梯子爬進美術館的窗戶，偷走了孟克的名畫《吶喊》。竊賊在那裡留下一張明信片，上頭手寫著：「感謝超爛的保全！」之後有好幾年的時間，首謀珀爾．應尼（Pål Enger）就把那幅名作藏在他廚房桌子的一個祕密隔間裡[6]。

我們沿街找餐廳吃午餐時，阮龍整個人興高采烈地跟我閒聊。我心不在焉地聽著，到最後耐心全失，火大說道：「我想你之前確實有對我說實話，但總覺得你還隱瞞些什麼。

這一切不可能是一步到位的。他把鳥皮送來給你，把羽毛分裝在袋子裡寄給你！他寄給你照片！他要你去郵寄！他要你去收貨款然後轉帳給他！」

我偷偷看了他一眼。路上車輛及行人熙來攘往，他低頭看著人行道，手插在外套的口袋裡。

「即便你是個很容易相信別人的人，也很尊敬愛德溫，」我繼續說道：「但一個會理性思考的人，當面對這些事情時，應該會說『這是在搞什麼鬼』吧？你又不是笨蛋！你是非常聰明、有才華的人耶！」

沉默走過一整個街區後，他才開口說道：「我覺得應該沒有什麼理由能再相信我，因為這聽起來太……太沒邏輯了。」

他的聲音很輕柔。「我覺得在那種處境之下很絕望。我沒有任何保留，但那就像被困在籠子裡頭。不管我說什麼都無所謂了。」

「不是這樣！」我吼回去。「沒有什麼事情是絕望的，你說了什麼其實非常重要。比方說，去年我就聽兩個人跟我說過，你曾告訴他們你有一大堆紅領果傘鳥……我不知道該怎麼看待這事，是要懷疑他們說的還是懷疑你。我只是想要——」

「從中挖掘真相。」他平靜說道。

「那現在我該怎麼做？」我問道。

「你想怎麼做就怎麼做——」

「但那是真的嗎？」

「是。」看來他好像開始退縮了，聲音越來越小，步伐越來越慢。

「你有很多紅領果傘鳥？」

「對……我還留著幾包本來要賣的紅領果傘鳥。」

我一聽他這麼說，眼見機不可失，趕緊問道：「還有多少？」

「呃……大概一百一吧？」

「一百一十隻鳥？」我驚呼。

「不是，就羽毛而已。」

「有哪些種類？」我竭力讓自己保持鎮靜。

「*Granadensis*、*Pyroderus scutatus scutatus*、*Pyroderus scutatus occidentalis*。大概一百一十包吧，也可能是一百或一百二左右。」

「但現在是二〇一五年。四年前你手上有哪些？」

他顯然備受煎熬。我知道他餓了想找餐廳吃飯，但我不僅不放過他，而且還緊追不捨，我不想讓其他事情打斷當下的氛圍。

他嘆了口氣。「很難去算數量，因為每一包裡頭都是少量，而且我也沒去算總共有幾包，每包有幾根羽毛。……我不記得賣掉過幾包。我想我賣掉一半吧，然後還有一半留著。」我知道他心裡有數，但拼死掙扎著不願提起。

最後，在我好說歹說之下，他估計那些單根羽毛的數量大約在六百到八百之間。

我們走進阿拉卡塔卡（Arakataka），這是一家離美術館一、兩公里遠的高檔北歐餐廳。在任何其他的情境下，會到這種地方吃飯肯定都是特別的日子。你有多少機會能吃到炸鱈魚舌或甘藍配竹蟶呢？但阮龍正在供稱一件他從未告訴過他人的事，而他告訴我這件事，意味著他得放棄一個他已經接受多年的故事：毛鉤圈把他跟愛德溫扯在一起，這是對他不公平的汙衊。此刻，他開始承認他們最後所說的那些令人難受的事實。

我們向服務生點完菜後，我探身問他，這大概是這個週末的第十二次了，愛德溫寄了多少鳥皮給他賣。頭兩天他堅稱只有三四隻，但既然他現在坦承不諱了，我便問道：「阮龍，到底有多少鳥皮？十副？還是五十副？」

「介於十到二十之間。」在背景的挪威流行樂中，我幾乎聽不見他的聲音。「但絕對沒有到五十。」

我往後靠到位子上。二十副鳥皮的價格在兩萬到十二萬五千美元之間，視種類而定，如果把羽毛拔起來零售的話，這金額還會更高。八百枚紅領果傘鳥的羽毛，大概是愛德溫給他的部分報酬，可以賣到七千美元。

他看著我的眼睛，憂心忡忡地看我有什麼反應。

「你知道你得讓我親眼看看那些東西，對吧？阮龍？」

「我知道。」此番招認幾乎成了我倆不可承受之重，餐桌外的世界霎時變得昏暗不清。我抬起頭，看到眼淚從他雙頰滾落，他覺得有些不好意思，道聲歉後匆匆跑到盥洗室去。

當他總算回到餐桌上時，服務生剛好開心地端著我們的大餐走過來。只見我面前的餐盤擺著一隻大螃蟹，它的殼上被開了一個可憐的洞，阮龍則是茫然盯著一盤鮟鱇魚跟無鬚鱈。大餐在前，但我們兩個都沒什麼胃口。

我回想起愛德溫在杜塞道夫的精湛演出，那時他還強調跟阮龍絕對沒有關係，但當他承認這件案子害他朋友「看起來很糟」[7]時，臉上卻是掛著笑容。我記得愛德溫是在面訪結束後就立刻跟阮龍聯絡，建議他跟我談談。

「愛德溫有對你講要怎麼跟我說嗎？」我問道。「他要你對我撒謊嗎？」

「他說你不是我朋友，我們不該成為朋友。他說『我們沒有欠他』，還說食物什麼的都應該讓你付錢。」

我笑了。「我來之前你把羽毛藏在哪裡？」

「就收在盒子裡。」

在回阿斯克的火車上，我們兩個幾乎沒有說什麼話。當我就要看到追尋多年的東西時，我並沒有勝利的感覺，反而擔憂：如果我跟艾黛兒說阮龍涉案，那他會面臨什麼處境呢？當我們在邦迪萬車站下車時，天已經完全黑了。我們走過樹林時，他拖著沉重的腳步，彷彿我要是改變心意或是有顆流星撞過來，他就無須再帶我去看羽毛了。

走到半路時，我問他有何感想。他停下腳步，喘口氣。他本來身強體壯，此時此刻卻是筋疲力竭。「我覺得內心空蕩蕩的。」

他拿著一本小集郵冊從公寓裡走出來，封面是灰色的半透明材質，上頭寫著一些日文。原本我們打算走到阿斯克的某間酒吧再來看，但我等不及了。

我在城外的一盞路燈下把冊子打開，看到羽毛用塑膠護套保護著，像郵票一樣，每頁橫著五排整齊排好，在黑色的背景下閃耀著橘色、青玉色及綠松色的光芒，宛如一顆顆微小的寶石。光是在第一頁，就有超過五十枚紅領果傘鳥和藍色傘鳥的羽毛。

我試圖掩飾當下的狂喜，拿出手機給每一頁拍照，並粗略記下羽毛的數量。我一邊翻閱，一邊想起導致這個時刻發生的連串事件：數百年的標本採集收藏、對毛鉤綁製的青春熱愛變質成某種災難、小心謹慎的密謀和偷竊過程，以及我在新墨西哥州的一條河流上偶然從史賓瑟口中得知此事。同一時間，我知道眼前所見僅是特陵博物館尚未尋回的失蹤標本之一小部分。這本冊子裡的羽毛全加在一起，可能只相當於一隻鳥身上的羽毛罷了。

我把冊子遞給他。

我們前往酒吧時，我問他把這些拿給我看的心情如何。

沉默好一陣子後，阮龍如此說道：「自從我媽過世之後，我就沒這麼難受過了。」他說他甚至連看著它們都覺得不舒服，希望把這些東西脫手處理掉。

他問我能否帶走這些羽毛，歸還給特陵博物館。我笑了，我還真希望我有辦法拖著一個裝滿帶標籤鳥皮的行李箱離開挪威。儘管我很想把那冊子送到博物館，但我還是拒絕了，跟他說這要由他來做決定。

「博物館會怎麼處理它們呢？」他滿懷希望地問著。

「坦白說，可能什麼都不做。館方會把它們放在一個抽屜裡，直到我們走後，很長一段時間，還會一直在那裡。」

# 第二十四章　人間蒸發的米開朗基羅

我回美國後又過了幾個月，阮龍寫信給我，說他的成績一落千丈。打從那次訪談以來，他覺得自己有種「行屍走肉」[1]的感覺，對於自己沉迷於如此「黑暗」的東西，他感到相當慚愧。但是當我問他是否要把羽毛歸還給博物館時，他卻說他還沒時間處理。聽到這樣，我開始擔心他仍然放不下這些東西，但即便如此，我還是不會去通知艾黛兒我發現了什麼。阮龍的確曾涉入此案，但讓我不解的是，對於這起案件所帶來的後果，他似乎比愛德溫本人還要更為痛苦地承受著。

愛德溫利用他，把他當防火牆，這樣要是有人深入追查這件案子，就只會找到一個身上寫著「此路不通」的旁人。還有什麼原因會讓阮龍代替他在論壇上發文呢？為什麼要把羽毛跟鳥皮先運到挪威給阮龍，然後再寄給自己的客戶呢？如果不是要讓阮龍當替死鬼，那為何叫阮龍從自己的**PayPal**帳戶去處理付款事宜呢？愛德溫把這個崇拜他的朋友給拖下水，拿到錢之後就跑掉，他做出這些行為的唯一解釋就是在搞障眼法。

什麼樣的人會做出這種事呢？由於我找過阮龍訪談，再加上愛德溫的行為顯然是經過精心計算的，這讓我更加懷疑愛德溫的亞斯伯格症診斷結果。他真有辦法裝出來嗎？

我想跟賽門．拜倫—柯恩博士討論這件事，但初接洽就吃了個閉門羹。他告訴我，要是沒有得到愛德溫的允許，他就無法討論個案的細節，這是大家都知道的基本倫理[2]。但是當我問他，在理論上是否能假裝自己有亞斯伯格症時，他說最終的診斷是取決於臨床上的判斷。

「自閉症並沒有什麼生物學的檢測方式，」他寫道：「這表示，就像任何精神病診斷一樣，原則上某人在面對臨床醫師的提問時，可以在答案裡頭提供虛假訊息，藉此偽造診斷結果，但即便如此，臨床判斷跟經驗（那個人有沒有在撒謊呢？）也能發揮作用。」[3]

拜倫—柯恩要我相信他的判斷，不過，有個跟愛德溫關係密切的人，洩露一份當初拜倫—柯恩提交給法庭的報告副本給我，看過之後我發現了一些基本錯誤——報告寫說愛德溫的「動機並不是為了金錢」，而且他並不認為「偷拿標本有什麼不對」。拜倫—柯恩的錯誤判斷也許是單次評估下不可避免的結果，畢竟我是花了好幾年的時間去重建這起案件的時間軸，而這位劍橋精神病理學家只跟他見了幾個小時的面而已。

又或者，這是診斷本身難以避免的結果。在給法庭的報告裡，拜倫—柯恩引用愛德溫在成人亞斯伯格症評估中所得到的「分數」來支持自己的診斷，但有個充分理由，可以讓我們懷疑這些問題及其回答真正的有效性，像是「我發現只要看一個人的臉，就能輕易探知他的想法或感覺」。倫敦國王學院的認知神經科學家弗蘭雀絲卡・哈珮（Francesca Happé）曾在二〇一一年的一篇《自然》（*Nature*）期刊論文中對拜倫—柯恩的診斷工具提出質疑：「這些自我知覺（self-perception）是否準確，就像我們的自我知覺一樣，都令人懷疑。」[4]拜倫—柯恩的指導教授鄔塔・弗里絲（Uta Frith）也認同哈珮的看法：「目前仍缺乏嚴謹的研究。現在他只是讓人們自己講出『是啊，我是個注重細節的人』，而非實際觀察他們做事時的表現。」

那份讓愛德溫免於牢獄之災的診斷結果出爐兩年後，美國精神醫學學會（American Psychiatric Association）在《精神疾病診斷與統計》（*Diagnostic and Statistical Manual of Mental Disorders*）第五版中把亞斯伯格症刪掉了。亞斯伯格症是在前一版才被納入，但過了十九年就被新版排除在獨立的精神病症之外，而之所以產生如此爭議性的轉變，《大西洋》雜誌（*The Atlantic*）的漢娜・柔辛（Hanna Rosin）寫道：「在很大的程度上，是因為根據研究顯示，這種診斷的應用幾乎沒有一致性。」[5]有一篇刊在《普通精神病學文獻》（*Archives of General Psychiatry*）的報告指出，經過作者們廣泛地審查後發現，得到相似測試分數的兒童，卻得到不同的診斷結果：「一個孩子到底會不會被診斷為亞斯伯格、自閉症或是其他某種發育障礙，主要取決於臨床醫師多少帶點任意武斷的判釋。」[6]

《精神疾病診斷與統計》第五版決定將亞斯伯格症拿掉後，拜倫—柯恩為此寫了一篇獨立評論道：「精神病診斷並非一成不變。它們是『人為的』，同樣都是在委員會裡圍坐一圈開會。不同世代的醫師所作出的不同決定，就會改變我們如何看待『精神疾病』。」7

*

我感覺自己就要走到終點了。愛德溫不再回我電郵，阮龍的真相也已經被揭露，但是當我看到阮龍那本羽毛冊子時，內心油然而生的那股激動，我知道我還沒解開這個謎團，而且特陵遺失的一大堆鳥也還沒找到。最後一次搜尋線索時，我梳理了多年來訪談過的所有人及其一千多頁的紀錄，這才發現我不斷想起一個跟這件事關係密切、卻拒我於千里之外的人。

特陵博物館那邊告訴我，他們最開始是懷疑路可·庫丘業這個出身魁北克的毛鉤綁製者，因為他們發現一封兩年前收到的電子郵件，庫丘業在信中詢問館方是否願意出售他們的紅領果傘鳥剝製鳥皮。館方拒絕了，但說可以賣他一張高解析度的照片。由於這種要求實在不尋常，因此館方在艾黛兒前來偵查的初期就告知她這件事，但她卻排除了他的嫌疑。

愛德溫把路可·庫丘業形容為毛鉤綁製界的米開朗基羅。在杜塞道夫時，愛德溫告訴我，他這位從前的導師不僅曾在九〇年代去過特陵博物館的收藏庫（館方對此說法有異議），而且最初也是庫丘業鼓勵他去參觀特陵博物館的。在訪談時，愛德溫說他有送一些鳥皮給阮龍，因為他覺得這個朋友「值得用這些鳥」來綁毛鉤[8]。這不禁讓我懷疑，他是不是也曾送過鳥皮給庫丘業？

庫丘業有個閒置的LinkedIn帳號，我瀏覽過後更是疑心大起——他曾跟保羅・史威特（Paul Sweet）博士互相「建立人脈」，史威特是紐約美國自然史博物館的鳥類標本收藏主管。我寫了一封信給史威特，他透露在二〇一〇年四月，庫丘業曾要求館方允許他去參觀天堂鳥、藍色傘鳥跟紅領果傘鳥的標本收藏。館方詢問參觀理由時，庫丘業說他想要「精進自己的知識，並且驗證一些假設」[9]，但這樣的回答並不符合科學研究的標準，因此館方拒絕了他的申請。

我在論壇上發訊息給庫丘業，但他的帳號已經很久沒用了；我也曾試著跟其他毛鉤綁製者打聽他的電郵地址，卻從未得到回覆。此外，我也在臉書上跟庫丘業的其他臉友加好友，希望藉此找到他，但他好像人間蒸發了一樣。

我唯一想到還能詢問的人，是約翰・麥克萊。我去找他時，他因為不想被打擾而待在地下室染羽毛，整理來自世界各地的訂單。麥克萊上一次跟庫丘業見面時是在二〇〇九年薩莫薛特的毛鉤展，當時他安排庫丘業跟巴德・吉得里住同一間房，因為巴德・吉得里這位ClassicFlyTying.com的站長想要省點旅費。

大家都知道庫丘業這個人不按牌理出牌，所以當吉得里跟麥克萊說庫丘業不僅偷了他的信用卡，而且在那個週末就刷掉一千美元之後，麥克萊就不跟這名法裔加拿大人打交道了。

為了找他，麥克萊建議我跟庫丘業的一名朋友羅貝・德理（Robert Delisle）聯絡。過沒多久，我就在一本臉書相簿上看到一大堆異國珍禽鳥皮的照片，其中一張有五隻藍色傘鳥，每一隻都完整無缺，全部排成扇形放在德理的綁製檯上。另一張則是眼窩塞了棉花的紅領果傘鳥全皮，還有一張裡頭是幾十副博物館等級的剝製鳥皮照片。

我發了一則訊息給他，問他能否幫我跟庫丘業聯絡，但德理跟我說他都聯絡不到他了[10]。他說，庫丘業在二〇一〇年的時候丟了工作。過去幾年來，德理已經花了四萬美元從這位窮困潦倒的朋友那裡買下所有的材料。庫丘業把自己擁有的稀有鳥皮跟羽毛都賣掉之後，就再也不綁毛鉤了。

「有很多紅領果傘鳥跟藍色傘鳥嗎？」我急切地問著，出生於蒙特婁（Montreal）的瑪麗——裘瑟在一旁糾正我的法語。

螢幕上隨之出現詳細的訊息，一次一行：庫丘業持有「十隻紅領果傘鳥、五隻黑頭角雉（Western Tragopan）、三隻鳳尾綠咬鵑、兩隻鴞，以及所有的藍色傘鳥」[11]，這裡指的是七種藍色傘鳥全都有，其中之一還是瀕危物種。

「天堂鳥呢？」我問道。

「當然有，」他寫道，「我沒辦法全部列出來啦，但他什麼都有。」

我的心臟噗通噗通跳，問他那些鳥的標籤是否還掛在腳上。沉默許久後，德理以法文回道：「是。」

我問他能否讓我看看那些鳥，他告訴我他會再跟我聯絡。

我反射式地去找德理的臉書頁面，仔細看了數百張毛鉤、鉤子和鳥皮的照片，希望找出更多證據。我傳一張影像給麥克萊看，那是三隻紅領果傘鳥的全皮，周圍擺了八塊被切下並拔光的喉胸毛片，本來應該滿是閃耀著赤橙羽毛的部位，卻只剩下一片如同皮革般的乾癟鳥皮。

「看到滿地空彈殼，」這名退役警探回覆道：「就知道肯定發生過槍戰。」

德理在展示這些收藏時，似乎不擔心會引人懷疑。有張照片裡頭有一片華美天堂鳥的鳥皮，另一張照片更猛，包括全部七種藍色傘鳥的鳥皮，旁邊還有一些羽毛，分別來自動冠傘鳥、黑頭角雉以及兩個不同亞種的紅領果傘鳥。所有羽毛全都整整齊齊以扇形排列在一大張北極熊皮上。如果我能證明他這批購自庫丘業的鳥就是來自特陵博物館的話，我大概就能把二十隻鳥從失蹤標本的清單上劃掉了。

但過沒多久，我就被澆了一桶冷水，因為我發現德理有個 eBay 帳號，如果那些是來自特陵的鳥，那麼它們已經被賣掉了。在「Bobfly2007」這個帳號裡，他以十九點九九美元賣掉火紅輝亭鳥的羽毛，一隻鳳尾綠咬鵑是四十三美元，而紅領果傘鳥的羽毛賣一百三十九美元，一張來自瀕危物種的帶斑傘鳥全皮，開價四百一十七點五美元[12]。

我仔細耙梳他所完成的兩千多筆拍賣紀錄，總計羽毛就賣了一萬一千九百一十一點四美元，付給eBay的手續費超過一千三百美元。買家的評價包括「很棒的賣家，服務一流」以及「出貨快速，超感謝你的啦」等等，我邊看邊想，不知eBay為何允許這類違反華盛頓公約跟其他野生動物非法交易法規的行為公然上演。

但我開始深入追查這個拍賣網站後，才知道原來德理賣的東西相較於其他羽毛賣家根本只是小巫見大巫。我隨便搜尋火紅輝亭鳥，這是特陵竊案中損失最慘重的鳥種，結果找到道格．密爾薩普（Doug Millsap）的拍賣網頁，他用「lifeisgood.503」這個帳號販售一對要價二十四美元的羽毛[13]。我注意到某張拍賣照片的背景有副全皮，便留訊息給他，假裝有興趣買下那整張鳥皮，他說我花一千八百美元就能帶走。雖然火紅輝亭鳥並非保育類，但在特陵竊案發生之前，毛鉤圈裡並不常看到這種鳥。「這些鳥絕大多數都來自一九二〇年代維多利亞時期的收藏品。」密爾薩普如此寫道，希望藉此激起買家的興趣，進一步「看看我的其他拍賣品，我還有不少稀有難尋的材料任君挑選」。

密爾薩普跟太太在華盛頓州的歐宣帕克（Ocean Park）經營一間披薩餐館，但他貼出來待售的稀有鳥皮跟羽毛數量都非常驚人。他有兩個eBay帳號，買家留下的評論多到我得僱用一名助理來幫忙把相關資料都輸入到我的表格裡。弄好之後我一看，一隻「華麗完美」的緋紅金剛鸚鵡（Scarlet Macaw）賣了四百九十美元，藍黃金剛鸚鵡賣六百五，然後一張藍色傘鳥全皮賣到一千六百七十五美元。藍色傘鳥、十二線天堂鳥（twelve-wire Bird of Paradise）、企鵝、紅尾黑鳳頭鸚鵡……看著這些鳥種在表格上一列一列出現，結算之後我發現淨收入多達八萬美元。

雖然eBay的野生動物產製品政策建議，用戶應遵循華盛頓公約或《候鳥條約法》之類的國內外法規，但該公司對於非法買賣似乎沒有採取什麼先發制人的措施或監督方案。

德理跟密爾薩普並沒有用什麼代號密碼來指稱這些鳥，許多拍賣清單的鳥種名稱都是用拉丁學名，如果eBay有設定什麼檢查過濾機制的話，找出這類貼文應該是輕而易舉的事。你在這網站上完全找不到犀牛角，但要是輸入瀕危的帶斑傘鳥或鳳尾綠咬鵑這類被華盛頓公約附錄一禁止販賣的物種，竟然可以找到一大堆。你不但能用PayPal結帳，讓美國郵政送到你家門口，eBay還保證不滿意可退款。

一開始我寄了好幾封詢問信給eBay，但他們都沒回應。後來，我寄了一堆當時拍賣瀕危鳥種的頁面超連結過去，然後問他們，eBay為這些非法交易提供了便利又可以賺到手續費，對此我該怎麼理解比較好？這才讓他們願意回信給我。

萊恩．摩爾（Ryan Moore）是eBay的全球企業事務資深經理，他在幾個小時內就回覆我，信中充斥大量的公司企業慣用術語。看到回信內容時，讓我想起當我還是個派駐在巴格達（Baghdad）的美國國際開發總署菜鳥公共事務官時，那種我不得不發布、想要把事情淡化的公關聲明。想到此我就不寒而慄。

「eBay承諾會盡其所能地保護瀕危物種。」[14]摩爾如此寫道，但有些贅詞其實暗藏玄機：這句話並不是說eBay確實會盡其所能做點什麼，而是「承諾」自己會盡其所能去做什麼。

他接著寫道：「我們已經展現了在eBay網站上禁售非法野生動物產製品的承諾。」這也不是說eBay已經禁止販售非法野生動物產製品，而是說他們已經「展現承諾」要這麼做。

摩爾強調，eBay網站上有八億多筆銷售清單，也提供「相關資源的範例及網路連結，裡頭有更多關於各州、聯邦、國際野生動物相關法規的細節」。他補充道，該公司「積極執行此一政策，方法是藉由eBay會員和政府機關可利用的回報機制和以規則為本的篩除系統，並藉由適當移除商品或透過賣家來達成」。我問他那個篩除系統是怎麼運作的，還有他能否提供被eBay擋掉的拍賣數量，但他並不願意跟我分享。

我請他注意一頁帶斑傘鳥羽毛的銷售清單，這是瀕危的保育類。賣家大喇喇地用拉丁學名標示鳥種，這意味著不管eBay採用哪種篩除系統，該系統都沒有把國際自然保育聯盟紅皮書（International Union for Conservation of Nature's Red List）所列出的物種收錄在內，而這份紅皮書是全世界受脅物種的核心資料庫。摩爾答應我會調查這件事，但是當我重新載入那個傘鳥拍賣頁面時，它卻不見了。

eBay顯然是在進行損害管制。我並沒有去找新聞發言人講什麼，反倒想知道當我使用

eBay的線上通報系統時，會發生什麼事。我回報了一筆非法拍賣，待售商品是一對鳳尾綠咬鵑的羽毛，但一星期之後，這對羽毛以三十九美元賣掉了，這段期間eBay公司什麼動靜也沒有。

至於德理那邊，整個沒消沒息。

多年來我就這麼一個又一個人地探聽，現在我決定要在論壇上公開發文，挑戰整個毛鉤圈，讓他們來幫我找到剩下的失蹤鳥皮。我認為，如果愛德溫真的是毛鉤圈的害群之馬，那這個圈子為何不一起努力彌補過失，挽回他們的聲譽呢？

「那件貪婪的醜聞又冒出來了。」[15]亞倫・奧斯托伊回應道，他是住在奧勒岡州的羽毛商人，家族格言是「上帝，家庭，羽毛」。我第一次見到這個人的名字，是他在愛德溫被捕的四個月前所開的玩笑，他那時說有些紅領果傘鳥的毛片是「從自然史博物館裡摸出來、再以三十倍利潤賣掉」的。

對於特陵竊案這個話題又被拿出來冷飯熱炒，奧斯托伊跟其他人都不大高興，好幾個人抱怨我只是在那邊「搧風點火、破壞現狀」。有個論壇成員氣沖沖地建議，要是我真的這麼在乎這件事，那就應該把我賣書的預收款全都捐給博物館才是。瓦爾・克羅比尼奇（Val Kropiwnicki）先是喚我「慫恿事故受害者興訟的律師」，然後問道：「也許我只是對獵巫感到厭煩？也許我們都因為這件事而傷了和氣？」

論壇管理員巴德．吉得里則是大為惱火。他說儘管他盡了最大的努力，但特陵竊案這個話題還是陰魂不散。他宣布他要留下我的貼文，等到它「自己沉下去……然後我會再次把它掩藏起來，直到之後再被提及。」

過沒多久，他就寫說他收到一大堆私訊，要他把我那篇文給刪掉。

為什麼他們如此煩惱呢？我實在很好奇。我只不過是請他們幫忙把博物館失竊的東西找回來而已啊。我甚至都做好安排了，方便他們可以匿名把鳥寄回特陵。

我發文後才不到幾個小時，吉得里就貼出公告說我的文章會被刪掉：「論壇裡的成員們已經說話了。我向各位保證：要是這裡再出現涉及這一主題或相關人員的貼文，一定會立刻刪掉。」

吉得里跟我說，有四十一名論壇成員私下要求刪掉我的請求。

# 第二十五章　消耗殆盡的羽毛

幾週之後，羅貝．德理總算回覆我了，但他現在卻改口說那些鳥並沒有標籤，然後我問了個關於庫丘業的問題，他竟然說不認識這個人！我覺得他這條線索就要斷了，於是寫道：「我只是想知道你什麼時候跟他買那些鳥皮的，如此而已。」十五分鐘後，他丟了「祝你好運」[1]這幾個字給我，之後就沒消沒息了。

德理從庫丘業那兒買來的鳥皮，是來自特陵博物館的嗎？

我超想知道這件事，但我卻連庫丘業是否還活著都不知道：瑪麗—裘瑟在報上看到一篇法文訃聞，死者的名字也叫庫丘業。這麼一來，除非我動身前往蒙特婁，然後一一搜索當地的遊民收容所、太平間跟墓地，不然庫丘業在這起故事裡的戲份就沒了。

離預產期只剩一個月的瑪麗—裘瑟知道我很失望，但她問了個醒腦的問題：「如果他還活著，而且承認鳥皮是來自愛德溫的，那又如何？不管怎樣，那些鳥皮不是都沒了嗎？」

「我知道啦。」我咕噥著，突然意識到我對這件事的痴迷所帶來的回報越來越少。

＊

最開始，特陵竊案的疑雲只不過是個小謎題，讓我得以從清單計畫的工作壓力下轉移注意力。當初有成千上萬的伊拉克難民紛紛從一場他們不再關心的戰爭中逃離，而我花費了數年光陰試著讓大眾關心這些難民。我曾策劃將當地的口譯人員用飛機救出來，這是個驚心動魄、迅雷不及掩耳的解決辦法，但我的積極運作最終卻是一敗塗地；可我知道，要是我走運的話，整個情勢都大有可為。

如今，當我在網上搜尋庫丘業的蛛絲馬跡時，我明白自己又陷入另一場無止盡的爭鬥。我把自己當成特陵博物館那些失蹤鳥皮的救星，縱使館方早就因為它們無法為科學所用而將之注銷，因此沒有繼續尋找下去；至於警方那邊，由於被告認罪後就結案了，所以他們也不再調查；而毛鉤圈顯然也不想再跟我的追尋扯上任何關係。

特陵博物館的表格曾像一張地圖的一角，開啟了我這趟冒險征途，但這一路上我找到的卻盡是廢墟。在一開始計畫要找尋的六十四副鳥皮中，我知道有兩副殘骸是在南非的魯漢．內特陵手中，然後要是阮龍幫愛德溫賣了二十副，這樣就剩下四十二副。如果庫丘業的鳥皮是來自特陵，而且德理告知的數量正確的話，那麼依然下落不明的數量便剩下二十二副。

但我總是晚了一步。先說阮龍吧，他已經把他所有的鳥皮都賣光了。再來，即便我能確認庫丘業的鳥皮來自特陵，德理也已經把它們放上網拍賣掉了。然後魯漢正在準備迎接末日「被提」，對我的使命毫不在意。還有，要是愛德溫耍我，要是他仍把那些鳥鎖在杜塞道夫的某個長期倉儲裡，那我壓根兒就不可能會知道——我們面談完之後他就完全不理我了。

我唯一親眼看過的是阮龍持有的羽毛，不過我開始擔心它們不會被送回特陵博物館。更糟的是，我還發現了其他毛鉤綁製者所犯下的博物館竊案。在特陵竊案發生的幾年前，至少有兩間德國的自然史博物館——在斯圖加特（Stuttgart）跟法蘭克福（Frankfurt）——被摸走幾十副紅領果傘鳥和藍色傘鳥的剝製鳥皮。據信該名竊賊是位年長的美籍毛鉤綁製者，他的另一個身分是害蟲防治專家。當他在博物館內噴灑殺蟲劑時，聽說他用膠帶把館藏鳥皮緊貼在他的白色工作服內帶出去。瑪麗—裘瑟知道這些事情後擔心地問我，我現在是不是還要去尋找更多的失蹤鳥皮。

隨著越來越多博物館策展人跟我分享標本遭竊的故事，我不禁想到在這些特陵鳥類標本的故事背後，有兩股人性的潮流貫穿其中。其中一股潮流包含了華萊士、普蘭、史賓瑟、臥底警探「愛爾蘭人」、一群保護這些標本免於被齊柏林飛船和納粹空軍轟炸的策展人，以及深入研究每副鳥皮的科學家們，藉由這些科學家從中獲得的丁點知識，我們方能增進對這個世界的整體了解。

幾個世紀以來，都有這麼一批人堅持一種信念，亦即相信這些鳥兒值得被保護。他們相信，科學的進程永遠都能對同一批古老的剝製鳥皮提出新觀點，從而裨益後世子孫。

而在另一股潮流中，則充斥著愛德溫和其他在檯面下玩羽毛的人士，以及幾個世紀來，為了財富跟地位而對天空和森林加以掠奪的男男女女，至於驅使他們的，則是貪婪以及「擁有別人所沒有」的占有慾。

在知識和貪婪的戰爭之間，看來貪婪一方占了上風。

＊

在我們孩子出生前的最後一趟行程，我造訪了一個地方，百年前那裡也發生過一場類似的戰爭：紐約的羽毛區。

鴿子在百老匯（Broadway）的人行道上閒晃，這段路劃過格林尼治村（Greenwich Village），穿著運動鞋和高跟鞋的人們走過時，那些鴿子全都老神在在，沒在讓路的。鴿子身旁的這座城市不斷在演變，多數時候是「向上發展」，但從那些昔日羽毛商建築投射而下的寒冷陰影，倒是跟一百二十年前沒啥兩樣。在那個年代，成千上萬的紐約客都把天空中的珍寶抓來裝飾在他們的帽子上。

我邊走邊逛邊想像：上面的樓層放著大缸染料，批發商在數以千計的鳥皮中翻找，為了每公斤要付多少費用而討價還價。羽毛工人一邊推著從馬來群島裝袋運來的新到港鳥皮走在小巷裡，一邊大聲驅趕想叼走鳥皮打牙祭的流浪狗。法國移民在鄰近的法蘭西區公寓閣樓中染整羽毛，靠著巴黎羽毛貿易商搞出來的花招討口飯吃。母親帶著女兒從上西城翩然而至，在此細細品味著最新的羽毛時尚。

我站在百老匯六二五號的華麗鑄鐵柱前，阿道森兄弟公司（P. H. Adelson & Bro）曾在這裡陳列展示「最新系列的白鷺翎、天堂鳥羽及鴕鳥羽毛」[2]。但現在，裡頭則是一排高中生等著點奇波雷墨西哥燒烤店（Chipotle）的墨西哥捲餅。

我是在一八九九年版的《女帽業貿易回顧》裡找到這個地址的。對於奧杜邦學會逐步取得的成就以及保育人士對羽毛產業的嚴重打擊，該刊物的編輯們一律加以痛批，譴責他們以自由市場之名企圖「規定美國婦女該穿什麼，下令美國商人該買賣什麼，或是應該進口什麼。」[3]

當《雷斯法案》跟早期的其他保育法規於十九世紀末、二十世紀初通過時，在這些店面擺滿鳥皮待售的人們全都氣到不行。「對於現行這些愚蠢荒謬的法律，女帽業會字字句句嚴格遵守，」那些編輯們怒吼道：「但任何類似的法律都將受到強烈反彈。」[4]

然而，不斷變化的時尚品味、新出爐的法規、社會上普遍認為人們對擁有美麗鳥類的需求太超過了等等，諸如此類的壓力加總起來，最終還是讓「柏曼及寇頓」（Berhman &

Colton）、「馬克斯赫曼」（Max Herman & Company）、「維勒曼」（Velleman & Co.）、「霍赫海默」（A. Hochheimer's）等羽毛商難以為繼。

我穿過布里克街（Bleecker），駐足在一棟十二層樓高的建築物前面，紐約女帽用品公司（New York Millinery and Supply Co.）、阿隆森精緻頭飾（Aronson's Fine Headwear）、殖民地風格帽業（Colonial Hat Company）等商家當年都曾在此營業。我看過一些資料寫說第一次世界大戰剛結束時，這裡曾經查獲一批天堂鳥羽毛。

這裡現在是「PetSmart」，一家寵物用品連鎖超市。前門上頭有隻鸚鵡的大海報寫著：「特殊寵物在後面」。

走過堆得跟迷宮一樣的有機貓飼料及狗狗救生衣後，在一個幽暗的角落裡，放著四個跟膝蓋一樣高的籠子。我蹲下一看，發現二十隻鸚哥，藍的綠的都有，旁邊有個牌子寫了幾個鼓勵消費的大字：「挑一隻色彩鮮豔的小伙伴吧！」某個籠子的地板上有隻嘴喙橘黃的十姊妹（售價二十三點九九美元，會員價二十一點九九），牠有點搖搖晃晃地站在一堆粗木屑上，茫然盯著一排貓抓板。

此時，我的手機收到阮龍傳來的簡訊，嗡嗡震動。

他最近跟我說他覺得自己像《鋼鐵人》（Iron Man）裡的東尼·史塔克（Tony Stark）。在電影裡，史塔克這名國際軍武供應商被一枚自家的飛彈打傷，導致他改弦易轍，直接面對反派人物。阮龍非常興奮地準備推動一項稱為「永續毛鉤綁製」的運動，他要使用常見的普通羽毛來綁毛鉤，把他毛鉤達人的地位拋在腦後，以此對抗毛鉤圈裡對珍稀保育鳥類的那種破壞性上癮症。

我相當以他為榮，但當他最終鼓起勇氣在自己的臉書頁面發布這項消息時，他的毛鉤圈朋友們全都嗤之以鼻。臉書有個專門買賣稀有羽毛的私密社團，板主是個西班牙人，名叫荷黑．馬迭拉（Jorge Maderal），他對阮龍的作法無動於衷——他說他必須「感受羽毛的真切本質」和「相關的歷史」。在ClassicFlyTying.com上，羽毛跟鳥皮的買賣一如往常；而在eBay上，買賣保育類的羽毛依舊輕而易舉。

阮龍傳簡訊道：「說服大家放棄使用異國珍禽真是有夠困難！」[5]他很灰心。「大家都在笑我，沒人把我當一回事。」我回想起愛德溫告訴我他對人性的理解：誘惑總存在於人們視為禁忌的事物中。我曾問愛德溫，為什麼他不用染色的仿真羽毛來代替真正的稀有羽毛，他蹙眉道：「知道那是假的會讓你受不了……所有的人都難以忍受。包括我。」[6]

這種誘惑的力量確實相當強大。我想起了艾迪．沃弗爾（Eddie Wolfer）的故事，他是個毛鉤綁製者，因為養了一隻藍色傘鳥而為人所知[7]。幾年前，他被緊急送到醫院進行腦瘤手術，當醫生把金屬骨板固定在他的顱骨上時，兩個毛鉤綁製者跑到他家敲門，說服他女友把那隻鳥賣給他們。後來那隻鳥被宰掉，並在下一屆的毛鉤展覽會場上賣出。「那是我的寵物啊！」他在論壇上沉痛地發文道。「這兩個富可敵國的敗類王八蛋，怎麼有人會貪婪成這樣呢？你們自己心知肚明。我還當你們是朋友咧。」

我傳簡訊給阮龍，想知道他是否已經把羽毛送還給特陵博物館。

「快了！」他回道。

＊

如今，離我最初聽到這件故事已經過了許多年，我又和史賓瑟一起回到格蘭德河谷尋找鱒魚。藍翅四節蜉蝣正在羽化，牠們紛紛浮到水面上等待翅膀乾燥，希望在被天敵吞食之前飛起。我的拋投狀況不佳——毛鉤常常拋到河岸上鉤到松樹或落芒草，我有一半時間都在解毛鉤。另一方面，史賓瑟則像把彈弓一樣，每次拋投都能俐落地穿過整片荊棘。他捏了捏毛鉤，把竿尾往前一指，釣線便從最微小的開口處一射而過。

打從他第一次提到愛德溫．瑞斯特這個名字的五年來，伊拉克戰爭早已結束，但有另一場戰爭取而代之。我愛上了瑪麗——裘瑟、解散清單計畫、搬到洛杉磯。我們有了一個健康快樂的男寶寶，他會睜大眼睛看著蜂鳥在育嬰房窗外的餵食器周遭飛來飛去。我跟他的中間名一樣，那是我祖父的名字，同時也屬於一個對我們家來說很特別的人：華萊士。

史賓瑟跟我沒說半句話就涉行了一大段距離，我們走到一小片水域，把毛鉤投到深潭裡，搜尋水面下的一抹閃光，研究著羽化中的蜉蝣體型大小。

我跟史賓瑟說，我剛收到一封電子郵件，寄件人是華萊士的曾孫，比爾。比爾跟我說，他高齡九十三歲的父親理查在幾年前曾被邀請到特陵，去看華萊士採集的天堂鳥[8]。

其中有個托盤拉出來時，裡面空無一物。

史賓瑟聽了，發出不滿的嘖嘖聲。之前當我呼籲毛鉤圈的人們協尋失蹤的鳥皮時，史賓瑟看到了毛鉤圈對這件事的反應，他跟我說他覺得自己要當個改革者。他當時正在寫一本遵循凱爾森精神的書，但書中把每款維多利亞古典毛鉤配方中的異國珍禽都拿掉了，正是這些異國鳥種讓毛鉤圈像被下了降頭一樣。他深信即便使用便宜、普通的羽毛，這些鮭魚毛鉤也能同樣漂亮。

在這條河流狀況最佳的日子裡，那些會震動的電子設備跟發光螢幕全都被關掉了，唯一要緊的是水溫、河水流速、魚兒是否容易受驚嚇、毛鉤的準確性，以及拋投是否漂亮俐落。這一切給人的感覺是如此純潔、如此原始且充滿希望。

普蘭博士曾抨擊維多利亞毛鉤綁製者不顧一切地緊抱著一個不復存在的世界，說他們是一群在當代世界中尋找意義的「歷史戀物癖」，但當他說這些的時候，我知道這某種程度上也適用在我身上。我去釣魚的每條河流，到處都築了水壩，許多河道都被工業採礦溢流的廢水及來自農田的農業廢棄物給堵得奄奄一息。即便我們正在追蹤的褐鱒，其實也不是「自然的」，牠們是在一八八三年從巴登─符騰堡邦（Baden-Württemberg）的黑森林地區運來的[9]，然後引進美國的溪流中。為了能向牠們拋投毛鉤這種人造的假飛蟲，我得向所在州的漁獵部門購買許可證才行，而這些單位會負責在孵化場把鱒魚養大，然後放流到河川裡。

史賓瑟跟我逆流而上，一隻鷹在我們的頭頂上空盤旋著。有幾隻體型較小的鳥飛過去騷擾圍攻那隻鷹，狠啄牠的翅膀和尾巴，但那隻鷹只是耐心盤繞著等待時機。

他說，「前幾天我接到羅傑・普洛德的電話。」他知道幾年前在毛鉤綁製專題研討會上，普洛德對我明目張膽地撂狠話。

「然後呢？」

「他有一大堆火紅輝亭鳥要賣。」

「真的假的？」

「但是當我跟他說我要跟你一起去釣魚時，他就掛斷了。」

我心中那條獵犬想要飛奔上岸，然後跳上一架飛機直達普洛德的家門口，但我知道我已經不能再繼續下去了。即便我寄給特陵博物館一份確切的清單，上頭列出五百個曾經買過他家死鳥的人名，也不會有什麼結果。這間博物館沒有理由繼續去追尋在科學上已無用處的羽毛。

我們涉水而行，快速爬過倒木，無聲地指了指毫無防備的鱒魚。冷冽的河水讓我們的雙腿不聽使喚，也讓我們的靴子更加沉重，但我們持續涉水而上，抬頭只見松樹和烏鴉，好像這條河流沒有終點一樣，邊走邊找尋水面下閃爍的金色光芒。

*

那個秋天，維多利亞古典鮭魚毛鉤綁製圈的人們從全球各地搭機前往紐澤西州，再次參加於薩莫薛特逸林酒店舉辦的第二十六屆國際毛鉤綁製專題研討會。

會議主席及主要贊助者洽克．富林斯基形容該活動是「毛鉤綁製者的終極糖果屋……有更多東西、更多毛鉤店家、更多展示、更多的毛鉤綁製祕技。」[10]約翰．麥克萊、羅傑．普洛德，以及其他上百位毛鉤圈的大人物都會齊聚一堂。

這次的大會主題是：「永遠不夠」。

魚類及野生動物管理局的探員沒人會去薩莫薛特，他們把注意力放在有機會上頭條的犀角跟象牙上。有個加拿大的大學生前不久在美加邊界被逮，他把五十一隻烏龜用膠帶綁在腳上，打算賣給中式燉龜湯的狂熱愛好者，後來他被判處五年徒刑。在法院發布的正式聲明中，這名男子表示相當感謝美國的司法體系，「終結了我的貪婪無知。」[11]

但是在「永遠不夠」會場上的人們深知，他們都能全身而退。持有愛德溫偷來鳥皮的那些人，只要把標籤剪掉，就能湮滅證據，無需被追究什麼法律責任。而那些購買零碎毛片或羽毛的人也知道，沒有什麼東西能把這些戰利品跟特陵竊案連結起來。

從那些剝製鳥皮上頭，他們可以拿到雙翅、喉胸毛片和肩頸毛片。

而從殘缺不全的鳥皮上，他們也可以拔取一根根的羽毛。

小家子氣的綁製者會將它們收進放了樟腦丸的抽屜裡，私底下再拿出來寶貝一番。其他那些知道特陵博物館跟警方已不再搜尋這些鳥的綁製者，則會將之公開買賣，直到這一大堆鳥兒都被這群羽毛地下祕密分子消耗殆盡為止。

過沒多久，「從博物館偷鳥」這件事再度成為論壇上的搞笑題材。有個論壇成員跑去倫敦自然史博物館，跟館中的一隻大鴇標本合拍一張照，然後把相片貼到論壇上，有人就留言說：「謝天謝地，幸好有層玻璃保護著，我從那隻鴇的眼睛都能看到恐懼的神情了呢。」[12]

另一個論壇成員，也上傳了他最近參觀費城自然科學學院時所拍的一堆鳥類標本照——藍色傘鳥、大綠金剛鸚鵡（Great Green Macaw）以及天堂鳥。

標題是：「呼叫祕密特務愛德溫．瑞斯特」[13]。

*

二〇一六年一月某天，一名郵差拿著寄給普萊斯—瓊斯博士的郵件穿過停車場，積雪在他靴子底下嘎吱作響。不遠處，孩子們正拉著雪橇爬上特陵公園的小山坡，準備再滑一次，一旁家長們喝采時呼出的蒸氣在一月的嚴寒中清晰可見。在沃爾特．羅斯柴爾德的那間博物館裡，一個個眼睛圓睜的小朋友把手掌壓在玻璃上，盯著北極熊標本看，然後飛奔去看犀牛。

信封上的收件人地址是以整齊的正楷寫成，但沒有寫寄件人的地址。信封上貼著一張挪威的郵票。

工作人員打開一看，裡頭沒有信件，只有一個夾鏈袋，裝滿黑、橙、緋紅夾雜的羽毛。經過討論後，一位館員帶著那些羽毛走過寂靜的長廊，來到收藏庫，一路經過維多利亞時期的鳥類浸液標本、成千上萬的蛋殼及骨骼、瀕危及滅絕鳥種的標本收藏、達爾文雀、幾個曾經存放著華萊士採集的鳥類標本收藏櫃，最後到了一個櫃子前才停下來，櫃門上寫著：「*PYRODERUS SCUTATUS*」（紅領果傘鳥）。

一個托盤被拉出來，上面放了一堆犯罪現場的證據袋。那份挪威來的郵件被放在裡頭，砰的一聲，櫃門再次關上。

# 註解

## 序言

1. Edwin Rist, interview by author, May 26, 2015.
2. Ibid.
3. "Cotinga maculata," IUCN Red List of Threatened Species (2017), http://dx.doi.org/10.2305/IUCN.UK.2017-1.RLTS.T22700886A110781901.en.

## 第一章　華萊士的考驗

1. Alfred Russel Wallace, "Letter Concerning the Fire on the *Helen*," *Zoologist* (November 1852).
2. Ross A. Slotten, *The Heretic in Darwin's Court: The Life of Alfred Russel Wallace* (New York: Columbia

University Press, 2004), p. 83.

3. Christian Wolmar, *Fire & Steam: How the Railways Transformed Britain* (London: Atlantic, 2008).
4. Alfred Russel Wallace, *My Life: A Record of Events and Opinions* (London: Chapman & Hall, 1905), p. 1:109.
5. Lynn L. Merrill, *The Romance of Victorian Natural History* (New York: Oxford University Press, 1989), p. 7.
6. Ibid., p. 8.
7. Ibid., p. 45.
8. Ibid., p. 80.
9. Sarah Whittingham, *The Victorian Fern Craze* (Oxford: Shire, 2009).
10. David Elliston Allen, *The Naturalist in Britain: A Social History* (Princeton, N.J.: Princeton University Press, 1994), p. 26.
11. Wallace, *My Life*, p. 110.
12. Ibid., p. 111.
13. Ibid., pp. 256–67.
14. William H. Edwards, *A Voyage up the River Amazon: Including a Residence at Pará* ( New York: D. Appleton, 1847), p. 11.
15. Michael Shermer, *In Darwin's Shadow: The Life and Science of Alfred Russel Wallace: A Biographical Study on the Psychology of History* (Oxford: Oxford University Press, 2002), p. 72.
16. Alfred Russel Wallace, *A Narrative of Travels on the Amazon and Rio Negro, with an Account of the Native Tribes, and Observations on the Climate, Geology, and Natural History of the Amazon Valley* (London: Reeve, 1853), p. 171.

17. Ibid., p. 226.
18. Slotten, *Heretic in Darwin's Court*, p. 83.
19. Wallace, *Narrative of Travels*, p. 382.
20. Ibid., p. 392.
21. Ibid., p. 393
22. Ibid.
23. Ibid., p. 395.
24. Alfred Russel Wallace to Richard Spruce (written aboard the *Jordeson*), September 19, 1852.
25. Alfred Russel Wallace, quoted in "The President's Address," *Transactions of the Entomological Society of London* (London, 1853), p. 2:146.
26. *The Annual Register, Or, A view of the History and Politics of the Year 1852* (London: F. & J. Rivington, 1852), p. 183.
27. hermer, *In Darwin's Shadow*, p. 74.
28. J. S. Henslow to C. Darwin, August 24, 1831, quoted in *The Correspondence of Charles Darwin: 1821–1836*, pp. 1: 128–29.
29. Alfred Russel Wallace, "On the Habits of the Butterflies of the Amazon Valley," *Transactions of the Entomological Society of London* (n.s.) 2 (1854): 253–64.
30. Slotten, *Heretic in Darwin's Court*, p. 95.
31. Alfred Russel Wallace, "On the Monkeys of the Amazon," *Proceedings of the Zoological Society of London* 20 (December 14, 1852): 109.

32. Samuel G. Goodrich, *History of All Nations, from the Earliest Periods to the Present…* (Auburn, N.Y.: Miller, Orton and Mulligan, 1854), p. 1192.
33. Wallace, *My Life*, p. 327.
34. Ibid.
35. Michael Shrubb, *Feasting, Fowling and Feathers: A History of the Exploitation of Wild Birds* (London: T & AD Poyser, 2013), p. 201.
36. David Attenborough and Errol Fuller, *Drawn from Paradise: the Natural History, Art and Discovery of the Birds of Paradise* (New York: Harper Design, 2012), p. 47.
37. Alfred Russel Wallace, *The Annotated Malay Archipelago*, ed. John van Wyhe (Singapore: National University of Singapore Press, 2015), p. 705.
38. Attenborough and Fuller, *Drawn from Paradise*, p. 50.
39. Ibid., p. 47.
40. Wallace, *My Life*, p. 335.
41. Slotten, *Heretic in Darwin's Court*, p. 106.
42. Ibid., p. 106.
43. Alfred Russel Wallace to Samuel Stevens, September 2, 1858.
44. Wallace, *Annotated Malay Archipelago*, p. 663.
45. Ibid., p. 612.
46. Charles Waterton, *Wanderings in South America* (London: B. Fellowes, 1825), p. 295.
47. James Boyd Davies, *The Practical Naturalist's Guide: Containing Instructions for Collecting, Preparing and*

*Preserving Specimens in All Departments of Zoology, Intended for the Use of Students, Amateurs and Travellers* (Edinburgh: MacLachlan & Stewart, 1858), p. 16.

48. Kees Rookmaaker and John van Wyhe,"In Alfred Russel Wallace's Shadow: His Forgotten Assistant, Charles Allen ( 1839–1892)," *Journal of the Malaysian Branch of the Royal Asiatic Society* 85, pt. 2 (2012): 17–54.
49. Alfred Russel Wallace to Mary Ann Wallace, July 2, 1854.
50. Alfred Russel Wallace to Frances Sims, June 25, 1855.
51. John van Wyhe and Gerrell M. Drawhorn, " 'I am Ali Wallace': The Malay Assistant of Alfred Russel Wallace," *Journal of the Malaysian Branch of the Royal Asiatic Society* 88, no. 1 (2015): 3–31.
52. Wallace, *Annotated Malay Archipelago*, p. 544.
53. Ibid.
54. Gavan Daws and Marty Fujita, *Archipelago: The Islands of Indonesia: From the Nineteenth-century Discoveries of Alfred Russel Wallace to the Fate of Forests and Reefs in the Twenty-first Century* (Berkeley: University of California Press, 1999), p. 84.
55. Bird-of-Paradise Project, Cornell Lab of Ornithology, http://www.birdsofparadiseproject.org/content.php?page=113.
56. *Birds of the Gods*, narrated by David Attenborough, PBS, January 22, 2011.
57. Wallace, *Annotated Malay Archipelago*, p. 579.
58. Ibid., p. 584.
59. Slotten, *Heretic in Darwin's Court*, p. 132.
60. Wallace, *Annotated Malay Archipelago*, p. 607.

61. Ibid., p. 586.
62. Ibid., p. 588.
63. Ibid.
64. Ibid., p. 608.
65. Tim Laman, and Edwin Scholes, *Birds of Paradise: Revealing the World's Most Extraordinary Birds* (National Geographic Books, 2012), p. 26.
66. Wallace, *Annotated Malay Archipelago*, p. 428.
67. Slotten, *Heretic in Darwin's Court*, p. 144.
68. Wallace, *My Life*, p. 190.
69. Ibid.
70. Ibid., p. 191.
71. Ibid., p. 362.
72. Ibid., p. 363.
73. Quoted in Slotten, *Heretic in Darwin's Court*, p. 153.
74. Charles Darwin to Charles Lyell, June 18, 1858.
75. Ibid.
76. J. D. Hooker and Charles Lyell to the Linnean Society, June 30, 1858.
77. Wallace, *My Life*, p. 365.
78. Wallace, *Annotated Malay Archipelago*, p. 53.
79. Ibid.

80. Ibid., p. 687.
81. Alfred Russel Wallace to P. L. Sclater, March 31, 1862.
82. Wallace, *My Life*, p. 383.
83. Alfred Russel Wallace to P. L. Sclater, March 31, 1862.
84. Thomas Henry Huxley, *Evidence as to Man's Place in Nature* (New York: D. Appleton, 1863), p. 36.
85. Slotten, *Heretic in Darwin's Court*, p. 136.
86. Wallace, *My Life*, p. 386.
87. Wallace, *Annotated Malay Archipelago*, p. 46.
88. Charles Darwin to H. W. Bates, December 3, 1861.
89. Alfred Russel Wallace, "On the Physical Geography of the Malay Archipelago," *Journal of the Royal Geographical Society* 33 (1863): 217–34.
90. Ibid.
91. Jasper Copping, "Rare Charts Show WW1 German Air Raids on Britain," *Telegraph*, November 7, 2013.
92. Karolyn Shindler, "Natural History Museum: A Natural Wartime Effort That Bugged Owners of Period Homes," *Telegraph*, September 28, 2010.
93. Ibid.

## 第二章　羅斯柴爾德勳爵的博物館

1. Niall Ferguson, *The House of Roth* (New York: Viking, 1998), p. 2:xxiii.

2. Miriam Rothschild, *Walter Rothschild: The Man, the Museum and the Menagerie* (London: Natural History Museum, 2008), p. 1.
3. Ibid., p. 62.
4. Ibid., p. 73.
5. Richard Conniff, *The Species Seekers: Heroes, Fools, and the Mad Pursuit of Life on Earth* (New York: W.W. Norton, 2011), p. 323.
6. Rothschild, *Walter Rothschild*, p. 101.
7. Michael A. Salmon, Peter Marren, and Basil Harley, *The Aurelian Legacy: British Butterflies and Their Collectors* (Berkeley: University of California Press, 2000), p. 206.
8. Conniff, *Species Seekers*, p. 322.
9. Virginia Cowles, *The Rothschilds: A Family of Fortune* (New York: Alfred A. Knopf, 1973), Kindle loc. 3423.
10. Rothschild, *Walter Rothschild*, p. 86.
11. Ibid., p. 302.
12. Ibid., p. 303.
13. Ibid., p. 304.
14. Jacob Mikanowski, "A Natural History of Walter Rothschild," *Awl*, April 11, 2016.
15. "The Rothschild Collection," Natural History Museum.
16. Conniff, *Species Seekers*, p. 334.
17. Rothschild, *Walter Rothschild*, p. 155.
18. Alfred Newton to Walter Rothschild, December 16, 1891.

19. Robin W. Doughty, *Feather Fashions and Bird Preservation: A Study in Nature Protection* (Berkeley: University of California Press, 1975), p. 156.
20. Barbara Mearns and Richard Mearns, *The Bird Collectors* (San Diego: Academic, 1998), p. 12.

## 第三章　羽毛狂熱

1. Émile Langlade, *Rose Bertin, the Creator of Fashion at the Court of Marie-Antoinette* (London: J. Long, 1913), p. 48.
2. Robin W. Doughty, *Feather Fashions and Bird Preservation: A Study in Nature Protection* (Berkeley: University of California Press, 1975), p. 14.
3. Ibid., p. 15.
4. *Vogue*, December 17, 1892, p. vii.
5. "Millinery," *Delineator* LI.1 (January 1898): p. 70.
6. Cynthia Asquith, quoted in Karen Bowman, *Corsets and Codpieces: A History of Outrageous Fashion, from Roman Times to the Modern Era* (New York: Skyhorse, 2015), p. 204.
7. Doughty, *Feather Fashions*, p. 1.
8. Ibid., p. 16.
9. Michael Shrubb, *Feasting, Fowling and Feathers: A History of the Exploitation of Wild Birds* (London: T & AD Poyser, 2013), p. 201.
10. Doughty, *Feather Fashions*, p. 73.

11. Ibid., p. 74.
12. Edmond Lefèvre, *Le commerce et l'industrie de la plume pour parure* (Paris, 1914), pp. 226–28.
13. Ibid.
14. Doughty, *Feather Fashions*, p. 25.
15. Ibid., p. 30.
16. Shrubb, *Feasting, Fowling and Feathers*, p. 197.
17. Barbara Mearns and Richard Mearns, *The Bird Collectors* (San Diego: Academic, 1998), p. 11.
18. Doughty, *Feather Fashions*, p. 23.
19. Ibid., p. 74.
20. Ibid., p. 78–79.
21. Thor Hanson, *Feathers: The Evolution of a Natural Miracle* (New York: Basic Books, 2011), p. 176.
22. Charles F. Waterman, *History of Angling* (Tulsa, Okla: Winchester, 1981), p. 26.
23. John J. Audubon, "Passenger Pigeon," Plate 62 of *The Birds of America* (New York and London, 1827–38), Audubon.org.
24. Jed Portman, *The Great American Bison*, PBS, 2011.
25. "Historical Estimates of World Population," U.S. Census Bureau, http://www.census.gov/population/international/data/worldpop/table_ history.php.
26. Alexis de Tocqueville, *Democracy in America*, trans. Henry Reeve (London: Saunders and Otley, 1840), p. 3:152.
27. "Timeline of the American Bison," U.S. Fish and Wildlife Service, https://www.fws.gov/bisonrange/timeline.htm.

28. Harriet Beecher Stowe, quoted in Jim Robison, "Hunters Turned Osceola Riverbanks into Bloody Killing Fields for Wildlife," *Orlando Sentinel*, January 23, 1995.
29. Mark Derr, *Some Kind of Paradise: A Chronicle of Man and the Land in Florida.* (New York: William Morrow, 1989).
30. Jedediah Purdy, *After Nature: A Politics for the Anthropocene*. Cambridge, Mass.: Harvard University Press, 2015), p. 31.
31. Doughty, *Feather Fashions*, p. 82.
32. Elizabeth Kolbert, "They Covered the Sky, and Then…," *New York Review of Books*, January 9, 2014.
33. "The Last Carolina Parakeet," John James Audubon Center at Mill Grove, http://johnjames.audubon.org/last-carolina-parakeet.

## 第四章　一項運動的誕生

1. Mary Thatcher, "The Slaughter of the Innocents," *Harper's Bazaar*, May 22, 1875, p. 338.
2. Elizabeth Cady Stanton, "Our Girls," Winter 1880, http://voicesofdemocracy.umd.edu/stanton-our-girls-speech-text/.
3. "Our History," Royal Society for the Protection of Birds, https://ww2.rspb.org.uk/about-the-rspb/about-us/our-history/.
4. "History of Audubon and Science-based Bird Conservation," Audubon, http://www.audubon.org/about/history-audubon-and-waterbird-conservation.

5. “Our History,” Royal Society for the Protection of Birds, https://ww2.rspb.org.uk/about-the-rspb/about-us/our-history/.
6. “Urgent Plea for Birds,” *New York Times*, December 3, 1897.
7. Linley Sambourne, “A Bird of Prey,” *Punch, or the London Charivari* 102 (May 14, 1892), p. 231.（按：Bird of prey 一般是指「猛禽」，這裡以此指稱女性為鳥類的加害者。）
8. Doughty, *Feather Fashions*, p. 22.
9. “What Women are Heedlessly Doing,” *Ladies’ Home Journal* 25 (November 1908), p. 25.
10. Queen Alexandra to Royal Society for the Protection of Birds, in “The Use of Bird Plumage for Personal Adornment,” *Victorian Naturalist* 23 (1907): 54–55.
11. “The Audubon Society Against the Fancy Feather Trade,” *Millinery Trade Review* 31 (1906): 61.
12. Ibid., p. 57.
13. Doughty, *Feather Fashions*, p. 61.
14. Ernest Ingersoll, “Specious Arguments Veil Feather Trade’s Real Purpose” (letter), *New York Times*, March 25, 1914.
15. Doughty, *Feather Fashions*, p. 155.
16. Stuart B. McIver, *Death in the Everglades: The Murder of Guy Bradley, America’s First Martyr to Environmentalism* (Gainesville: University of Florida Press, 2003).
17. Jeffrey V. Wells, *Birder’s Conservation Handbook: 100 North American Birds at Risk* (Princeton, N.J.: Princeton University Press, 2010), p. 92.
18. “$100,000 Loot Seized in Smuggling Arrest: Drugs, Jewels, Feathers and Rum Found in Baggage,” *New York*

*Times*, March 3, 1921.
19. "Fine Feathers No More: How New Law Bars Birds of Paradise and Other Plumage from Importation," *New York Times*, April 2, 1922.
20. Doughty, *Feather Fashions*, p. 146.
21. Ibid., p. 143.
22. "Plume Smugglers in Organized Band," *New York Times*, August 8, 1920.
23. Doughty, *Feather Fashions*, p. 146.
24. Daniel Mizzi, "Bird Smuggler Who Led Police, Army on Land and Sea Chase Jailed," *Malta Today*, August 7, 2014.
25. John Nichol, *Animal Smugglers* (New York: Facts on File, 1987), p. 3.
26. Robert Boardman, *International Organization and the Conservation of Nature* (Bloomington: Indiana University Press, 1981).

## 第五章　維多利亞時期的毛鉤綁製圈

1. Andrew Herd, *The Fly* (Ellesmere, U.K.: Medlar Press, 2003), p. 51.
2. Frederick Buller, "The Macedonian Fly," *American Fly Fisher* 22, no. 4 (1996), p. 4.
3. Ælianus quoted in Herd, *Fly*, p. 25.
4. Juliana B. Berners and Wynkyn de Worde, *A Treatyse of Fysshynge wyth an Angle* (1496; reprint London: Elliot Stock, 1880).

5. Ibid.
6. Izaak Walton, *The Compleat Angler* (London: John Lane, 1653), p. 43.
7. Herd, *Fly*, p. 168.
8. Ibid.
9. Ibid., p. 247.
10. Ibid., p. 155.
11. William Blacker, *Blacker's Art of Flymaking: Comprising Angling & Dyeing of Colours, with Engravings of Salmon & Trout Flies* (1842; reprint London: George Nichols, 1855), p. 104.
12. Herd, *Fly*, p. 208.
13. George M. Kelson, *The Salmon Fly: How to Dress It and How to Use It* (London: Wyman & Sons, 1895), p. 4.
14. Herd, *Fly*, p. 265.
15. Kelson, *Salmon Fly*, p. 9.
16. Ibid., p. 18.
17. Ibid., p. 24.
18. Ibid., p. 10.
19. Ibid.
20. Ibid., p. 58.
21. Ibid., p. 44.
22. George M. Kelson, *Tips* (London: Published by the author, 1901), p. 47.
23. Robert H. Boyle, "Flies That are Tied for Art, not Fish," *Sports Illustrated*, December 17, 1990.

## 第六章　毛鉤綁製的未來希望

1. Richard Conniff, “Mammoths and Mastodons: All American Monsters,” *Smithsonian*, April 2010.
2. “What We’ve Lost: Species Extinction Time Line,” *National Geographic*, n.d., http://www.nationalgeographic.com/deextinction/selected-species-extinctions-since-1600/.
3. Edwin Rist, interview by author, May 26, 2015.
4. Curtis Rist, “Santa Barbara’s Splendid Beaches,” *ABC News*, June 3, 2017.
5. Edwin Rist and Anton Rist to *Ronn Lucas, Sr.*. http://www.ronnlucassr.com/rists.htm, accessed May 23, 2016, page no longer exists.
6. “Danbury Show,” ClassicFlyTying.com, November 14, 2005, http://www.classicflytying.com/?showtopic=12531.
7. Edward Muzeroll, interview by author, April 6, 2017.
8. Morgan Lyle, “Tying with Exotic Materials: Avoiding the Long Arm of the Law,” *Fly Tyer*, Winter 2003, p. 6.
9. “The Durham Ranger,” BestClassicSalmonFlies.com, n.d., http://www.bestclassicsalmonflies.com/durham_ranger.html.
10. Muzeroll interview.
11. T. E. Pryce-Tannatt. *How to Dress Salmon Flies: A Handbook for Amateurs* (London: Adam and Charles Black, 1914), p. 53.
12. Muzeroll interview.
13. “Teen Brothers Make Exotic Art with ‘Flies,’ ” *Columbia-Greene Community College: News & Class Schedule*,

Fall 2006, p. 3, https://www.sunycgcc.edu/Forms_Publications/CGCCNewsletters/2006-10_ cgcc_mininews06.pdf

14. Rick Clemenson, "Teenage Brothers Create Salmon Fly Art," *Albany Times Union*, September 6, 2006.
15. "Teen Brothers Make Exotic Art."
16. "Cotinga on eBay," *ClassicFlyTying.com*, October 29, 2007, http://www.classicflytying.com/index.php?showtopic=29391.
17. "Materials for Sale," *FeathersMc.com*, screenshot of page as it existed on August 12, 2004, https://web.archive.org/web/20041009151910/http://www.feathersmc.com/home.php, accessed May 23, 2016.
18. Ibid.
19. John McLain, interview by author, November 20, 2011.
20. "Teen Brothers Make Exotic Art."
21. George M. Kelson, in Anonymous, ed., *Fishing, Fish Culture & the Aquarium* (1886; reprint Nabu Press, 2012), p. 185.
22. "Luc Couturier," *FeathersMc.com*, screenshot of page as it existed in 2008, https://web.archive.org/web/20080801201429/http://www.feathersmc.com:80/friends/show/12.
23. "Friends," *EdwinRist.com*, screenshots on Kirkwjohnson.com/screenshots.
24. Ibid.
25. Edwin Rist and Anton Rist *to Ronn Lucas, Sr.*, http://www.ronnlucassr.com/rists.htm, accessed May 23, 2016, page no longer exists.
26. "Blacker Celebration Fly," *ClassicFlyTying.com*, January 17, 2006, http://www.classicflytying.com/index.php?showtopic=13892& hl=cites#entry129465.

27. Curtis Rist, "Dogged Determination," *Robb Report Worth*, October 2004, http://www.hudsondoodles.com/pages/INTHENEWS.htm.
28. "Blue Boyne," *ClassicFlyTying.com*, March 2, 2006, http://www.classicflytying.com/?showtopic=15111.
29. Quoted in "Anton & Edwin Rist," *FeathersMc.com*, screenshot of page as it existed on May 15, 2008, accessed May 23, 2016.
30. Quoted in "Ed Muzzy Muzeroll," *FeathersMc.com*, screenshot of page as it existed on May 15, 2008, accessed June 17 2017.
31. Quoted in "Anton & Edwin Rist," *FeathersMc.com*, screenshot.
32. Edwin Rist interview.

## 第七章　倫敦無羽

1. Edwin Rist, interview by author, May 26, 2015.
2. "British Fly Fair," *ClassicFlyTying.com*, October 16, 2007, http://www.classicflytying.com/index.php?showtopic=29028.
3. Edwin Rist to Terry, January 28, 2008.
4. Edwin Rist to Terry, January 14, 2008.
5. Mark Adams and Dr. Robert Prys-Jones, interview by author, January 21, 2015.
6. Ibid.
7. Terry to author, February 14, 2008.

8. Rist to author, February 16, 2008.
9. Rist interview.
10. Adams and Prys-Jones interview.
11. Rist interview.
12. “Buying Magnificent Riflebird,” *ClassicFlyTying.com*, December 19, 2008. http://www.classicflytying.com/index.php?showtopic=35774.
13. Ibid.
14. Alfred Russel Wallace, *The Annotated Malay Archipelago*, ed. John van Wyhe (Singapore: National University of Singapore Press, 2015), p. 715.
15. Rist interview.

## 第八章　入侵博物館大作戰

1. Edwin Rist, interview by author, May 26, 2015.
2. Ibid.
3. Ibid.
4. Ibid.
5. Curtis Rist to “Terry,” December 6, 2010. THIS EMAIL IS IN MY POSSESSION, BUT IMPORTANTLY, CURTIS DIDN’T ADDRESS IT TO ME.
6. Edwin Rist interview.

7. Ibid.
8. *Regina v. Edwin Rist*, St. Albans Crown Court, April 8, 2011, transcript, p. 3.
9. Edwin Rist interview.
10. Ibid.
11. Ibid.
12. Ibid.
13. "Fluteplayer 1988: Seller Feedback," eBay.com.
14. "Information from Police from Interview with Edwin Rist," copy provided to author.
15. Edwin Rist interview.
16. Ibid.
17. Ibid.
18. Ibid.
19. Curtis Rist to "Terry," December 6, 2010.

## 第九章　破窗案

1. J. H. Cooper and M. P. Adams, "Extinct and Endangered Bird Collections: Managing the Risk," *Zoologische Mededelingen* 79, no. 3 (2005): 123–30.
2. Sergeant Adele Hopkin of Hertfordshire Constabulary, interview by author, January 20, 2015.
3. Scott Reyburn, " 'Birds of America' Book Fetches Records $11.5 Million," *Bloomberg News*, December 7, 2010.

4. Mark Adams and Dr. Robert Prys-Jones, interview by author, January 21, 2015.
5. Curtis Rist to "Terry," December 6, 2010.
6. "2008 FTOTY Overall Winners," *ClassicFlyTying.com*, February 27, 2009, http://www.classicflytying.com/index.php?showtopic=36532.
7. Edwin Rist interview.
8. Ibid.
9. Curtis Rist to "Terry."
10. Edwin Rist interview.

## 第十章 「這起案件極不尋常」

1. Mark Adams and Dr. Robert Prys-Jones, interview by author, January 21, 2015.
2. Ibid.
3. Ibid.
4. Sergeant Adele Hopkin of Hertfordshire Constabulary, interview by author, January 20, 2015.
5. Ibid.
6. Ibid.
7. M. P. Walters, "My Life with Eggs," *Zoologische Mededelingen* 79, no. 3 (2005): 5–18.
8. "'Irreparable Damage' to National Heritage by Museum Eggs Theft," article from unknown publication hanging on the foyer wall of the Tring Police Station, photographed by author on January 20, 2015.

9. Walters, "My Life with Eggs."
10. Brian Garfield, *The Meinertzhagen Mystery: The Life and Legend of a Colossal Fraud* (Washington, D.C.: Potomac, 2007).
11. Pamela C. Rasmussen and Robert P. Prys-Jones, "History vs. Mystery: The Reliability of Museum Specimen Data," *Bulletin of the British Ornithologists' Club* 1232.A (2003): 66–94.
12. Jennifer Cooke, "Museum Thief Jailed," *Sydney Morning Herald*, April 20, 2007.
13. "Why Museums Matter: Avian Archives in an Age of Extinction," papers from a conference at Green Park, Aston Clinton, and workshops at the Natural History Museum, Tring, November 12–15, 1999, *Bulletin of the British Ornithologists' Club* 1232.A (2003): 1–360.
14. Andy Bloxham, "Hundreds of Priceless Tropical Bird Skins Stolen from Natural History Museum," *Telegraph*, August 13, 2009.

## 第十一章　鳥熱賣，人無蹤

1. Edwin Rist, interview by author, May 26, 2015.
2. Arthur Martin, "Priceless Tropical Birds 'Stolen to Decorate Dresses' from Natural History Museum," *Daily Mail*, August 13, 2009.
3. Sam Jones, "Fears National History Museum Birds Will Be Used as Fishing Lures," *Guardian*, August 13, 2009.
4. Chris Greenwood, "Bird Specimens Stolen from National Collection," *Independent*, August 13, 2009.
5. Rist interview.

6. "Fluteplayer 1988: Seller Feedback," eBay.com.
7. "Indian Crow Feathers for Sale, Buying New Flute!" *ClassicFlyTying.com*, November 12, 2009, now deleted from website, scan at Kirkwjohnson.com/screenshots.
8. "Fluteplayer 1988: Seller Feedback," eBay.com.
9. "Crow Feathers," *ClassicFlyTying.com*, November 12, 2009, now deleted from website, scan at Kirkwjohnson.com/screenshots
10. "Blue Chatter," *ClassicFlyTying.com*, November 29, 2009. http://www.classicflytying.com/index.php?showtopic=38760.
11. Sergeant Adele Hopkin of Hertfordshire Constabulary, interview by author, January 20, 2015.
12. "Wildlife Crime in the United Kingdom," Directorate-General for Internal Policies, Policy Department A: Economic and Scientific Policy, April 2016, p.16, http://www.europarl.europa.eu/RegData/etudes/IDAN/2016/578963/IPOL_IDA(2016)578963_EN.pdf.
13. Hopkin interview.
14. Mortimer to author, May 11, 2016.
15. Mortimer to author, May 2, 2016.
16. Phil Castleman, interview by author, April 9, 2012.
17. Rist interview.
18. Natural History Museum at Tring to author, February 17, 2016.
19. Unpublished account of the scientific impact of the theft by the Tring's curators, provided to the author January 14, 2015.

20. Rist interview.
21. Dave Carne to author, May 13, 2012.
22. Ibid.
23. Jens Pilgaard, interview by author, April 16, 2017.
24. Jens Pilgaard to author, September 22, 2013.
25. *EdwinRist.com*, screenshots at Kirkwjohnson.com/screenshots.
26. Edwin Rist to Jens Pilgaard, April 18, 2010.

## 第十二章 FLUTEPLAYER1988

1. Spezi. "DUTCH FLY FAIR 2010, the World of Fly Fishing," *Teutona.de*, August 3, 2010.
2. Irish to author, September 13, 2016.
3. Ibid.
4. Ibid.
5. Ibid.
6. "Flame Bowerbird Male Full Skin," *ClassicFlyTying.com*, May 7, 2010, http://www.classicflytying.com/index.php? showtopic=40163.
7. Sergeant Adele Hopkin of Hertfordshire Constabulary, interview by author, January 20, 2015.
8. "Talented Fly Tier Turns Thief," *FlyFishing.co.uk*, November 18, 2010.
9. Edwin Rist to Jens Pilgaard, April 18, 2010.

10. "Classic Fly Tying—Trading Floor," *ClassicFlyTying.com*. https://web.archive.org/web/20101129081054/http://www.classicflytying.com/index.php? showforum=9, screenshot of trading floor activity in 2010.
11. Rist interview.
12. Curtis Rist to "Terry," December 6, 2010.
13. Hopkin interview.
14. Rist interview.
15. Ibid.

## 第十三章　身陷囹圄

1. Edwin Rist, interview by author, May 26, 2015.
2. Ibid.
3. *Regina v. Edwin Rist*, St. Albans Crown Court, April 8, 2011, transcript, p. 2.
4. Sergeant Adele Hopkin of Hertfordshire Constabulary, interview by author, January 20, 2015.
5. Rist interview.
6. Hopkin interview.
7. Rist interview.
8. Ibid.
9. Hopkin interview.
10. Rist interview.

## 第十四章　下地獄吧

1. Edwin Rist, interview by author, May 26, 2015.
2. Ibid.
3. Ibid.
4. Ibid.
5. Ibid.
6. Ibid.
7. “Exotic Bird Pelts ‘Worth Millions’ Stolen from Natural History Museum by Musician Acting Out ‘James Bond’ Fantasy,” *Daily Mail*, November 27, 2010.
8. “Flute Player Admits Theft of 299 Rare Bird Skins,” *BBC.com*, November 26, 2010.
9. “Exotic Bird Pelts…,” *Daily Mail*, November 27, 2010.
10. “Rare Feather Thief Busted…and He’s One of Us. SHOCKING,” *FlyTyingForum.com*, November 23, 2010, http://www.flytyingforum.com/index.php? showtopic=55614.
11. “Talented Fly Tier Turns Thief,” *FlyFishing.co.uk*, November 18, 2010.
12. “Classic Fly Tying—The Lodge,” *ClassicFlyTying.com*, https://web.archive.org/web/20101129081749/http://www.classicflytying.com/index.php?showforum=10, screenshot of Lodge activity, November 29, 2010.
13. Ibid.
14. “Stolen Bird Post,” *ClassicFlyTying.com*, November 29, 2010, http://www.classicflytying.com/index.php?showtopic=41583.

15. "Welcome to FeathersMc.com," *FeathersMc.com*, screenshot of page as it appeared on December 1, 2010, https://web.archive.org web/20101215041809/http://feathersmc.com/.
16. Rist interview.
17. *Regina v. Edwin Rist*, St. Albans Crown Court, January 14,2011, transcript, p. 1.
18. Ibid.

## 第十五章　診斷結果

1. Simon BaronCohen, Sally Wheelwright, Janine Robinson, and Marc WoodburySmith, "The Adult Asperger Assessment (AAA): A Diagnostic Method," *Journal of Autism and Developmental Disorders* 35, no. 6 (2005): 807–19.
2. Edwin Rist, interview by author, May 26, 2015.
3. David Kushner, "The Autistic Hacker," *IEEE Spectrum*, June 27, 2011, http://spectrum.ieee.org/telecom/internet/theautistichacker.
4. "Did Asperger's Make Him Do It?" NPR, August 24, 2011.
5. Rist interview.
6. Ibid.
7. Simon BaronCohen, *Re Edwin Rist* (report), presented on University of Cambridge letterhead, January 30, 2011.
8. Ibid.
9. Rist interview.

## 第十六章　亞斯伯格辯護

1. *Regina v. Edwin Rist*, St. Albans Crown Court, April 8, 2011, transcript, p. 1.
2. Ibid.
3. Ibid., p. 3.
4. Ibid.
5. Dr. Richard Lane, interview by author, January 20, 2015.
6. Ibid.
7. Edwin Rist, interview by author, May 26, 2015.
8. *Regina v. Edwin Rist*, St. Albans Crown Court, April 8, 2011, transcript, p. 4.
9. *Regina v. Simon James Gibson, Maxine Ann Burridge, Jack Barnaby Anderson*, Court of Appeal, Royal Courts of Justice, Strand, March 6, 2001, transcript.
10. Ibid.
11. "Posing with the Dead," *News24.com*, December 16, 2000.
12. *Regina v. Simon James Gibson, Maxine Ann Burridge, Jack Barnaby Anderson*, Court of Appeal, Royal Courts of Justice, Strand, March 6, 2001, transcript.
13. *Regina v. Edwin Rist*, St. Albans Crown Court, April 8, 2011, transcript, p. 11.
14. Ibid., p. 15.

## 第十七章 失蹤的鳥皮

1. to author, May 29, 2013.
2. "Talented Fly Tier Turns Thief," *Flyfishing.co.uk*, November 18, 2010, https://www.flyfishing.co.uk/flyfishingnews/107611talentedflytierturnsthief.html.
3. *Regina v. Edwin Rist*, St. Albans Crown Court.,July 29, 2011, transcript p. 1.
4. Ibid.
5. "Natural History Museum Thief Ordered to Pay Thousands," *BBC.com*, July 30, 2011.
6. Jens Pilgaard to Adele Hopkin, December 14, 2010.
7. Curtis Rist to Jens Pilgaard, December 28, 2010.
8. Dave Carne to author, May 13, 2012.
9. Ibid.
10. Morgan Lyle, "The Case of the Purloined Pelts," *Fly Tyer*, Spring 2011, pp. 10–12.
11. Sergeant Adele Hopkin, interview by author, July 28, 2015.
12. David Chrimes to author, May 18, 2012.
13. Mark Adams and Dr. Robert PrysJones, interview by author, January 21, 2015.
14. "Man Sentenced for Stealing Rare Bird Skins from Natural History Museum," Natural History Museum at Tring, April 8, 2011.

## 第十八章　國際毛鉤綁製專題研討會

1. "Indian Crow Feathers for Sale, Buying new flute!" *ClassicFlyTying.com*, November 12, 2009, now deleted from website, scan at Kirkwjohnson.com/screenshots.
2. "Natural History Museum Thief Ordered to Pay Thousands," *BBC News*, July 30, 2011.
3. Michael D. Radencich, *Classic Salmon Fly Pattern: Over 1700 Patterns from the Golden Age of Tying* (Mechanicsburg, Penn.: Stackpole, 2011), p. 300.
4. John McLain, interview by author, November 20, 2011.

## 第十九章　大海失去的回憶

1. "Tring Museum Replica Rhino Horn Theft: Man Charged," *BBC News*, January 17, 2012.
2. Edward O. Wilson, *Half-earth: Our Planet's Fight for Life* (New York: W.W. Norton, 2016), p. 29.（按：目前全球只剩兩頭，而且都是雌犀。）
3. Nicky Reeves, "What Drives the Demand for Rhino Horns?" *Guardian*, March 3, 2017.
4. Europol Public Information, "Involvement of an Irish Mobile OCG in the Illegal Trade in Rhino Horn," OCSCAN Policy Brief for Threat Notice: 0092001, June 2011.
5. "Rhino Horn Thief Who Stole Fakes from Natural History Museum Jailed," *Telegraph*, December 7, 2013.
6. Mark Adams and Dr. Robert PrysJones, interview by author, January 21, 2015.
7. "Scientific Impact of the Bird Specimen Theft from NHM Museum Tring 2009," courtesy curators at Tring.

8. Ibid.
9. Todd Datz, "Mercury on the Rise in Endangered Pacific Seabirds," Harvard School of Public Health, April 18, 2011.
10. Dr. Richard O. Prum, interview by author, April 18, 2013.
11. "Scientific Impact of the Bird Specimen Theft."
12. "Natural History Museum Thief Ordered to Pay Thousands," *BBC News*, July 30, 2011.
13. "Student, 22, Ordered to Pay Back £125,000 He Made from Theft of 299 Rare Bird Skins," *Daily Mail*, July 31, 2011.
14. "Exotic Bird Pelts 'Worth Millions' Stolen from Natural History Museum by Musician Acting Out 'James Bond' Fantasy," *Daily Mail*, November 27, 2010.
15. Sergeant Adele Hopkin, interview by author, January 20, 2015.

## 第二十章　在時光機裡追逐線索

1. Gordon van der Spuy, "Our Own Major Traherne," *African Angler*, June–July 2014, pp. 10–15.
2. Ibid.
3. Ibid.
4. Ruhan Neethling, interview by author, January 19, 2016.
5. Mark Adams to Flemming Sejer Andersen, December 6, 2010.
6. Bud Guidry, "It's Found a New Home," *ClassicFlyTying.com*, July 26, 2010.

7. "Classic Fly Tying—Trading Floor," *ClassicFlyTying.com*, https://web.archive.org/web/20101129081054/http://www.classicflytying.com/index.php? showforum=9, screenshot of page as it existed in 2010.
8. Ibid.
9. "Crow Anyone?" *ClassicFlyTying.com*, April 21, 2010.
10. "Classic Fly Tying—Trading Floor," *ClassicFlyTying.com*, https://web.archive.org/web/20101129081054/http://www.classicflytying.com/index.php?showforum=9, screenshot of page as it existed in 2010.
11. "Blue Chatter for Sale, Cotinga Cayana," *ClassicFlyTying.com*, October 19, 2010, now deleted from website, scan at Kirkwjohnson.com/screenshots.
12. "ClassicFlyTying—Trading Floor," *ClassicFlyTying.com*, https://web.archive.org/web/20101129081054/http://www.classicflytying.com/index.php? showforum=9, screenshot of page as it appeared in 2010.

## 第二十一章　普蘭博士的隨身碟

1. Dr. Richard O. Prum, interview by author, April 18, 2013.
2. Richard O. Prum, "*Notes on Fly Tying International Symposium*," November 20, 2010.
3. "Exotic Materials Photo Album and Sale Page," *EdwinRist.com, no longer on website*, screenshots at Kirkwjohnson.com/screenshots.
4. Ibid.
5. Simon BaronCohen, *Re Edwin Rist*, presented on University of Cambridge letterhead, January 30, 2011.
6. "About," *EdwinRist.com, no longer on website*, screenshots at Kirkwjohnson.com/screenshots.

7. Facebook post, December 9 2009, screenshot.
8. "Flame Bowerbird Male Full Skin—Trading Floor," *ClassicFlyTying.com*, May 7, 2010, http://www.classicflytying.com/index.php? showtopic=40163.
9. "Cotinga—Classic Salmon Flies," Facebook group discussion, August 27, 2013, screenshot.
10. Edwin Rist, "Long Nguyen," *ClassicFlyTying.com*, March 7, 2015, http://www.classicflytying.com/index.php?showtopic=54555.
11. Edwin Rist to author, February 15, 2012.

## 第二十二章　「我不是小偷」

1. Edwin Rist, interview by author, May 26, 2015.
2. J. S. Park et al., "Haloarchaeal Diversity in 23, 121 and 419 MYA Salts," *Geobiology* 7, no. 5 (2009): 515–23.
3. Simon BaronCohen, Sally Wheelwright, Janine Robinson, and Marc WoodburySmith, "The Adult Asperger Assessment (AAA): A Diagnostic Method," *Journal of Autism and Developmental Disorders* 35, no. 6 (2005): 807–19.
4. Simon BaronCohen, Alan M. Leslie, and Uta Frith, "Does the Autistic Child Have a 'Theory of Mind'?" *Cognition* 21 (1985): 37–46.
5. Long Nguyen to author, May 27, 2015.

## 第二十三章　挪威三日行

1. Edwin Rist, interview by author, May 26, 2015.
2. Facebook album, December 8, 2009, screenshot.
3. Long Nguyen, interview by author, October 9, 2015.
4. Ibid.
5. "Cecil the Lion: No Charges for Walter Palmer, Says Zimbabwe," *BBC News*, October 12, 2015.
6. "Greatest Heists in Art History," *BBC News*, August 23, 2004.
7. Rist interview.

## 第二十四章　人間蒸發的米開朗基羅

1. Long Nguyen to author, January 11, 2016.
2. Simon Baron-Cohen to author, May 27, 2013.
3. Simon Baron-Cohen to author, October 27, 2015.
4. Lizzie Buchen, "Scientists and Autism: When Geeks Meet," *Nature*, November 2, 2011.
5. Hanna Rosin, "Letting Go of Asperger's," *Atlantic*, March 2014.
6. Catherine Lord et al., "A Multisite Study of the Clinical Diagnosis of Different Autism Spectrum Disorders," *Archives of General Psychiatry* 69, no. 3 (2012): 306.
7. Simon Baron-Cohen, "The Short Life of a Diagnosis," *New York Times*, November 9, 2009.

8. Edwin Rist, interview by author, May 26, 2015.
9. Paul Sweet to author, April 20, 2017.
10. Robert Delisle to author, January 13, 2016.
11. Ibid.
12. "Feedback Profile: Bobfly.2007," *eBay.com*, http://feedback.ebay.com/ws/eBayISAPI.dll?ViewFeedback2, accessed May 26, 2016, page no longer exists.
13. "Feedback Profile: Lifeisgood.503," *eBay.com*, http://feedback.ebay.com/ws/eBayISAPI.dll?ViewFeedback2, accessed May 26, 2016, page no longer exists.
14. Ryan Moore to author, May 3, 2016.
15. "The Tring's Missing Birds," *ClassicFlyTying.com*, March 29, 2016, printout of nowdeleted post.

## 第二十五章　消耗殆盡的羽毛

1. Robert Delisle to author, February 12, 2016.
2. "Ph. Adelson & Bro," *Illustrated Milliner* 9 (January 1908), p. 51.
3. "Notes and Comments," *Millinery Trade Review* 33 (January 1908), p. 40.
4. Ibid.
5. Long Nguyen to author, October 25, 2015.
6. Edwin Rist, interview by author, May 26, 2015.
7. Eddie Wolfer, "Dear Friends and Forum Members," *ClassicFlyTying.com*, December 7, 2014, printout of

nowdeleted post.

8. Bill Wallace to author, April 24, 2017.
9. Robert M. Poole, "Native Trout are Returning to America's Rivers," *Smithsonian*, August 2017.
10. Chuck Furimsky, "A Note from the Director," *InternationalFlyTyingSymposium.com*, June 19, 2017.
11. "Man Who Tried Smuggling 51 Turtles in His Pants Gets 5 Years in Prison," *Associated Press*, April 12, 2016.
12. "Whats that daddy and why the big smile," *ClassicFlyTying.com*, October 18, 2012.
13. Charlie Jenkem, "Paging: Secret Agent Edwin Rist," *Drake*, March 1, 2013.

.101X

# 羽毛賊

一樁由執念、貪婪、欲望所引發，博物史上最不尋常的竊案

*The Feather Thief: Beauty, Obsession, and the Natural History Heist of the Century*

作　　者❖柯克·華萊士·強森（Kirk Wallace Johnson）
譯　　者❖吳建龍
封面設計❖BIANCO
排　　版❖張彩梅
校　　對❖魏秋綢
總 編 輯❖郭寶秀
責任編輯❖郭棤嘉
行　　銷❖力宏勳

事業群總經理❖謝至平
發 行 人❖何飛鵬
出　　版❖馬可孛羅文化
台北市南港區昆陽街16號4樓
電話：(886)-2-25000888
發　　行❖英屬蓋曼群島商家庭傳媒股份有限公司城邦分公司
台北市南港區昆陽街16號8樓
客服服務專線：(886)2-25007718；25007719
24小時傳真專線：(886)2-25001990；25001991
服務時間：週一至週五9:00～12:00；13:00～17:00
劃撥帳號：19863813 戶名：書虫股份有限公司
讀者服務信箱：service@readingclub.com.tw
香港發行所❖城邦（香港）出版集團有限公司
香港九龍九龍城土瓜灣道86號順聯工業大廈6樓A室
電話：(852)25086231　傳真：(852)25789337
E-mail：hkcite@biznetvigator.com
馬新發行所❖城邦（馬新）出版集團【Cite (M) Sdn. Bhd.(458372U)】
41, Jalan Radin Anum, Bandar Baru Seri Petaling,
57000 Kuala Lumpur, Malaysia
電話：(603)90563833　傳真：(603)90576622
Email：services@cite.my
輸出印刷❖中原造像股份有限公司
初版一刷❖2021年10月
二版一刷❖2025年 1 月

紙本書定價❖540元
電子書定價❖378元

ISBN 978-626-7520-46-8
EISBN 9786267520444


國家圖書館出版品預行編目（CIP）資料

羽毛賊：一樁由執念、貪婪、欲望所引發，博物史上最不尋常的竊案 / 柯克.華萊士.強森(Kirk Wallace Johnson)作；吳建龍翻譯. -- 二版. -- 臺北市：馬可孛羅文化出版：英屬蓋曼群島商家庭傳媒股份有限公司城邦分公司發行, 2025.01
面；　公分. -- (Me ; 2101E)
譯自：The feather thief : beauty, obsession, and the natural history heist of the century
ISBN 978-626-7520-46-8(平裝)

1.CST: 英國倫敦自然史博物館 2.CST: 偷竊 3.CST: 動物標本 4.CST: 英國

585.45　　113017749